U0136959

戰後臺灣北部三都方志「文學篇」研究

徐惠玲 著

臺灣 學 書局 印行

陳　序

　　臺灣四面環海，東臨太平洋、西瀕臺灣海峽與中國大陸相望，南接南洋並通印度洋；北亦可通日韓，海上交通至為便利。加以氣候溫和，雨水豐沛、物產豐富；很適合人類的生養條件。於是附近的島國居民（目前通稱為原住民）及中國大陸的鄰近省份人士，紛紛遷入定居。

　　然因孤懸海中，且交通工具不發達，往來艱險非常，故不受中土的歷朝所重視，因此，很難從傳統的國史中，看到有關臺灣事務的記載，造成中土人士對臺灣都很陌生，也不關心。以致先後為西班牙、荷蘭所佔據，甚至甲午戰爭後，割讓給日本。及至鄭成功將荷蘭驅逐，以臺澎為「反清復明」根據地，清康熙 22 年（1683）收歸為疆域後，始日漸成為中土人士嚮往的新樂土。尤其 1949 年國民政府退守臺灣，以其作為「反攻復國」的基地，積極開發經營，並全面實施「中華化」政策後，始受到中外華人的注目，而成為「亞太樞紐」的特殊地位，日益受到世人所重視。

　　地方志，乃是某一特定行政區的百科全書，記錄有關該區域的人、事、物、地等等，具有資治致用、社會教化及保存地方資料等諸多功能。而臺灣的首部地方志，直至康熙 23 年－25 年間，始由首任知府蔣毓英所纂修《臺灣府志》。此後，乾隆年間、嘉慶年間、道光年間、同治年間、光緒年間，甚至日治時期，對地方志的纂修

均未中斷。祇是此期的纂修目的，係為「服務政府」而修（所有的數據資料，都是只供政府作施政參考而已），並不重視史料的記載。

二次世界大戰後，臺灣光復，由日據重歸中國，政府乃於 1948年成立「臺灣省通志館」，延攬林獻堂先生擔任館長（此後，又曾多次改組），從事通志的纂修。至 1973 年底，《臺灣省通志》全部出版問世，共分 146 冊，約 1958 萬字，是為戰後首度纂修的《臺灣通志》。此外，由國史館纂修的《臺灣全志》，各縣市纂修的縣市志、鄉鎮（市、區）志、村志……，如雨後春筍，紛然而起，數目繁多，不勝枚舉。然因體例不一，所以無論內容或分類，都至為零亂。

徐惠玲教授，早期負笈於世界新聞大學新聞採訪科，畢業後，即投入新聞工作達 16 年之久，後又轉至公部門服務，惟為充實自我、廣增見聞，又先後至銘傳大學應用中文所碩士班及博士班進修，並於 2013 年獲得博士學位。由於成績及各種表現優異而受聘留校任教。其在校期間，本人曾忝任其學科教師及論文指導教授，因此，對其為人處事也較有所瞭解；深覺其箇性溫和敦厚、待人真誠、處事圓融、教學諄誘；在家孝敬長輩、相夫教子、和樂融融，實可稱謂是「三好女傑」（好太太、好媽媽、好老師），是以深受師生所敬愛。

近年來，還專於臺灣方志之研究，且深具成果，除出版兩本專著外，還在期刊發表數篇論文，以闡述箇己之研究心得，期與同好分享。今夏又新撰《戰後臺灣北部三都方志「文學篇」研究》，並將其文贈我閱讀。經瀏覽後，箇己深覺該文具有很多優點，至少有以下三個特色；

（一）以「文學」做為方志書寫體系，實難得一見；開啟新的

研究方向，很值得肯定。

（二）內容豐富，析論詳盡：不僅反映傳統與現代交織的生活面相，也喚起都市的迅速變遷。

（三）拾掇史料，貢獻卓著；將過去限制而未載的藝文加以收集，以豐富方志的內涵，突顯纂修風格，為史志增輝。

此外，徐教授在撰寫過程中，經常從北到南，走訪各地，以尋求各部志書原本，務求史料皆能夠齊全。此種實事求是的作為，不僅對方志的編纂貢獻卓著，其好學踏實的精神，更是值得欽敬。當此付梓之時，特贅數言，聊表箇己欽敬與祝賀之意。

銘傳大學客座教授兼校務顧問（前應用語文學院院長）

陳德昭

2022 年 8 月序於臺北

IV 戰後臺灣北部三都方志「文學篇」研究

游　序

　　惠玲從進入銘傳應中所碩士在職專班就讀開始，即與本系結下不解之緣。她從新聞界轉至中文學界；由於大學時期並非就讀中文系，因此進入應中所之後，即努力補修學分和大量旁聽中文系課程，做為進入中文學界的準備。雖然她在學術進程上入門較晚，也依然孜孜不倦，才得以日漸成長與茁壯。2008 年以《黃武忠小說研究》取得碩士學位，2013 年以〈《新修嘉義縣志》與《新修桃園縣志》之比較研究——以藝文方志為例〉完成博士論文；從臺灣文學作家黃武忠小說的研究，轉而鎖定在臺灣方志的觀察與探索。博士班畢業後，隨即留在本系服務，依然在方志領域，持續耕耘。2017 年出版了《由傳統到創新——論臺灣方志之編纂》（臺北：文史哲）。這本即將出版的《戰後臺灣北部三都方志「文學篇」研究》，亦是近幾年她在臺灣方志上努力的見證。

　　這本書讓我們瞭解臺北市、新北市、桃園市方志文學的纂修歷程，以及從藝文志到文化志的演進。戰前《臺灣府志》歷經蔣毓英、高拱乾、宋永清、周元文的纂修；「藝文志」從沒有專輯到開闢專章，展現了臺灣逐步開發之後，各方移民所帶來的文學演進；讀者可一窺傳統詩賦散文與神話傳說下的臺灣文學地景。

　　戰後北臺灣三都方志的纂修史，惠玲分別以首善之都、躍動之都、國門之都為主題，並與臺中市、臺南市、高雄市的文學纂修相

比較。在陳述各方志的纂修歷程後，歸納了方志文學依時代演進的文類遞變。例如，臺北市志從 1957 年到 2017 年首纂、重修到續修；從文化事業篇、文徵篇到文學篇；由傳統紙本到光碟電子化，大眾文學、庶民文學、網路文學的作品收錄，逐步反應臺灣多元的文學思潮。當我們在閱讀臺灣方志文學時，彷彿可以看見先人們筆路襤褸的奮鬥軌跡。

　　方志纂修者在文學篇中，需盱衡文學類型、文學史觀、代表作家與作品，無一不考驗纂修者對文學脈絡、流變的掌握度。另一方面，要研究方志中的「藝文志」或「文化志」，亦需長期耕耘，才能洞燭態勢。所幸此書可以帶領我們快速掌握北部三都方志「文學篇」的纂修歷程與內涵，進而認識方志文類多樣化、文學纂修專業化，與未來建置數位化的發展。

銘傳大學應用中國文學系（所）教授兼主任

游秀雲

2022 年 8 月序於臺北

自　序

　　地方志，是中華文化的特色及文化資產，更是地方文化建設的根基。臺灣歷經多元政治、文化洗禮，騷人墨客來去之間留下作品文獻，長久以來，成為建構方志〈藝文志〉的重要材料。然而，近年來，〈藝文志〉出現轉衍為〈文化志〉的現象，其以文學做為方志書寫的體系，經歷了「起源」、「發展」到「轉化」三大階段，得以觀察文學興微與發展訊息，而以文學做為方志纂修的轉變，甚具學術研究價值，因此，乃為出版本書之動機。

　　本書內容除以戰後臺灣北部三都纂修的方志文學為中心，並納入臺中、臺南、高雄三都方志收錄的文學及清治、日治臺灣初期蔣毓英《臺灣府志》、鄭鵬雲《新竹縣志初稿》，此外，兼論專收文學方志的轉型，相關研究如下：

一、戰後臺灣北部三都方志之文學纂修

　　本書分以「首善之都：臺北市方志之文學纂修」、「躍動之都：新北市方志之文學纂修」、「國門之都：桃園市方志之文學纂修」三章，除探討臺北市、新北市、桃園市三都收錄文學的方志體例、內容等，並將臺中市、臺南市、高雄市三都所收錄文學的方志，全部納入討論，進而比較纂修的異同。

二、蔣毓英《臺灣府志》與鄭鵬雲《新竹縣志初稿》

　　清康熙 22 年（1683），清治臺灣，翌年，首任臺灣知府蔣毓英始纂修《臺灣府志》；1895 年，日本依馬關條約取得臺灣，清治、日治臺灣，都非常積極纂修方志。本文以《臺灣府志》、《新竹縣志初稿》為例，說明清治初期府志、日治初期縣廳志的修志官紳，巧妙地引入儒家倫理道德宣揚等，進而形塑理想規範，展現修志者運用文學纂修的書寫策略。

三、戰後收錄文學的方志：從〈藝文志〉到〈文化志〉

　　本書以「戰後臺灣方志之文學纂修：從〈藝文志〉到〈文化志〉」一章，考察戰後臺灣各地專收文學的方志，隨著時代遞變，舉凡方志名稱、文類劃分標準，以文學做為書寫的方志，在纂修名稱、內容、方法等，皆已異於傳統方志的編纂模式，反映文學發展實況，從文學纂修軌痕，說明時代會變動，文學也會演變。

　　本書能夠完成，要感謝曾經幫助我的諸多貴人，尤其是家人對我的包容和支持，才能心無旁騖的投入研究工作。此外，感謝匿名審查人員寶貴意見、學生書局編輯陳蕙文小姐協助出版、研究助理曾齡瑤小姐協助排版，在此一併致謝。

目　錄

第一章　緒　論

　　本章計有「研究動機與目的」、「文獻探討」及「研究範圍與方法」三部分，茲依序說明如下：

一、研究動機與目的

　　地方志，是一特定行政區的「史」與「地」的綜合記載。「史」重「人」與「事」的記載，「地」是「地」與「物」的敘述，因此，地方志就是該區域的百科全書，記錄該區域的人、事、物、地，[1] 具有資治致用、社會教化及保存地方資料等諸多功能。清代臺灣地方志大多由地方官員編修撰寫，撰寫的範圍以行政區域為主，或一府，或一縣，或一廳，大都是為了統治的目的與行政的便利之考量，而進行方志的編寫。[2]

　　臺灣纂修志書的發展，始於清領時期。清治臺灣（1683－1895）

---

[1] 林天蔚，《方志學與地方史研究》（臺北：南天書局，1995 年 7 月），頁 13；林天蔚，《地方文獻研究與分論》（中國北京：北京圖書館出版社，2006 年 12 月），頁 3；黃秀政，〈總纂序〉，收於編者，《續修臺北市志‧卷首》（臺北：臺北市立文獻館，2017 年 4 月），頁 6。

[2] 林美容，〈確立地方誌的傳統：兼談臺灣史學的奠基〉，收於東吳大學主編，《方志學與社區鄉土史學術研討會論文集》（臺北：臺灣學生書局，1998 年 5 月），頁 82。

對於志書纂修非常重視，其中，與本文所探討北部三都方志有關的府志，計有蔣毓英《臺灣府志》、高拱乾《臺灣府志》、周元文《重修臺灣府志》、劉良璧《重修福建臺灣府志》；范咸、六十七合修《重修臺灣府志》、余文儀《續修臺灣府志》等。

　　清光緒 20 年（1894），清朝為了朝鮮主權問題，和日本發生甲午戰爭，清廷戰敗，光緒 21 年，臺澎割讓給日本，清廷割臺，牽動臺灣與中國大陸的分合，改變臺灣的命運，對臺灣的政治、經濟與社會文化等方面影響至深且鉅：

> 就政治方面言，割臺使原先為清朝一個省分的臺灣，從此成為日本帝國的第一個殖民地，而臺灣住民乃從大清帝國的臣民，改為日本帝國殖民地的住民。就經濟方面言，割臺改變臺灣農、工、商各業的發展，其中，農、商兩方面的影響尤為顯著。農業方面，日本統治當局引進農耕作技術，並從事科學的農業改良；商業方面，最大的變化是臺灣貿易對象的改變，原先臺灣與中國大陸所進行的區域分工，以臺灣所產的農產品換取中國大陸的民生日用品，至是，漸為臺灣與日本的貿易所取代，使臺灣的經濟體由原先融入中國經濟圈，改為融入日本經濟圈。就社會文化言，割臺對原已具有相當程度內地（中國）化傾向的社會文化，亦帶來極大的衝擊，特別是因民生日用品供應來源的改變，由生活方式所形塑的大眾文化，在臺灣確曾出現顯著的變化。臺灣總督府並透過教育及種種制度安排所加強的紀律觀念，對臺灣住民的影響極為深遠。日治末期，臺灣總督府實施戰時體制，積極推動

「皇民化運動」，左右臺灣社會文化的走向。[3]

1895 年，日本依馬關條約取得臺灣，因應「殖民統治之需要而纂修，記錄施政概況與當地現況」，[4] 對於臺灣土地、風俗、宗教、司法、社會、經濟等制度與慣例調查不遺餘力，日本治臺長達 50 年，其中，與本文所探討北部三都方志有關的縣廳志，則有《新竹縣志初稿》、《臺南縣志》、《臺北廳志》、《桃園廳志》、《新竹廳志》等。

戰後，內政部分別於民國 33 年（1944）、1946 年頒佈「地方誌書纂修辦法」、「各省市縣文獻委員會組織章程」，各地展開纂修方志工作。而省（市）志方面：省通志的纂修始於 1948 年「臺灣省通志館」成立，時任館長林獻堂；1949 年，「臺灣省通志館」改組為臺灣省文獻委員會，纂修《臺灣省通志稿》由林熊祥總纂，1965 年出版卷首、土地、人民、政事、經濟、教育、學藝、人物、同胄、革命、光復志等；1961 年，省文獻會邀請林朝棨、王世慶等人主修《臺灣省通志稿》增修版，共 25 冊，但因未送審，故未公開發行。然而增修志稿與原修通志稿無法連貫，成為不全兩套志稿。[5] 有鑑於此，1969 年，省文獻會進行整修《臺灣省通志》，邀請李汝和、林衡道總纂，1973 年底出版，共計 146 冊；1989－2001 年，則出版 70 冊《重修臺灣省通志》，邀請劉寧顏、鄧憲卿總纂。另由國史館臺灣文獻館負責纂修的《臺灣全志》，其性質有如元、明、清的

[3] 黃秀政，〈一八九五年清廷割台與台灣命運的轉折）〉，收於編者，《台灣史志新論》（臺北：五南圖書出版公司，2007 年 9 月），頁 108-109。

[4] 高志彬，〈臺灣方志纂修概況與內容特質〉，《臺灣史田野研究通訊》15（1990 年 6 月），頁 38-40；王世慶，〈日據時期台灣官撰地方史志的探討〉，收於《漢學研究》《方志學國際研討會論文專號第一冊》3：2（1985 年 12 月），頁 317-319。

[5] 黃秀政，〈戰後臺灣方志的纂修（1945－2005）〉，收於編者，《台灣史志新論》，頁 463。

「一統志」，內容涵蓋臺灣省、臺北市、高雄市，以及福建省，體例沿用《重修臺灣省通志》，2018 年 12 志全部完成刊行。

在直轄市志方面，臺北、高雄原是臺灣省所轄之省轄市，其分別於 1967、1979 年改制為行政院直轄市。其中，臺北市於 1957－1965 出版《臺北市志稿》，1962－1984 年以舊志增補續修出版《臺北市志》，1988－1991 年出版重修《臺北市志》；2010 年聘請黃秀政為總纂，展開為期長達 7 年續修工程，2017 年陸續出版《續修臺北市志》；高雄市在省轄時期所修的第一部《高雄市志》不全，1981 年重修市志，1993 年完成《續修高雄市志》，2010 年與高雄縣合併，而合併之前，高雄縣政府已纂修《高雄縣志稿》，高雄縣、市合併改制迄今，直轄市志的纂修工程尚未啟動。除此之外，臺灣六都尚有新北市、桃園市、臺中市、臺南市，[6] 綜觀六都方志纂修，除了臺北市已完成纂修直轄市志外，餘者五都則從改制後，迄今尚未展開直轄市志的纂修工作。

學者江寶釵曾在〈反思二十年來臺灣方志文學篇纂修的若干現象〉提出：「方志中的文學纂述對於何為文學？文學在地方志的範疇為何？又應如何進行論述？似乎都沒有一定的準則。」[7] 地方志是地方重要的文獻資產，文學之纂修具有高度學術價值。因此，為梳理地方志中的文學發展，勾勒文學編纂面貌，本文考察戰後臺灣

---

[6] 臺灣六個直轄市，按升格的時間分別是：臺北市（1967 年改制）、高雄市（1979 年改制，2010 年與高雄縣合併）、新北市（2010 年改制）、臺中市（2010 年改制）、臺南市（2010 年改制）、桃園市（2014 年改制），以上六個直轄市稱為「六都」。

[7] 江寶釵，〈反思二十年來臺灣方志文學篇纂修的若干現象〉，收於許雪姬主編，《臺灣地方志研究（1999－2020）》（臺北：中央研究院臺灣史研究所，2021 年 8 月），頁 95。

北部三都方志「文學篇」，而為力求研究的完整性，耙梳完善的歷史脈絡，乃先行析探清治初期蔣毓英《臺灣府志》及日治初期鄭鵬雲《新竹縣志初稿》，並將臺中市、臺南市及高雄市三個直轄市所收錄文學的方志，全部納入探討，俾利進行梳理與比較，以能全面掌握臺灣六都纂修實況，析釐收錄文學的方志，從〈藝文志〉到〈文化志〉轉衍的最新全貌。

二、文獻探討

方志研究，從清代章學誠，到民國陳捷先、林天蔚、黃秀政等人，歷來前賢都有不少研究文獻。至於學位論文，在跨領域學術研究逐漸萌芽之際，近年欣見以地方志為文本的研究，擴及到工電算機應用學類、創意設計學類、電資工程學類、建築系等，[8] 但以方志文學做為學位論文，僅有張鈺翎〈清代臺灣方志中藝文志之研究〉、李佩穎〈宋代地方志藝文資料述論〉、游建興〈臺灣方志中神話與傳說研究〉及筆者〈《新修嘉義縣志》、《新修桃園縣志》之比較研究——以藝文方志為例〉，十分可惜。

而以戰後臺灣六都直轄市的方志，做為研究對象，截至目前為止，主要係以黃秀政〈論近二十年臺灣地方志的纂修：以《臺灣全志》／六都市志／縣（市）志、村史為例〉；[9] 而研究收錄文學的方志，則主要係以江寶釵〈反思二十年來臺灣方志文學篇纂修的若干

---

[8] 徐惠玲，《由傳統到創新——論臺灣方志之編纂》（臺北：文史哲出版社，2017年9月），頁 14-20。

[9] 黃秀政，〈論近二十年臺灣地方志的纂修：以《臺灣全志》／六都市志／縣（市）志、村史為例〉，收於許雪姬主編，《臺灣地方志研究（1999－2020）》，頁 3-51。

現象〉。其中，江寶釵曾纂修《嘉義市志·語言文學志》、《嘉義縣志·文學志》、《臺灣全志·文化志文學篇》，其在該文選擇以《續修臺北市志·文化志文學篇》稍做比較，兼論新北市改制前纂修的《續修臺北縣志》，評騭六都中的臺北市、新北市二部文學志／篇的論述，當文學被獨立出來，它既是方志中的一部分，又與方志其他範疇的書寫不同，有文學書寫的特殊性，做為方志學的一種書寫，它便開始了將地方文學知識體系化的探索，發展出與傳統藝文志截然不同的纂修方式，[10] 值得正視。

三、研究範圍與方法

本書主要研究範圍，係以探析戰後臺灣北部三都，所收錄文學的方志為中心，此外，並納入臺中、臺南、高雄三都收錄文學的方志，及清治、日治臺灣初期蔣毓英《臺灣府志》、鄭鵬雲《新竹縣志初稿》，兼論專收文學方志的轉型；而研究方法，則透過蒐集基本史料、各地方志，進行文獻分析及採訪相關專家學者等。全書共分為七章，除了「緒論」、「結論」外，正文共分為五章，各章章節與研究問題如下：

第二章是「戰前臺灣方志之文學纂修——以蔣毓英《臺灣府志》與鄭鵬雲《新竹縣志初稿》為例」。本章計以「清治初期臺灣府志文學纂修——以蔣毓英《臺灣府志》為例」、「日治臺灣縣廳志文學纂修——以鄭鵬雲《新竹縣志初稿》為例」2 節，探究清治初期臺灣府志與日治初期縣廳志的纂修外，並析究蔣、鄭二志的文學記述

---

[10] 江寶釵，〈反思二十年來臺灣方志文學篇纂修的若干現象〉，頁 126。

及文學特色，期以蔣、鄭纂修二志為例，勾勒臺灣清治、日治初期方志文學的纂修樣貌。

　　第三章為「首善之都：臺北市方志之文學纂修」。本章有「各版臺北市志纂修背景與纂修團隊」、「各版臺北市志文學記述特色與轉變」、「臺北市與臺中市方志之文學纂修比較」3 節。做為臺灣首善之都的臺北市，截至目前為止，已完成《臺北市志稿》、《臺北市志》、重修《臺北市志》及《續修臺北市志》四部地方志，本文一探《臺北市志稿・文化志學藝篇》、《臺北市志・文化志文徵篇》、重修《臺北市志・文化志文學篇》、《續修臺北市志・文化志文學篇》的纂修，藉由各部纂修的範疇、類型、體例等，與臺中市方志文學纂修進行比較，建構方志中文學纂修的發展與轉變，探討以方志做為書寫體系。

　　第四章為「躍動之都：新北市方志之文學纂修」。本章計有「各版臺北縣志纂修背景與纂修團隊」、「各版臺北縣志文學記述特色與轉變」、「新北市與臺南市方志之文學纂修比較」3 節。新北市的人口數，一直名列全國第一，其升格轄市之前，原為臺北縣，它曾是戰後臺灣第一部最早著手籌劃的縣志，也是全國第一個啟動纂修方志的縣市，籌劃纂修工作早於《臺灣省通志稿》，備受各地縣市政府矚目，在臺灣方志發展史上，臺北縣志的纂修有其象徵意義。本文乃從《臺北縣志稿》到《臺北縣志》，再到《續修臺北縣志》，析探與收錄文學有關的《臺北縣志稿・文藝志》、《臺北縣志・文藝志》與《續修臺北縣志・藝文志》三志的文學編纂之演變。由於臺南乃為臺灣最早開發的地區，是臺灣的文化首都，自古文風鼎盛，人文薈萃，歷史悠久，擁有豐富的常民文化，及有形與無形文化資產，因此，本文兼與臺南市所纂修方志文學，加以探討。

　　第五章為「國門之都：桃園市方志之文學纂修」。桃園市，原為桃園縣，境內有桃園國際機場、擁有的外籍移工人數號稱全臺第一、有全臺最多的埤塘等，雖是最後一個升格直轄市，但卻是一座發展潛力無窮的城市，更有臺灣文學大師鍾肇政（1925－2020）加持。桃園市改制升格前，分以首纂《桃園縣志・文教志藝文篇》、重修《桃園縣志・文教志藝文篇》及《新修桃園縣志・藝文志文學篇》收錄當地的文學，本文茲以「各版桃園縣志纂修背景與纂修團隊」、「各版桃園縣志文學記述特色與轉變」、「桃園市與高雄市方志之文學纂修比較」3 節，就所收錄文學資料、類目加以解說，逐一分析桃園當地方志文學編纂的發展與轉變。而國際之都高雄，俗稱「港都」，為臺灣南部之重鎮，國際重要港都，工廠林立，商業繁盛，因此，本文特將桃園、高雄二地纂修的方志進行比較，一探國門之都與國際之都的方志文學，做一論述。

　　第六章是「戰後臺灣方志之文學纂修：從〈藝文志〉到〈文化志〉」。本章茲分「史志〈藝文志〉」、「戰後臺灣省通志〈學藝志〉到《臺灣全志》〈文化志〉的纂修」、「戰後臺灣六都方志多以〈文化志〉收錄文學」、「戰後臺灣各縣（市）志〈文化志／篇〉的纂修」、「戰後臺灣各鄉鎮（市區）志〈文化志／篇〉的纂修」、「從〈藝文志〉到〈文化志〉纂修的轉衍」6 節。臺灣方志自清領時期開始，承襲中國編纂地方志的傳統，但中國傳統修志並無〈文化志〉；戰後臺灣各地展開方志纂修，受到傳統修志影響，多採〈藝文志〉的編纂方式，收錄區域內的相關文學資料。惟因臺灣各地積極推動文化工作，本土意識逐漸抬頭，〈藝文志〉綱目不再受到侷限，收錄的志書名稱、纂修的內容與型態，逐漸轉型為〈文化志〉，已異於

傳統方志〈藝文志〉的編纂模式，成為當代地方志纂修的重大改變之一，此在方志發展史上，應格外備受關注。

10　戰後臺灣北部三都方志「文學篇」研究

第二章　戰前臺灣方志之文學纂修——以蔣毓英《臺灣府志》與鄭鵬雲《新竹縣志初稿》爲例

　　地方志的纂修，是中國優良的傳統文化，方志纂修發展到了清代，已具相當成熟的階段。清康熙 22 年（1683），清治臺灣初期，方志纂修的傳統也傳到臺灣，方志纂修人員大都來自內地，首任臺灣知府蔣毓英所纂修的《臺灣府志》，成為臺灣第一本方志；明治 28 年（1895），臺灣成為日本殖民地，日本為有效掌控臺灣島內的情況，軍方參謀本部開啟編印《臺灣志》作為治臺之參考，可謂為臺灣日治時期官撰志書之濫觴，其以帝國之眼凝視臺灣，面對臺灣感到陌生而新鮮，衍生各式殖民論述。為耙梳完善的臺灣方志纂修歷程，梳理臺灣方志文學纂修的歷史脈絡，本文在析探戰後臺灣北部三都方志之前，乃先一探戰前臺灣，包括清治、日治時期所纂修方志梗概。其中，清治臺灣初期所纂修《臺灣府志》，拙作〈清康熙年間《臺灣府志》之文學記述及其特色〉[1] 一文，曾收錄於國史館臺灣文獻館編印《臺灣文獻》67 卷第 4 期，為全面梳理臺灣地方

---

[1] 徐惠玲，〈清康熙年間《臺灣府志》之文學記述及其特色〉，《臺灣文獻》67：4（2016 年 12 月），頁 5-34。

志中，探討有關文學的纂修與文學記述等，今乃將初稿加以修訂增補，延續過去的觀察所得，並將研究視野轉向日治時期的方志，以日治初期鄭鵬雲纂修的縣廳志《新竹縣志初稿》為主要論述的對象。

　　本章分以「清治臺灣初期府志文學纂修——以蔣毓英《臺灣府志》為例」、「日治臺灣縣廳志文學纂修——以鄭鵬雲《新竹縣志初稿》為例」2 節，探究清治臺灣初期，有關臺灣府志的纂修，與日治臺灣初期，有關縣廳志的纂修外，還有清蔣毓英《臺灣府志》與鄭鵬雲《新竹縣志初稿》文學記述、清蔣毓英《臺灣府志》與鄭鵬雲《新竹縣志初稿》文學特色。期透過蔣毓英《臺灣府志》、鄭鵬雲《新竹縣志初稿》二志為例，勾勒臺灣在清治、日治初期，方志文學的纂修樣貌。

第一節　清治初期臺灣府志文學纂修
——以蔣毓英《臺灣府志》為例

一、清治臺灣初期府志纂修

　　清廷平定臺灣後，當時因疆土初定，對於臺灣的棄留，引起朝廷一場爭議。主張棄說者以為「此一塊荒壤，無用之地耳，去之可也。」[2] 清康熙 22 年 8 月 15 日，清廷令交議政王、大臣會議，而

---

[2] 施琅，〈靖海紀〉（臺北：國立中央圖書館臺灣分館藏，康熙刊本）第 3 冊，「恭陳臺灣棄留疏附錄原評」，頁 56。

會議結論：「臺灣應棄、應守，俟鄭克塽等率眾登岸，令侍郎蘇拜與該督、撫、提督會同酌具奏。」[3] 清康熙 23 年（1684）2 月，施琅再度上〈恭請臺灣棄留疏〉；同年 3 月，康熙皇帝再度就施琅所奏乙事，詢問大學士等官員意見，大學士李霨主張留臺，而康熙亦認為：「臺灣棄取，所關甚大。鎮守之官三年一易，亦非至當之策。若徙其人民，又恐失所；棄而不守，尤為不可。」[4] 直至 4 月 14 日定案，清廷決定保留臺灣。惟清代的版圖遼闊，必需分層分級設官分治，因此將臺灣畫為一府三縣，在臺灣設置臺灣府，連同廈門府，設置分巡臺灣廈門兵備道，並廢鄭氏治臺時期之天興、萬年二州，改設為臺灣、鳳山、諸羅三縣，隸屬臺灣府管轄。[5]

　　清康熙得臺之時，乃為防臺而治臺，實非理臺而治臺，[6] 囿於傳統的統治邊區方式，[7] 清廷在臺灣設一府三縣，設巡道一員分轄。[8] 治臺行政體制劃分，臺灣府當時設置於臺南市，府設知府一人，統治全臺灣島；縣則有知縣。而臺灣府治，在福建布政司之南，地理位置分別東至咬狗溪、大腳山五十里，西至澎湖大洋水程四更，

[3] 馬齊等修纂，大清聖祖仁（康熙）皇帝實錄，卷 111，康熙 22 年 8 月甲寅（臺北：華文書局影印），頁 25。

[4] 馬齊等修纂，大清聖祖仁（康熙）皇帝實錄，卷 115，康熙 23 年 4 月己酉（臺北：華文書局影印），頁 4-5；另見臺灣銀行經濟研究室編印，《清聖祖實錄選輯》（臺北：臺灣銀行經濟研究室，1963 年），頁 131。

[5] 黃秀政、張勝彥、吳文星，《臺灣史》（臺北：五南圖書出版公司，2002 年 2 月），頁 5、75-76。

[6] 張世賢，〈清代治臺政策的發展〉，收於黃富三、曹永和主編，《臺灣史論叢》（臺北：眾文圖書公司，1980 年 4 月），頁 223。

[7] 張炎憲，〈清代治台政策之研究〉（臺北：國立臺灣大學歷史研究所碩士論文，1974 年），頁 79-80。

[8] 馬齊等纂，馬齊等修纂，大清聖祖仁（康熙）皇帝實錄，卷 115，康熙 23 年 4 月己酉（臺北：華文書局影印），頁 4-5。

除水程外，廣五十里，南至沙馬磯頭五百三十里，北至雞籠城二千三百一十五里，延袤二千八百四十五里。[9] 其中，「沙馬磯」在今屏東縣貓鼻頭，「雞籠城」在今基隆和平島。

　　臺灣因孤懸海外，清廷治臺之初，臺灣社會變遷甚劇。「臺灣府」為當時全臺行政中心，府是地方省屬的一級單位，明代始正式稱其長官為知府，清代相沿不改，而府下有縣。「知府」，乃為當時臺灣最高職位的文官，而臺灣府第一位知府係派蔣毓英出任，蔣氏任內出錢出力，「捐俸倡修」除興建臺灣首座學校「臺灣府學」外，纂修《臺灣府志》則成為臺灣方志之嚆矢，深深地影響後世。統計清治臺灣初期，在康熙年間計有蔣毓英、高拱乾、宋永清及周元文四人，均分別曾纂修《臺灣府志》。

（一）蔣毓英《臺灣府志》

　　清治臺灣初期，臺灣對清政府而言，是一片「新地」，有許多人文風貌、地理現象，既無前例可援，也無任何相關書寫可資參考，乃至沿襲。[10] 康熙 23 年，蔣毓英來臺擔任首任知府，當時臺灣新入清朝版圖，適值清政府通令全國纂修地方志，以備一統志採輯，蔣毓英乃與鳳山知縣楊芳聲、諸羅知縣季麒光合修《臺灣府志》，完成初稿。[11] 耙梳蔣毓英纂修《臺灣府志》的源起：

9　清‧蔣毓英，《臺灣府志》(南投：臺灣省文獻委員會影印出版，1993 年 6 月)，頁 8。

10　江寶釵，〈生活在「地齋」——論陳夢林纂修《諸羅縣志》之特色暨其內蘊與價值〉，《東吳中文學報》29 (2015 年 5 月)，頁 147-168。

11　清‧蔣毓英撰、陳碧笙校注，《臺灣府志校注》(廈門：廈門大學出版社，1985 年 11 月)，頁 1。

特命史臣大修一統志書，詔天下各進其郡縣之志，以資修
葺……郡守暨陽蔣君經始其事，鳳山楊令芳聲、諸羅季令麒
光廣為搜討，閱三月而蔣君董其成。分條晰目，一如他郡之
例，余為之旁搜遠證，參之見聞……書成上之方伯，貢之史
館。[12]

自沿革分野以及草木飛潛，分條晰目，……。余小子亦得珥
筆于其後，書成上之太守，從而旁參博考，訂異較訛，歷兩
月而竣事。[13]

季麒光《蓉洲文稿》載有〈台灣志書前序〉和〈台灣志序〉，二文
並且分別被收錄於蔣毓英《臺灣府志》附錄中，其中，前序是季麒
光幫周又文憲副（周昌）代寫，後序是季麒光自寫，可見蔣氏係奉
旨修志，乃召耆老，集儒生，集眾人之力纂修《臺灣府志》。而季
麒光是在康熙 24 年去職，「閱三月」初稿完成，因此學者陳碧笙推
估「蔣毓英《臺灣府志》纂修時間最遲應開始於康熙 24 年」。[14] 有
關蔣毓英《臺灣府志》的起始及定稿時間，另據清康熙 34 年高拱
乾所作《臺灣府志》及其他文獻資料顯示：

余從康熙 23 年叨膺簡命，出鎮斯土……幾經三載，終仍舊
制……閱載郡志，似不必贅。[15]

---

[12] 清・季麒光，〈《臺灣府志》前序〉，收於清・蔣毓英，《臺灣府志》，頁 134。

[13] 清・季麒光，〈臺灣志序〉，收於清・蔣毓英，《臺灣府志》，頁 139。

[14] 清・蔣敏英纂修、陳碧笙校注，《臺灣府志校注》，頁 2。

[15] 清・楊文魁，〈臺灣紀略碑文〉，收於清・高拱乾修，《臺灣府志》，頁 266-267；另見毛一波，〈第一部「臺灣府志」──蔣毓英纂修〉，《東方雜誌》18：4（1984 年 10 月），頁 43-44。

> 丙寅年四月二十日辰時，地大震。地震臺灣時時有之，此日
> 大震。[16]

> 較諸郡守蔣公毓英所存草稿，十已增其七、八。[17]

從以上時任臺灣鎮總兵官楊文魁自述在康熙 23－26 年任職時，其
任內曾見過蔣毓英《臺灣府志》；此外，蔣毓英《臺灣府志》在〈災
祥〉收錄有關康熙 25 年臺灣曾發生大地震一事，據陳碧笙考證，《蔣
志》〈扼塞〉「三十四年秋，土官單六奉令至郡」，[18] 但在《諸羅縣
志》卷七〈陸路防汛〉則有「康熙二十四年秋，土官單六奉調入郡」
的記載，《蔣志》「三十四年」應為「二十四年」之誤。還有，〈武
衛〉中有楊懋紱等八九人是在康熙 25 年就任之官，〈官制〉中有蔣
相（臺灣知縣）、林謙光（臺灣府儒學教授）等人是康熙 26 年就任
之官，故蔣毓英《臺灣府志》成書定稿似可以推至康熙 25 年以後。
[19] 且再據上高拱乾所說：「較諸郡守蔣公毓英所存草稿，十已增其
七、八」，可見蔣毓英在臺之時，蔣毓英《臺灣府志》當時並未付
梓。

> 蔣毓英，字集公⋯⋯康熙二十二年，台灣歸命，督、撫念海
> 邦重地，非公不可，會疏薦公，移守台。⋯⋯因躬歷郊原，
> 披荊斬棘⋯⋯復捐俸創立義學⋯⋯任滿，報遷湖廣⋯⋯台人
> 士皇皇若失⋯⋯具題准借一年。[20]

16　清・蔣毓英，《臺灣府志》，頁 129。

17　清・高拱乾，《臺灣府志・卷首》凡例第一條，頁 15。

18　清・蔣毓英，《臺灣府志》，頁 131。

19　清・蔣毓英纂修、陳碧笙校注，《臺灣府志校注》，頁 2。

20　清・高拱乾，《臺灣府志・藝文志》（臺北：臺灣銀行經濟研究室，1960 年 7

但洪荒初闢，文獻無徵，太守暨陽蔣公召耆老，集儒生，……，就所見聞、詳加蒐輯。[21]

蔣毓英早在康熙 22 年來臺擔任首任臺灣知府之際，當時臺灣新入清朝版圖，且適逢清廷新頒修志詔令，為存一方文獻，蔣毓英奉旨修志，召耆老，集儒生，積極展開纂修《臺灣府志》。而季麒光為周昌代筆寫的〈台灣志書前序〉一文所指「臺灣郡志稿」，實與蔣毓英「《臺灣府志》草稿」為同一書，但此二書，隨著高拱乾《臺灣府志》出版而逐漸湮沒，以致臺灣早年均未見有傳世之本。直至廈門大學陳碧笙取得上海圖書館珍藏的海內孤本，與李秉乾、李祖基三人，於 1984 年共同點校出版《臺灣府志校注》。蔣毓英《臺灣府志》一書，始得再度重見於世，蔣毓英《臺灣府志》成書確定在高拱乾《臺灣府志》之前已無疑問。[22] 再據康熙 34 年高拱乾所修《臺灣府志》：「郡守蔣公毓英所存草稿」，[23] 蔣毓英纂修的《臺灣府志》，在蔣氏離臺之前，一直未及刊行，蔣志刻印的時間，學界研究也一直尚未找到答案，推算毓英纂修《臺灣府志》的時間係在康熙 34 年之前。由此可見，蔣毓英《臺灣府志》應早在蔣氏離臺之前已完成，只是未及刊行。

（二）高拱乾《臺灣府志》

月），頁 259-260。
[21] 清・季麒光，〈台灣志書前序〉《蓉洲文稿》，收於清・蔣毓英，《臺灣府志》，頁 138-139。
[22] 清・蔣毓英纂修，黃美娥點校，臺灣史料集成編輯委員會編輯，《臺灣府志》（臺北：行政院文化建設委員會，2004 年 11 月），頁 112。
[23] 清・高拱乾，《臺灣府志》卷首凡例第一條，頁 15。

　　清康熙 31 年（1692），泉州知府高拱乾（廕生出身，陝西榆林衛人）被擢分巡臺廈道，二年後，高拱乾乃開始纂修府志。據高拱乾及齊體物二人指出：

> 今天下車書大一統矣！顧臺灣蕞爾土，越在海外……奚忍獨遺？……夫有疆土，必有風俗；有制度，必有沿革，海外兵燹之餘，人心甫定、耳目未開，不為搜羅廢墜、纂輯典故，使天下觀者如身履其地而習其俗……余自辛未（康熙三十年）春出守溫陵，越明年，謬叨兩臺薦剡，蒙聖恩特用，分巡茲土；浮海駐節，甚懼其難也？目擊一方之凋殘，利何以興？弊何以除？學校何以振？兵政何以肅？軍實何以備？勤勤焉日進文案，求所以生逐安集之道，又何暇及於誌乘？矧臺疆初闢，百度草創，遺編故老湮沒無文，即欲成書而無徵不信，又孰從而誌之？於是者二年。……政事之餘，益得與父老子弟諮詢採攬；凡山川之險易、水土之美惡、物產之有無、風氣之同異、習俗之淳薄，遠自生番殊俗，下及閭閻纖悉，每聞必有得，輒心識而手編之。溯始明季，臺所自有；迨歸我朝，臺以肇造；綱舉目張，巨細必載，有功必錄、有美必書，公諸眾心，以觀厥成。[24]

> 康熙三十一年秋，步在壬申，我上郡憲副高公，以閥閱名家、詞壇鼓吹，特膺簡命，來巡海邦；立經久之章程，嘆載籍之莫考。爰於甲戌（康熙三十三年）冬，出其兩年蒐採志草一帙，會守令，開志局，攬師儒，得明之士四人、文學十人，

---

[24] 清・高拱乾，《臺灣府志》自序，頁 7-8。

> 共襄校讐。計日程功，優以俸餘。是時體物攝郡符，與聞是
> 役，凡四閱月，而台灣新乘遂煥乎其有文章矣。明年秋，太
> 守靳公泚任，公復出以相訂。既竣事，請鑑定於院司，咸謂
> 得所未有……。[25]

從高拱乾自序，探知高氏修志，旨在說明臺灣山川、建設、產物、
民情、風俗等外，再據時任臺灣府海防總捕同知齊體物在高拱乾《臺
灣府志》〈齊序〉所言，以探高拱乾《臺灣府志》資料蒐集時間，
應介於康熙 32 年到康熙 33 年之間，直至康熙 34 年冬天，開始進
行纂修工作，而以四個月的時間成稿，然後再交給知府勒治揚校
對，一直到高拱乾在康熙 35 年（1695）離臺後，高拱乾《臺灣府
志》始由臺灣知縣李中素刻版問世。

　　據高拱乾修志名單中，校訂計有：臺灣府儒學教授張士昊等九
人，分訂：則有台灣舉人王璋及貢生王弼、監生、生員等 15 人，
其中，張士昊曾參與《福建通志》纂修工作，高拱乾《臺灣府志》
乃結合閩臺二地熟悉當地事務的人士所修，修志組織頗具規模。

（三）宋永清《臺灣府志》

　　除了蔣、高外，宋永清也曾纂修《臺灣府志》，據其〈增修臺
灣府志序〉曾道：

> 際此物阜民康之時，不為蒐輯而增修之，致令前有可傳、後
> 無可徵，一切盛衰得失之故，興廢沿革之由，盡湮沒而莫稽
> 也……因請之郡憲博採輿論搜羅文牘，自康熙三十五年至四

---

[25] 清・高拱乾，《臺灣府志》自序，頁 11-12。

> 十九年，延鳳山教諭施君士嶽董其事，命副榜貢生陳聖彪、
> 鳳山廩生李欽文、諸羅廩生鄭鳳庭等分校序次，以增卷秩。
> 事必徵實，言不溢美；匪云修也，補之云爾。[26]

宋永清自福建武平調補鳳山，而有續輯之意。康熙 35 年到 49 年
（1696－1710）間，宋永清延攬鳳山教諭施士嶽與生員等人共同增
修府志，記錄臺灣府之政軍民情風俗諸事，以增補高拱乾《臺灣府
志》。康熙 49 年，宋氏以秩滿，陞直隸延慶知府而離臺，《增修臺
灣府志》未及刊行。宋永清在自序中所提「請之郡憲」，而當時的
郡憲，乃時任臺灣知府的周元文，顯然周元文係承接宋永清底稿，
行纂修工作。

（四）周元文《臺灣府志》

清康熙最後一部《臺灣府志》，是由周元文纂修。周元文，盛
京金州人，監生，康熙 46 年從福建延平知府，調任臺灣知府，康
熙 51 年（1712）任滿離職。周元文在重修府志中指出：

> 自是以來，垂十七年矣，慨未有增而輯之者；余嘗有志而未
> 逮也。歲庚寅（康熙四十九年），鳳邑宋令曾肩其事……爰
> 於壬辰之春，公餘之頃，與郡邑博士弟子員搜討舊帙、諮訪
> 新聞……煌煌鉅典，於今事為明備。是用忘其固陋，修而輯
> 之。[27]

---

[26] 清‧宋永清，〈序〉，《增修臺灣府志》（臺北：成文出版社，1983 年 3 月），
頁 116-119。

[27] 清‧周元文，〈序〉《重修臺灣府志》，（臺北：臺灣銀行經濟研究室，1960
年 7 月），頁 3-4。

周元文自序，得知自高拱乾纂修府志出版問世後，除了宋永清曾增修府志但未出版，在此期間，並無有人纂修府志。直到康熙 51 年，周元文以宋永清之增輯，而與福建分巡臺灣廈門道陳璸、臺灣府郡博士弟子貢生等人廣搜資料，展開重修府志工作。而周元文補輯重修的府志，稱為《重修臺灣府志》，計有〈封域志〉、〈規制志〉、〈秩官志〉、〈武備志〉、〈賦役志〉、〈典秩志〉、〈風土志〉、〈人物志〉、〈外志〉、〈藝文志〉等十卷。其門類、輿圖、凡例均沿用高拱乾《臺灣府志》，例如：〈卷首〉增加周元文自序、宋永清寫的〈增修台灣府志序〉；〈封域志〉在沿革目中增〈附偽藩鄭氏歸降一覽表〉及篇末增加宋永清的〈形勢總論〉；〈規制志〉則新增義學、義學田、社會、祠宇等。

　　學者高志彬分析，周元文纂修《重修臺灣府志》，乃是繼宋氏之後，進行第二次的增修，並無重修之實。因此，1983 年成文出版社所出版的府志，遂將宋永清、周元文同列為《增修臺灣府志》的作者。[28] 惟根據成文出版社，曾將高拱乾的《臺灣府志》（臺灣文獻叢刊第六十五種），與周元文《重修臺灣府志》二志，進行相互比較，得知周元文《臺灣府志》實以高拱乾《臺灣府志》原版為基礎。[29] 周元文《臺灣府志》幾乎沿用高拱乾《臺灣府志》，甚至連錯誤之處，也未見修訂。例如：鄭成功及其子鄭經葬地，據高拱乾《臺灣府志》〈外志〉載：「在台灣縣武定里洲仔宅」，當時地點是對的，但康熙 39 年鄭成功父子的墳墓，遷葬到福建南安老家，《周

---

[28] 高志彬，〈增修臺灣府志編印說明〉，收於清‧宋永清，《增修臺灣府志》（臺北：成文出版社，1983 年 3 月），頁 1。

[29] 成文出版社，〈前言〉，《重修臺灣府志》（臺北：成文出版社，1983 年），頁 1-2。

志》應修訂而未修訂；[30] 此外，高拱乾《臺灣府志》凡例第一條：
「臺灣自康熙 20 年始入版圖」，[31] 始入版圖的時間已經錯誤，但周
元文《臺灣府志》凡例第一條，還是繼續寫道：「臺灣自康熙二十
年始入版圖」，[32] 高拱乾《臺灣府志》不但未修訂錯誤，甚至照單
全收。周元文《臺灣府志》係就高拱乾《臺灣府志》之舊版增補刻
印，所增多屬康熙 35 年（1696）以後之資料，增補較多為〈規制〉、
〈秩官〉、〈武備〉、〈賦役〉及〈藝文〉等五志，其中，又以〈藝文
志〉增補最多。

　　蔣毓英《臺灣府志》分卷無志名，但各門名下，因事立目。清
領時期臺灣方志編纂體例之變遷和發展，大致與中國傳統方志學相
同。[33] 而繼蔣毓英《臺灣府志》之後，清代治臺官員多次編纂臺灣
府志、廳志及縣志書，其中，就《臺灣府志》，繼蔣氏之後，陸續
又有高拱乾、周元文、劉良璧、范咸、余文儀等人進行《臺灣府志》
重修、續修工作。

二、清蔣毓英《臺灣府志》文學記述

　　清治臺初期，設一府三縣，命令文武官員、班兵衛戍必須三年
輪調內地之制，俱不准攜眷來臺，因此「席不暇暖」，鮮能專致用
心於治事，[34] 加以當時臺灣環境條件並不佳，臺灣險遠，來臺官員

---

[30] 陳捷先，《清代臺灣方志研究》（臺北：臺灣學生書局，1996 年 8 月），頁 62-63。
[31] 清・高拱乾，《臺灣府志》凡例，頁 15。
[32] 清・周元文，《重修臺灣府志》凡例，頁 9。
[33] 陳捷先，〈論清代臺灣地區方志的義例〉，《漢學研究》3：2（1985 年 12 月），頁 231。
[34] 蔡志展，〈清代前期灣行政系統之建置與變革（1684－1874）〉，《社會科教

多視為來臺是一件苦差事。所開缺員來自大陸各省官員。而清代任官採取「迴避制度」，[35] 所有官員都須離鄉背井，遠赴外地就職。康熙 23 年，臺灣府首任知府蔣毓英抵臺赴任。「臺灣知府」是司道以下，州廳縣之上，是承上啟下的地方長官，知府的主要職責是徵收各種稅收、審判案件、管理府考、監督州縣，確保政事清明。[36] 觀察首任臺灣知府蔣毓英仕宦經歷：

> 蔣毓英漢軍鑲藍旗人。康熙初平臺灣，以毓英為知府。[37]

> 蔣毓英，字集公，錦州府官生，知泉州府。康熙 22 年，臺灣歸命，督撫會疏交薦，調知臺灣府。[38]

> 蔣毓英，字集公，奉天錦州人，以蔭生知泉州府。康熙 22 年，清人得臺灣，督撫會疏交荐，遂調臺灣知府。[39]

康熙 17 年（1678），蔣毓英原任職福建泉州知府，康熙 23 年（1684），從泉州調任至臺灣，擔任臺灣清治時期的首任知府。當時清廷對臺海交通及渡臺移民，並未採取嚴格管制政策，面對執行中央下達「安撫」、「招徠」、「教化」撫治政策。蔣毓英來臺擔任首任知府，適值

育研究》5（2000 年 12 月），頁 26。

[35] 魏秀梅，〈清代任官之籍貫迴避制度〉，《中央研究院近代史研究所集刊》18（1989 年 12 月），頁 1-36。

[36] 許雪姬，《北京的辮子──清代臺灣的官僚體系》（臺北：自立晚報，1993 年 3 月），頁 15-16。

[37] 臺灣銀行經濟研究室編印，《清一統志臺灣府》（臺北：臺灣銀行，臺灣文獻叢刊第 68 種，1960 年 2 月），頁 33。

[38] 陳壽祺，《道光福建通志臺灣府》，頁 928。另見臺灣銀行經濟研究室編輯，《福建通志臺灣府》（臺北：臺灣銀行，臺灣文獻叢刊第 84 種，1960 年 8 月），頁 484。

[39] 連橫，《臺灣通史》（中國北京：九州出版社，2008 年 6 月），頁 568。

清政府通令全國纂修地方志，以備一統志採輯，蔣毓英乃與鳳山知縣楊芳聲、諸羅知縣季麒光合修《臺灣府志》，完成初稿。[40] 蔣毓英纂修《臺灣府志》之後，康熙 28 年（1689）被調任中國大陸，蔣毓英《臺灣府志》後來則由其家屬在中國大陸刊行，所以沒有序跋、凡例，沒有纂修姓名表，也不署蔣氏職銜，並由其子國祥、國祚字，清代禁止文武官吏攜眷入臺，僅此即可證其確係刊於中國大陸，此志流傳不廣，不僅臺灣未見，中國大陸只有上海圖書館入藏，刊行不及三百年，就成孤本。[41]

也就是說，蔣毓英應該在康熙 34 年之前，已纂修完成《臺灣府志》。而清廷當時係以《河南通志》做為修志通例，蔣毓英所纂《臺灣府志》，其類目與康熙《福建通志》所繫臺灣府事類目大抵相符，季麒光曾點評蔣毓英《臺灣府志》的體例「分條晰理，一如他郡之例」，[42] 說明蔣毓英《臺灣府志》的體例應是符合清廷的規定。[43]

雖高拱乾《臺灣府志》新闢〈藝文志〉，收錄文體計有宸翰、奏議、公移、序、傳、記、賦、詩 8 種，收錄作家的文學作品，乃成為臺灣第一本建置〈藝文志〉，但仔細檢視蔣毓英《臺灣府志》，卷一有：沿革、分野、氣候、風信、封隅、坊里；卷二為敘山；卷三為敘川；卷四為物產；卷五為風俗；卷六有歲時、規制、學校、廟宇、市廛；卷七有戶口、田土、賦稅、祀典；卷八有官制、武衛；卷九為人物；卷十有古蹟、災祥、兵亂、扼塞，是清治臺灣第一本

---

[40] 清・蔣毓英撰、陳碧笙校注，《臺灣府志校注》，頁 1。
[41] 同上註，頁 3。
[42] 清・季麒光，〈臺灣志書前序〉，收於蔣毓英，《臺灣府志》，頁 134。
[43] 楊護源，〈清代《臺灣府志》的纂修與綱目義例之比較〉，《臺灣文獻》58：4（2007 年 12 月），頁 161。

方志，該志雖無設〈藝文志〉，但「敘山」、「人物」、「古蹟」、「災祥」等處仍見有關文學的書寫。

在蔣毓英《臺灣府志》〈人物志〉縉紳流寓中，概知被立傳者的作品名稱，或被立傳者專長的文學類別，例如，〈王忠孝列傳〉介紹王忠孝平生喜著作，著有《四居錄》及表、章、賦；另在〈盧若騰列傳〉、〈沈佺期列傳〉中，分別指出盧若騰、沈佺期平生所著詩文甚富，子孫藏之；而在〈沈光文列傳〉中，收錄沈氏著有臺灣賦、東海賦、檨賦、桐花賦、芳草賦及花草果木雜記，[44] 人物傳記僅知其所收錄的人物作品目錄，此外，還記述許多神話、傳說。

蔣毓英《臺灣府志》雖為因應官方資治所用，為經綸世務者提供施政藍圖，惟從人物等體例門類，其記述明鄭遺裔，用心保存鄭氏治臺時期的史料，充分表現傳統中國史家的風範外，收錄被立傳者的著作目錄，記述神話、傳說等具有民間文學等色彩。

三、清蔣毓英《臺灣府志》文學特色

蔣毓英纂修《臺灣府志》雖無設〈藝文志〉，但梳理該志內容，透過書寫脈絡，其文學特色如下：

（一）收錄臺灣文學第一人

蔣毓英纂修《臺灣府志》，將流寓臺灣的明末遺裔沈光文入志。清乾隆時期，浙江學派全祖望非常推崇沈光文，推崇沈氏是上天特別留以開啟窮僻臺灣的文明，譽其為「海東文獻推為初祖」，[45] 並

44　清・蔣毓英，《臺灣府志》，頁122。
45　清・全祖望，《鮚埼亭集・沈太僕傳》卷27，上海商務印書館縮印原刊本，頁

將其作品著錄成沈氏全集；道光年間，鹿港同知鄧傳安，讚賞沈光文是「以海外文教肇自寓賢鄞縣沈斯菴太僕光文字文開者，爰借其字定書院名，以志有開必先焉。」[46] 鄧傳安並以沈光文之字「文開」設書院，肯定沈光文教育有功；黃得時稱沈光文是「啟蒙番社著先鞭之士」、[47] 黃典權稱之「開啟臺灣文獻第一人」；[48] 龔顯宗則稱沈光文是「臺灣文化的傳播者」、「臺灣詩學始於沈光文」、「臺灣賦始於沈光文」、「臺灣古文始於沈光文」、「臺灣地理學研究始於沈光文」、「臺灣教育始於沈光文」；[49] 羊子喬等人則稱為「臺灣文學開自沈光文，世咸稱臺灣文學之始祖」，[50] 沈光文及其作品的貢獻與成就，日益受到重視。

　　沈光文（1612－1688），字文開，號斯菴，浙江鄞縣人，1652因乘船遇颶風飄至臺灣，終生寓居海島 36 載。清高拱乾《臺灣府志》作〈臺灣賦〉，另在該志收錄首任臺灣府儒學教授林謙光〈臺灣賦〉，[51] 然而早在高、林二人之前，沈光文早就曾著〈臺灣賦〉，但卻未被高拱乾《臺灣府志‧藝文志》所錄。對此，陳捷先曾批評：

287。

46　清‧鄧傳安〈新建鹿仔港文開書院記〉，收於臺灣銀行經濟研究室編，《蠡測彙鈔》（臺北：編者，1958 年 1 月）臺灣文獻叢刊第 9 種，頁 41。

47　沈友梅，〈沈序〉，收於侯中一編校，《沈光文斯菴先生專集》（臺北：寧波同鄉月刊社，1977 年 3 月），頁 3。

48　黃典權，〈沈光文〉，侯中一編校，《沈光文斯菴先生專集》，頁 47-66；黃典權，〈沈光文〉，收於龔顯宗編著，《沈光文全集及其研究資料增編：紀念沈光文誕辰 400 年》（臺南：臺南市政府文化局，2012 年 11 月），頁 100-115。

49　龔顯宗，〈臺灣文化的播種者沈光文〉，收於編者，《沈光文全集及其研究資料彙編》（臺南：臺南縣立文化中心，1998 年 12 月），頁 566-579。

50　羊子喬，〈缺乏讀者的第一本書《臺南縣志稿文化志》〉，收於龔顯宗，《沈光文全集及其研究資料彙編》，頁 208；另收於《郭水潭集》（臺南：臺南縣立文化中心編印，1994 年 12 月），頁 242-245。

51　清‧高拱乾，《臺灣府志‧藝文志》，頁 270-273。

高志……缺漏沈光文尤為不該，因為沈光文來臺最早，對
學術思想上的影響也最大，獨獨不為他立傳，不知事出何
因？又卷十〈藝文志〉中，刊載明代遺老的詩，只有王忠孝
的一首，沈光文的詩作最多，且有不少佳作，而高志竟不
一見！……還是怕沈氏詩文內含民族思想，過分強調其人
其詩會影響作官的政治前途呢？[52]

沈光文的〈臺灣賦〉，最初因政治因素，使得高拱乾不敢置入志，
但後來清乾隆時期被范咸收錄於《重修臺灣府志》，雖其中不少內
容有學者認為是移花接木，顯示意識型態和「正典」之間，有著糾
纏難解的關係。[53] 有關沈光文的文學創作，以清康熙 24 年，與沈
氏有深交之諸羅知縣令季麒光所撰《蓉洲文稿》〈文開傳〉最早（今
見於黃叔璥《臺海使槎錄》〈赤崁筆談〉），被蔣毓英《臺灣府志》
所引，後有全祖望、鄧傳安等人。而沈氏在臺所撰寫去國懷鄉、詠
懷詩歌的詩文，呈現多年來臺流落異域的孤寂落寞。

　　蔣毓英《臺灣府志》雖引季麒光所撰〈文開傳〉一文，但其仍
有進行增補有三：其一補光文的先世，以為故祖文恭公之後，其二
補招降之清帥為福建總督李率泰；其三補光文於鄭經時避居之處在
目加溜灣，即今善化區，以教授生徒、行醫維生，但略去光文與施
琅、姚啟聖友善，再受禮遇事，或大所顧忌。[54] 蔣毓英將明末遺裔

---

[52] 陳捷先，《清代臺灣方志研究》（臺北：臺灣學生書局，1996 年 8 月），頁 52。
[53] 盛成，〈史乘與方志中的沈光文資料〉，《臺灣文獻》12：2（1961 年 6 月），頁 1-9；另見游適宏，〈地理想像與台灣認同──清代三篇〈台灣賦〉的考察〉，《臺灣文學學報》1（2000 年 6 月），頁 50-51。
[54] 石萬壽，〈沈光文事蹟新探〉，收於龔顯宗《沈光文全集及其研究資料彙編》，頁 193。

沈光文收入於《臺灣府志》，但清廷未予排除，突顯清府新政權的寬容大度，此外，可避免談論偽政鄭成功父子貢獻的尷尬，並以沈光文以漢文人身份，可化解滿／漢文化對立及明／清政權對立。[55]官紳修志傳承清廷「崇儒重道」，確立學術文化正統的觀念。[56]

　　蔣毓英《臺灣府志》以〈沈光文列傳〉巧妙將沈氏入志，雖未收沈光文的作品，但為沈氏立名，從此奠定沈光文成為臺灣文學的領航者。沈光文對於臺灣教育與文學有啟導開創之功，而蔣毓英《臺灣府志》則是將肇啟臺灣文學第一人沈光文入志，忠實記錄清治臺灣之初的文學。

（二）記錄首座教育機構

　　清治初期，臺灣的文化和學術氣氛，傾向清朝帝王統術下的儒學，[57]清廷在臺灣各地興建府縣廳儒學，成為國家育賢儲才以應科考的教育機構，[58]而從周昌與蔣毓英捐俸修整臺灣府學起，[59]始見興辦學校，文教初啟。蔣毓英《臺灣府志》除敘山、敘川等確定行政範圍和人口物產等，各類硬體建置，在新隸版圖積極設置教育構機，激勵臺地學子廣行儒學教化，彰顯官紳施政的藍圖。

　　清代政府為教化所開辦的教育機構稱「儒學」，其中，京師儒學稱「太學」或「國子監」，是國家最高學府；地方政府所設則稱

---

[55] 黃美娥，《古典臺灣：文學史·詩社·作家論》（臺北：國立編譯館，2007 年 7 月），頁 22-23。

[56] 葉高樹，《清朝前期的文化政策》（臺北：稻鄉出版社，2002 年 7 月），頁 179-207。

[57] 潘朝陽，《臺灣儒學的傳統與現代》（臺北：國立臺灣大學出版中心，2008 年 9 月），頁 93。

[58] 黃秀政，〈清代臺灣的書院——以中華文化的傳播與地方才俊的培育為中心〉，收於編者，《臺灣史研究》（臺北：臺灣學生書局，1992 年 2 月），頁 105-138。

[59] 清·蔣毓英，《臺灣府志》，頁 68。

「府學」，而臺灣最早的「臺灣府學」則創始於首任知府蔣毓英任內。當時，蔣毓英與臺廈道周昌斥資改建孔廟，在大成殿中懸有康熙御筆「萬世師表」匾，使孔廟稍具規模，並定名為「臺灣府學」。臺灣府學設置後，康熙 25 年（1686）上任的第一任臺廈道周昌曾向中央爭取開科考試，蔣、周二人「捐俸倡修」，修建臺灣府學而成國家教育機構。清初臺灣府儒學教授和縣儒學教諭，都是來自福建的儒士，所受之學乃為閩學之朱子學，因此清初臺灣文化與教育，都是福建儒學教育的延伸，朱子儒學遂從福建而普化於臺地，成為數百年來臺民的文化常道、臺灣的文化主體。時至今日，臺灣首座「臺灣府學」東大成坊，目前乃為孔廟主要出入口，坊楣掛有「全臺首學」橫匾，欞星門右側立著一塊「重修府學」碑記，則是清乾隆 16 年（1751）重修所立，註記工程建築與廟貌沿革，光緒 15 年（1889）更名為「臺南府學」。

　　治臺官員或修志官紳對於新隸版圖的臺灣島域，迫切在臺地推行儒化教育，蔣毓英在臺灣設立臺灣府學，傳播中華文化，自此從康熙到乾隆時代的來臺官員，以教化做為重要宦績，在教育移植過程中，為儒學教育奠定良好的基礎。蔣毓英在知府任內，努力推展臺灣的儒政、儒學與儒教，是賢良儒吏的儒家實踐者，充分展現本於儒家的政治理念，負起教化黎民重任，提供民眾學習、創作的場所。

（三）書寫傳記文學

　　蔣毓英《臺灣府志》〈人物志〉設「縉紳流寓〈王忠孝、辜朝薦、盧若騰、沈佺期、李茂春、沈光文〉」，則收錄「王忠孝列傳」、「辜朝薦列傳」、「盧若騰列傳」、「沈佺期列傳」、「李茂春列傳」、「沈

光文列傳」共 6 篇人物傳記：

王忠孝列傳

王忠孝，字愧兩，泉州府惠安縣人，明進士。初授戶部主事，以抽分密雲，疏劾宦豎，忤旨，廷杖下獄，凡九年。及奉讁家居，遂杜門不出。弘光元年，起授饒州知府，未幾，轉冏卿；又未幾，轉院副。明年，隆武建號于閩，又轉總督，賜上方劍，便宜行事。閩之士女皆識其名。至甲辰年，同盧若騰來臺，不仕偽鄭，維日與流寓諸人肆意詩酒，作方外人。丁未冬十一月，卒。將卒之日，沐浴衣冠畢，告辭親朋，端坐而逝，顏色如生。平生喜著作，有《四居錄》及表、章、上諸王札并詞賦，嗣當搜羅編輯，以傳後世。

辜朝薦列傳

辜朝聘，字在公，潮州揭陽縣人，明進士。始任江南安慶府桐城縣知縣，歷掌科垣，晉秩京卿，與郭之奇、羅萬傑、黃奇遇，時號為「四駿」。初棲廈門，癸卯隨鄭□往南；甲辰春，至臺灣，尋卒。

盧若騰列傳

盧若騰，字閑之，號牧州，同安縣人，明進士。召對稱旨，授兵部主事。甫筮仕，抗疏劾督輔楊嗣昌，升本部郎中兼總京衛武學。又劾定西侯蔣惟祿，疏上事三。嘉其敢言，將不次擢用。有惡其太直者，沮之，乃除寧紹兵備道。赴任，在水程中，參內使由國興，讎其奏，國興伏辜。既涖任，興利

去弊，績不勝書，二府軍民有「盧菩薩」之謠，至今屢祝焉。鼎革後，遁跡臺灣，效黃冠故事，杜門著書。癸卯，大師平島，率家渡澎，越明年，卒，時年六十有五也。平生所著詩文甚富，其子孫或有藏之者。

沈佺期列傳

沈佺期，字雲祐，號鶴齋，泉州府南安縣人。登進士第，官諫議。明亡，絕意進取，後至廈門，杜門謝客；後又抵臺，以醫術濟臺人。凡富家貴族相延，輒往；即貧窮者亦不自貴重。壬戌秋，卒于臺，時年七十有五。平生著作，其子孫輯而藏之。

李茂春列傳

李茂春，字正青，漳州府龍溪人，登明隆武丙戌科鄉榜。遁跡至臺，偽藩延以教其子經。其為人好吟咏，喜著述，日自放于山水間，跣足岸幘，旁若無人。知經非令器，素不加禮。搆一禪宇，扁曰「夢蝶處」；與住僧禮誦經文為娛，自號「李菩薩」。尋卒于臺，因葬焉。

沈光文列傳

沈光文，字文開，別號斯庵，浙江鄞縣人，故相文恭公世孫，以副車恩貢，例仕紹興、典州、肇慶之間，由工部郎中家太僕少卿。辛卯年，從肇慶至潮州，由海道抵金門。壬寅，八閩總制李公諱率泰聞其名，遣員至書幣邀之，斯庵不就。七月，挈其眷，買舟欲入泉州，過圍頭洋，遇颶風，漂泊至臺，

不能返棹，遂寓居焉。及鄭大木掠有其地，斯庵以客禮相見。
鄭經嗣爵，多所變更，斯庵知經無能為，且以一賦寓譏諷，
為忌者所中，幾死于□。乃改服為僧，入山不出，于目加溜
灣番社傍教授生徒，兼以醫藥濟人。所著文有臺灣賦、東海
賦、檨賦、桐花賦、芳草賦及花草果木雜記。[60]

就文學書寫而言，蔣毓英《臺灣府志》分別介紹王忠孝六人的著作
及其專長文體，蔣毓英《臺灣府志》雖無設〈藝文志〉，但〈人物
志〉「縉紳流寓」中，所記明代遺老的人數卻多於高拱乾纂修的府
志，且沈光文對學術思想的影響很大；反觀高拱乾雖首創臺灣〈藝
文志〉及周元文《重修臺灣府志》等，都缺漏沈光文。

　　司馬遷《史記》，是一部優秀的傳記文學，「自史學家始，以文
學家終」[61]，「傳記，是書寫的東西……它不但能使讀者有以『知』
乎其人其事，且能使其人其事感動讀者之心。」[62] 杜維運認為，人
物扮演主導者的角色，立傳的標準有五：「改變歷史的人物、有至
德風節的人物、對學術文化有貢獻的人物、建功勳有才能的人物，
及有罪惡的人物可為後人警惕。」[63] 據此，蔣毓英《臺灣府志》所
收王忠孝、辜朝薦、盧若騰、沈佺期、李茂春、沈光文六人，都是
至德有風節、對學術文化有貢獻等，足堪楷模。

　　除此之外，蔣毓英《臺灣府志》人物傳傳記還收「節烈女貞（鄭

---

[60] 清‧蔣毓英，《臺灣府志》，頁 120-122。

[61] 杜維運，〈傳記的特質與撰寫方法〉，《傳記文學》45：5（1984 年 11 月），
　　頁 39-43。

[62] 王夢鷗，〈傳記‧小說‧文學〉，《傳記文學》2：1（1963 年 1 月），頁 4-6。

[63] 杜維運，〈傳記人物的選擇標準〉，《國史館館刊》，復刊 27（1999 年 12 月）
　　頁 15-20。

氏、陳氏、鄭阮氏、黃氏）」，在「節烈女貞」5 篇傳記均以「節烈
某氏列傳」為篇名，5 位傳主都以殉夫而死告終，而附在「節烈鄭
氏列傳」之後的沈氏由於尚未成婚，其自縊是因為哀慟兄長沈端遭
馮錫範構陷，被傅為霖反叛一事牽連而死。全文除了交代傳主的父
親、丈夫之姓名與成婚年齡外，便是著重於其殉節的決心。

　　官紳修志傳承清廷「崇儒重道」，宣揚倫常道德。歷史與文學
皆具教育作用，「傳記」係以真實的歷史材料為本為特性，以個人
生活為主題的非虛構性文學，期能產生見賢思齊之心，能夠影響人
心向善、警世木鐸，是立意良善的書寫文體。而蔣毓英《臺灣府志》
置於人物的人物傳記體例，以信史為真，佐以文學技巧，呈現傳主
的性格，常見於日後其他方志藝文篇書寫的格式。

（四）收錄民間文學

　　臺灣是個多族群的島嶼，原住民是最先居住在這塊土地的人
民，其因無文字，因此，歷史文化傳承，只能靠口耳相傳的神話、
傳說等承遞，而神話、傳說是民間文學重要的材料。統計蔣毓英《臺
灣府志》記述的神話、傳說的主題，[64] 計有：

　　1、英雄主題：例如「辛丑年五月間，鹿耳門水漲丈餘。原鹿
耳門水淺，僅小艇可循江出入。是歲，鄭成功攻取臺灣，水漲，大
小戰艦遂盡進港。」[65]

　　2、神奇怪異：例如「大鳥：鳳芋在鳳山縣。大呂覓番原居大
呂覓山上，相傳有芋一叢，高丈餘，月將出時，有二物如鳳凰，從

---

[64] 徐惠玲，〈清康熙年間《臺灣府志》之文學記述及其特色〉，頁 30。
[65] 清・蔣毓英，《臺灣府志》，頁 128。

芋下奮翮振羽，騰飛戾天。其番驚怪，始移居社內。」[66]

　　3、占驗符命：例如「傳聞古鳳山有石，忽開一隙，內有讖云：『鳳山一片石，堪容百萬人。五百年後，閩人居之』。俄而復合。」

　　4、傳說人物：例如「藥水：在鳳山縣淡水社，相傳明三保太監曾投藥水中，今土番百病，水洗立愈。」、「三保薑：相傳崗山巔明三保太監曾植薑其上，至今常有薑成叢，樵夫偶然得之，結草為記，次日尋之，弗獲故道。若得其薑，百病食之皆瘳。」、「嘉靖四十二年，流寇林道乾橫行海洋，專殺土番，取膏血造船，擾害濱海。都督俞大猷征之，道乾遁去占城，今有其遺種。」

　　蔣毓英《臺灣府志》記述的神話、傳說，計有英雄主題、神奇怪異、占驗符命、傳說人物等，成為研究臺灣當地民間文學的重要寶庫。地方志是一特定行政區的「史」與「地」之綜合記載，是該區域的人、事、地、物之全紀錄，成為該區域的「地方百科全書」，[67] 蔣毓英《臺灣府志》收錄清領臺灣初期豐富的人文風俗等資料，提供後人認識初清治臺的臺灣社會、經濟、文化及民俗風情等歷史文獻。此外，蔣毓英《臺灣府志》收錄王忠孝、辜朝薦、盧若騰、沈佺期、李茂春、沈光文列傳，分別介紹 6 人著作及其專長的文體，縉紳流寓所記明代遺老的人數比後來高拱乾纂修府高要多。且蔣毓英《臺灣府志》收錄來臺甚早的沈光文，沈氏對學術思想的影響很大，保存豐富史料，具有方志「資治、教化、存史」[68] 價值。

---

[66] 清・蔣毓英，《臺灣府志》，頁 128。

[67] 林天蔚，《方志學與地方史研究》（臺北：南天書局，1995 年 7 月），頁 13；林天蔚，《地方文獻研究與分論》（中國北京：北京圖書館出版社，2006 年 12 月），頁 3；黃秀政，〈總纂序〉，收於編者，《續修臺北市志・卷首》（臺北：臺北市立文獻館，2017 年 4 月），頁 6。

[68] 來新夏，《中國地方志》（臺北：臺灣商務印書館，1995 年 9 月），頁 236-242。

　　清治臺灣初期，官紳修志的模式從中國傳統志書移植而來，在書寫策略上，透過方志整編的程序，將儒學正統禮教規範，加以漢文化，以增進移風易俗的基層教化，順水推舟地強化國家權利對於社會的有效統治，體現臺灣隸屬於中國版圖的政治連結，[69] 蔣毓英《臺灣府志》用心於規範地方社會的人文秩序，在文學纂修的編排上，其未設〈藝文志〉，但從其有系統的設置「首座教育機構臺灣府學」、「收錄明末遺老沈光文」，加以收錄王忠孝、辜朝薦、盧若騰、沈佺期、李茂春、沈光文，都是至德有風節、對學術文化有貢獻，其記述的文體，計有：表、章、詩、詞、賦、記六種，惟無法欣賞被立傳者的著作，而書寫傳記人物、民間文學入志等，呈現口耳相傳的承遞，蔣毓英纂修臺灣首部方志《臺灣府志》雖無設文學篇，但若能細心檢視，仍可發現該志具有豐富的文學色彩。

第二節　日治臺灣縣廳志文學纂修——以鄭鵬雲《新竹縣志初稿》爲例

　　乙未割臺，衝擊臺灣政治、社會、經濟、文化等發展，而過去文壇主力的科舉士子，相繼選擇內渡以逃避異族統治，因此出現文人外移，造成臺灣文壇的領導權產生轉移。[70] 日治臺灣初期，方志

---

[69] 洪建榮，《清代臺灣方志的知識學》（臺北：五南圖書出版公司，2020 年 2 月），頁 169。

[70] 吳文星，《日據時期臺灣社會領導階層之研究》（臺北：正中書局，1992 年 3 月），頁 28。

纂修值得關注。

一、日治臺灣初期縣廳志纂修

　　1723 年（清雍正元年），清朝劃諸羅縣虎尾溪以北、大甲溪以南疆域設置彰化縣；大甲溪以北，北至大溪籠域，乃至東岸，設置淡水廳。1876 年（清光緒 2 年）1 月，清劃大甲溪以北今臺北府，下轄淡水、宜蘭、新竹 3 縣及基隆廳，附郭設於淡水縣。1887 年（清光緒 13 年）10 月，臺灣建省，分 3 府 1 直隸州 11 縣 3 廳。日治初期為縣廳時期（1895－1901），在 1895 年（日明治 28 年）6 月，臺灣總督府劃全臺為 3 縣 1 廳，3 縣為：臺北、臺灣、臺南，1895 年7 月，臺灣總督府為施行「軍政」，行政區劃改設為 1 縣 2 民政支部1 廳；1896 年（日明治 29 年）4 月，撤廢軍政，臺灣總督府恢復施行民政，仍分全臺為：臺北、臺中、臺南 3 縣及澎湖島廳。1897 年（日明治 30 年）5 月，臺灣總督府改全臺為 6 縣 3 廳，除原有 3 縣1 廳外，增設新竹、嘉義、鳳山 3 縣及宜蘭、臺東 2 廳，縣、廳之下共設 86 個辨務署，自此出現新竹地名。[71]

　　日本受中國影響，早在奈良時代就有編纂方志的傳統，[72] 因此，1895 年，日本依馬關條約取得臺灣，是年 7 月日本參謀本部隨即編印第一部官修方志《臺灣誌》，作為治臺參考。臺灣在日治期間，從三縣一廳（臺北縣、臺中縣、臺南縣及澎湖島廳）演變至 1926

---

[71] 黃秀政，〈北北基行政區劃演變（史前－2020）〉，《臺北文獻》218（2021年 12 月），頁 52-53。

[72] 犬井正，〈關於關東地方史志類中「志」與「史」的若干考察──來自與中國「方志」關聯的角度的探討〉，收於來新夏、齊藤博主編，《中日地方史志比較研究》（中國天津：南開大學出版社，1996 年 1 月），頁 310-311。

年（日昭和元年）的五州三廳（臺北州、新竹州、臺中州、臺南州、高雄州及澎湖廳、臺東廳、花蓮港廳），[73] 支廳則改為辨務署，形成府、縣（廳）、署之三級制。而為殖民統治之需，日本殖民政府致力於中國法制之研究，及清領時期臺灣地方有關土地、風俗等慣例之調查。日人治臺之初，一方面成立「臨時臺灣土地調查局」及「臨時臺灣舊慣調查會」；另一方面，臺灣總督府廣泛蒐集清領時期所纂修之府廳舊志，並倡修縣廳志。

綜觀日本治臺 50 年，在臺所纂修的縣廳志，計有《臺南略誌》、《新竹縣志初稿》、《嘉義管內采訪冊》、《臺南縣志》、《南部臺灣誌》、《臺北廳志》、《桃園廳志》、《新竹廳志》、《臺北廳志》（重修）共 9 種，除《新竹縣志初稿》、《嘉義管內采訪冊》為中文，餘者均為日文。而《新竹縣志初稿》、《嘉義管內采訪冊》都是在日治初期纂修的縣廳志，其中，僅《新竹縣志初稿》以「文徵篇」收錄文學，乃成為本文探討日治初期纂修方志的主要文本。

日治時期的新竹仍屬淡水廳，淡水廳自雍正元年建制，至同治年間，共歷一百五十年之久，廳志並未編纂；道光年間，竹塹進士鄭用錫（1789－1867），首創初稿一冊，大多抄自臺灣府志，簡略不成書；同治 6 年，淡水同知嚴金清，禮聘林豪開局採訪，完成淡水廳志 15 卷，書成未及刊行，而嚴金清調職，林豪亦退隱里閭。同治 9 年（1870）淡水同知陳培桂，重新開局採訪，延聘舉人吳子光等淡水廳籍人士採訪，費時 10 月，完成北臺第一部志書《淡水廳志》。光緒 18 年（1892）臺灣巡撫邵友濂開設臺灣通志總局，各縣廳均設有採訪局，時新竹知縣葉意深，聘請陳朝龍（1859－

---

[73] 黃秀政、張勝彥、吳文星，《臺灣史》，頁 6。

1903）、鄭鵬雲（1861－1915）編輯《新竹志》，經一寒暑，初稿於
光緒 20 年完成，共 12 本，當時稱為善本，但未刊行；臺灣改隸，
經乙未戰亂，陳朝龍返回福建，《新竹志》原稿亦攜走。日治臺灣，
對於地方文獻甚為重視，明治 30 年（1897），新竹設縣，縣知事櫻
井勉到任，即下令編修縣志，禮聘陳、鄭二人從事編修，因陳返回
原鄉，乃遣鄭渡海取回原編稿本。此 12 本採訪冊中，尚缺書院、
祠廟、坊匾、風俗、番話、列傳等，民國 51 年，臺灣銀行經濟研
究所刊行之臺灣文獻叢刊 145 種《新竹採訪冊》二本，即係鄭鵬雲
所攜回之殘稿，為陳、鄭二人所編。而鄭渡海取回原編稿本尚缺，
櫻井勉第增聘曾逢辰（1853－1928）協助鄭鵬雲修纂，鄭、曾二人
參考《淡水廳志》及摧回的殘稿，另加五千餘件資料，費時 5 月，
完成《新竹縣志初稿》，由新竹縣參事鄭如蘭（1835－1911）題序。
翌年，新竹廢縣，設辦務署，櫻井勉知事他調，資料未能細查。明
治 38 年，新竹再改制為廳，新竹廳長里見義正，命其廳屬波越重
之，編修《新竹廳志》，為日文版。[74]

　　而當時來臺擔任新竹縣第一任知事櫻井勉，視纂修《新竹縣志》
為他來臺任內積極推動的重要政務之一，他聘任鄭鵬雲擔任囑託，
負責整理舊政府時期的檔案文書，另聘時任新竹公學校漢文教師曾
逢辰協助纂輯。而纂輯人鄭鵬雲，號北郭園後人，竹塹城北門外濫
仔莊人，光緒 9 年（1883）新竹縣學附生，後補臺北府學廩膳生，
先後入海東書院、福建鼇峰書院就讀。曾應邀參與纂輯《新竹縣采

---

[74] 楊鏡汀，《新竹縣志續修・人物志（民國四十一年至八十年）》（新竹：新竹
縣政府，2008 年 10 月），頁 1-2；鄭鵬雲、曾逢辰纂輯，詹雅能點校，《新竹
縣志初稿》（臺南：國立臺灣歷史博物館，2011 年 10 月），頁 15-18；黃旺成，
《新竹縣志・人物志》（新竹：新竹縣文獻委員會，1976 年 6 月），頁 26；日
本鷹取田一郎，《臺灣列紳傳》（桃園：華夏書坊，2009 年 6 月），頁 128。

訪冊》，乙未改隸，一度避難鷺江，返臺後受日人器重。明治 30 年（1897）4 月授配紳章，同年 12 月任新竹縣事務囑託，並受命編纂《新竹縣志》。明治 32 年（1899），曾前往廈門經營實業，後赴北京上書條陳興革事宜。明治 42 年（1909）返臺，大正元年（1912）又再渡廈門，主事福州「瀛僑會館」；曾逢辰（1853－1928），一名逢時，號鏡湖，竹塹城外溪埔仔莊人，光緒 7 年（1881）入新竹縣學，設塾於貓兒錠，門徒眾多。明治 28 年（1895）任貓兒錠庄長，明治 30 年（1897）12 月，與鄭鵬雲共同編纂《新竹縣志》。[75]

　　唯當時因地方改制，據新竹縣參事鄭如蘭、鄭鵬雲及曾逢辰三人於光緒 24 年（明治 29 年，1896），分別為《新竹縣志》作序時指出：

> 光緒 18 年，臺灣巡撫邵友濂開設臺灣通志總局，各縣、廳均設有采訪局。新竹葉明府意深愛聘陳上朝龍、吾宗上舍鵬雲編輯《新竹志》……縉紳先生均以為善本。惜乎！戎馬烽煙，所有纂修舊稿渺矣無存；其存者，亦僅斷簡殘編，難求全璧。光緒 23 年夏，新竹縣知事櫻井勉甫下車，即以徵文考獻為己任，因查曩者編纂局紳陳上舍朝龍經以改歸原籍，其存者僅□□□□，爰兼聘曾茂才逢辰，共襄志事。統計五閱月，得書四本……。[76]

---

[75] 鄭鵬雲、曾逢辰纂輯，詹雅能點校，《新竹縣志初稿》（臺南：國立臺灣歷史博物館，2011 年 10 月），頁 15-18；黃旺成，《新竹縣志・人物志》，頁 26；日本鷹取田一郎，《臺灣列紳傳》，頁 128。

[76] 鄭如蘭，〈序〉，收於鄭鵬雲、曾逢辰纂輯，詹雅能點校，《新竹縣志初稿》，頁 25。

> 光緒 23 年冬 12 月，承新竹縣櫻井知事命，委以事務囑託兼
> 修志乘……計五閱月，采訪《廳志》及光緒 19 年《新竹縣
> 志》殘稿計五十餘件。因縣、廳廢止，匆匆撤辦，所有山川、
> 里程、水利、物產各門，未經纂輯者尚多。[77]

《新竹縣志初稿》纂修，乃因源於明治 30 年（1897）12 月，歷時
5 個月，大抵完成〈建置志〉、〈賦役志〉、〈學校志〉、〈典禮志〉、〈職
官志〉、職官表、選舉表、風俗考諸篇，其餘如沿革、山川、列傳、
古蹟、兵燹、文徵等尚未成編，即因明治 31 年 6 月地方官制再度
改正，新竹縣大部轄區重新併入臺北縣，導至纂輯工作匆匆停止，
故而留下 4 卷初稿，縣廳廢止而撤辦，以致部分門類未及編纂。

　　《新竹縣志初稿》稿本今未見，僅以刊本流傳，今編六卷，即
為其「草稿」所整編。稿本原藏於新竹廳署，並列管編為該廳藏書
甲部第二號，民國 35 年，新竹縣政府接收後，該批藏書被移轉至
當時位於桃園之新竹縣政府倉庫。民國 41 年，新竹縣文獻委員會
成立，檢出該書並收藏於文獻委員會。民國 48 年，因臺灣銀行經
濟研究室編輯臺灣文獻叢刊之需要，特抄錄一份副本提供編校之
用。民國 57 年，王世慶重新點校《新竹縣志初稿》時，據載仍藏
於新竹縣文獻委員會。唯今，該稿本已不復得見，僅存者則是當年
根據稿本點校之兩種刊本：即為民國 48 年臺灣銀行經濟研究室據
新竹文獻委員會典藏稿本進行整理、標點的臺灣文獻叢刊第 61 種；
另為王世慶點校之臺灣方志彙編本《新竹縣志初稿》。[78]

---

[77] 鄭鵬雲、曾逢辰，〈序〉，收於鄭鵬雲、曾逢辰纂輯，詹雅能點校，《新竹縣
志初稿》，頁 26。

[78] 鄭鵬雲、曾逢辰纂輯，詹雅能點校，《新竹縣志初稿》，頁 17-18。兩種刊本，

　　近年行政院主導，臺灣史料集成編輯委員會主編的臺灣史料集成叢書，其中，詹雅能點校的《新竹縣志初稿》版本，因其依前述二種刊本為底本，並參酌《淡水廳志》、《新竹縣采訪冊》等舊志及史料，相互校訂而成「臺灣方志彙編」之一，《新竹縣志初稿》「彙編本」係本章主要參考文本。而該「彙編本」綱目共計有：卷一上〈封域志〉、卷一下〈建置志〉、卷二〈賦役志〉、卷三上〈學校志〉、卷三下〈典禮志〉、卷四上「職官表」、卷四中「選舉表」、卷四下「列傳」、卷五上考一「風俗」、卷五中考二「古蹟」、卷五下考三「兵燹」、卷六「文徵」。

　　日治臺灣州廳級的方志，例如《嘉義管內采訪冊》等方志，並未見有收錄相關文學，而《新竹縣志初稿》在「文徵」，收錄不少當地相關文學作品，其文學纂修的內容頗具研究價值。

二、日治鄭鵬雲《新竹縣志初稿》文學記述

　　日治時期，日本政府在臺灣進行全面性的調查，纂修的方志如州廳志級的方志《嘉義管內采訪冊》，其內容多以歷史沿革、山川水利、婚姻祭祀、農事商賈、兵事災祥、橋樑津渡、番社飲食、街

一為臺灣銀行經濟研究室臺灣文獻叢刊第 61 種，該本因其原稿凡例有言「是書體例倣照《淡水廳志》及光緒 19 年臺灣省志采訪冊式」，故而將「沿革」至「山川」等目冠以〈封域志〉篇目，而「風俗考」、「古蹟」、「兵燹」等則改編為考一、考二及考三，繫以原有篇目；進而彙整而成志五（封域、建置、賦役、學校、典禮）、表二（職官、選舉）、考三（風俗、古蹟、兵燹）及列傳與文徵等 12 篇，至於稿本原編為四卷，文叢本則增列兩卷，將卷三之「風俗考」與卷四之古蹟、兵燹合併為卷五，文徵則另立一卷為卷六，以符體例；另為王世慶點校之臺灣方志彙編本《新竹縣志初稿》，則大抵保留原稿樣貌。

市物產等，[79] 即使是以全省性調查的《全臺誌》[80] 亦無有關文學的
收錄，同時期纂修的方志，幾乎鮮少收錄文學資料。然而，《新竹
縣志初稿》設有〈文徵〉，計收「公文書」、「記」、「詩」三種文類
如下：

（一）公文書

　　《新竹縣志初稿》收錄藍鼎元[81]〈代檄淡水謝守戎〉及任巡視
臺灣監察御史尹秦〈臺灣田糧利弊疏〉二篇。〈代檄淡水謝守戎〉
係屬「檄文」，「檄文」是古代軍中文書的通稱，用以聲討敵人、宣
示罪狀、徵召等，「檄文」也可稱為「檄書」；尹秦〈臺灣田糧利弊
疏〉一文，係屬「疏」體，它是古代下臣進呈君王的奏章，而「檄

---

[79] 不著撰人，洪燕梅點校，《嘉義管內采訪冊》（臺南：國立臺灣歷史博物館，
2011 年 10 月），頁 451-545。

[80] 日本參謀本部編，《臺灣誌》（日本東京：八尾書店，明治 28 年 7 月 13 日）。

[81] 藍鼎元，字玉霖，別字任庵，號鹿洲，福建漳浦人，畬族，清康熙 42（1703）
年拔童子試第一，後屢試鄉試不第，在家閒居多年。康熙 60 年（1721）隨族兄
南澳鎮總兵藍廷珍渡臺鎮壓朱一貴起義，擔任幕友，期間屢次上書言事。1723
年獲選拔貢，翌年北遊太學，1725 年分修《大清一統志》。雍正 5 年（1727）
授廣東普寧知縣，翌年兼攝潮陽知縣，再隔一年被革職入獄。雍正 8 年（1730）
出獄，協助纂修《潮州府志》，1733 年授廣州府知府，到任一個月病逝任所。
其著有《女學》、《東征集》、《平臺紀略》、《棉陽學準》、《修史試筆》、
《鹿洲公案》皆收錄於《四庫全書》，另著有《鹿洲初集》、後編成《鹿洲全
集》。而單篇論述被收錄於《清經世文編》、《國朝文錄》；詩作則被收錄於
《詩鐸》、《晚晴簃詩匯》、《射鷹樓詩話》等書。黃秀政，〈清代臺灣內政
化政策發軔──論藍鼎元的積極治臺主張〉，《中興大學文史學報》7（1977
年 6 月），頁 211-230；黃秀政，〈論藍鼎元的積極治臺主張〉，《臺灣文獻》
28：2（1977 年 6 月），頁 109-120；顧敏耀，〈藍鼎元傳記資料考述──兼論
其〈紀水沙連〉之內容與意涵〉，《成大中文學報》42（2013 年 9 月），頁 137-182；
徐惠玲，〈方志文學「露布」研究──兼論藍鼎元《東征集》〉，《中國語文》
722（2017 年 8 月），頁 44-58；吳明訓，〈藍鼎元家族與屏東平原拓墾的歷史
淵源〉，https://haoyenlan.pixnet.net/blog/post/234555794，2022 年 3 月 20 日。

文」、「檄書」、「疏」則都是指廣義的公文書類。

藍鼎元（1680－1733），康熙 60 年（1721）隨族兄南澳鎮總兵藍廷珍渡臺鎮壓朱一貴起義，擔任幕友，期間屢次上書言事，曾參與分修《大清一統志》、協助纂修《潮洲府志》，著有《東征集》、《鹿洲全集》及詩作《詩鐸》等，[82] 其遺留的著作，則不乏係其來臺探察臺灣地理、軍事及風土民情之作。其中，《東征集》一書，據藍廷珍自序：

> 偶檢出軍以來，諸凡筆墨，公檄、書稟、條陳、雜著，皆予
> 與玉霖兩載精神心血所在，不忍棄置，擇其可存者百篇，付
> 之剞劂。[83]

藍鼎元《東征集》計有六卷，收錄藍鼎元的公檄、書稟、條陳、雜著等作品，《重修臺灣府志》、《續修臺灣府志》等志收錄其「露布」：〈攻克鹿耳門收復安平露布〉、〈鯤身西港連戰大捷遂克府治露布〉、〈擒賊首朱一貴等遂平南北二路露布〉等文，均引自《東征集》一書。《重修臺灣府志》也因藝文記述將「露布」文體納入方志纂修之中，從此創下首開臺灣方志〈藝文志〉收錄「露布」文體之先例。其長子藍雲錦，後來移居臺灣屏東阿里港，憑藉其宗族平定朱一貴的功勳，和當時宗族的政治勢力，在阿里港周圍拓墾。

（二）記

---

[82] 顧敏耀，〈藍鼎元傳記資料考述——兼論其〈紀水沙連〉之內容與意涵〉，頁139-140。

[83] 藍廷珍〈東征集舊序〉，收於清·藍鼎元，《東征集》（臺北：臺灣銀行經濟研究室，1958 年 2 月），頁 4。

　　《新竹縣志初稿》收了藍鼎元〈紀竹塹埔〉、夏瑚[84] 〈淡水公館記〉、朱景英[85]〈塹城武廟碑記〉、楊廷璋〈明志書院碑記〉；鄧傳安[86] 〈番社紀略〉、〈番俗近古說〉、〈捐造淡水廳城碑記〉；吳性誠〈捐造淡水學文廟碑記〉；婁雲〈義渡碑記〉、〈莊規禁約〉；鄭兼才〈山海賊總論〉、姚瑩〈臺北道里記〉、方祖蔭〈新竹試院碑記〉、鄭用錫〈北郭園記〉14 篇。其中，藍鼎元的遺留著作，係以來臺探察臺灣地理、軍事及風土民情為主，他在〈紀竹塹埔〉一文指出：

> 竹塹埔寬、長百里，行竟日無人煙……然地廣無人，野番出沒；必碁置村落，設營汛、奠民居，而後及農畝。當事者往往難之，是以至今棄為民害。不知此地終不可棄，恢恢郡邑之規模，當半線、淡水之中間，又為往來孔道衝要；即使半線設縣，距竹塹尚二百四十里，不二十年，此處又將作縣。

84　清·夏瑚，字寶成，浙江仁和人，監生，清廉能幹，處理政事，勇於負責，政聲甚隆，其善斷獄，致當時言獄訟者，皆深念夏同知之明斷與廉能。新竹市地方寶藏資料庫，https://hccg.culture.tw/home/zh-tw/people/181254，2022 年 3 月 18 日。

85　新竹市地方寶藏資料庫，https://hccg.culture.tw/home/zh-tw/people/192680，2022 年 3 月 18 日。朱景英，字幼芝，一字梅冶，號研北，湖南武陵人。清乾隆 15 年（1750）解元。乾隆 34 年（1769）由寧德知縣拔擢擔任臺灣海防同知，39 年（1774）改調北路理番同知。

86　清·鄧傳安著，臺灣銀行經濟研究室編，《蠡測彙鈔》（臺北：編者，1958 年 1 月）臺灣文獻叢刊第 9 種，頁 1；張永堂總編纂，洪惟助編纂，《續修新竹市志下冊》〈卷七藝文志〉（新竹：新竹市文化局，2005），頁 1679-1680。鄧傳安，字菽原，號鹿耕，江西浮梁人，嘉慶 10 年進士，道光元年 11 月，由閩縣知縣陞任臺灣府北路理番同知，8 年陞任臺灣知府。在臺近十年，因就見聞所及，並參志乘及其他文獻之異同得失，撰彙成編；書名冠以「蠡測」者，自云：「非敢謂蠡測可以知海，亦欲來者知區區濫觴，尚非無本之學云爾」。文計 18 篇，其中，記「番事」者，有「臺灣番社紀略」、「水沙連紀程」、「番社近古說」等篇。

流移開墾，日增日眾；再二十年，淡水八里坌又將作縣⋯⋯
大抵當路大人未由至此，故不能知；而至此者雖知而不能言
之故也。[87]

〈紀竹塹埔〉全文 590 字，是藍鼎元的代表作之一，按原文係介紹
竹塹埔，走了一整天，方圓一百里都看不到人家，廣大地域，沒有
漢人，但有原住民出沒，所以未來必須佈置村落，設立營地，建築
民屋、耕種。放眼臺灣，竹塹剛好在半線（彰化市的舊稱）與淡水
的中間，是往來孔道的要衝，即使未來半線設新縣，距離竹塹也還
有二百四十里，未來發展有很大的空間，只可惜很多官員未曾到過
竹塹埔，有人雖到過，卻不能為竹塹地區有所建言。爾後，新竹的
發展愈來愈進步，藍鼎元〈紀竹塹埔〉不但紀新竹地形樣貌，也提
出竹塹位置的重要性，發展潛力不容小覷。

　　此外，夏瑚，則在乾隆 23 年（1758）以閩縣移知臺灣縣事，
乾隆 25 年（1760）署理淡水同知；朱景英，[88] 乾隆 34 年（1769）
拔擢擔任臺灣海防同知，其著有《畚經堂詩文集》23 卷、《海東札
記》等，其中，《海東札記》則是專記其宦臺時之見聞，提供乾隆
時期的臺灣史料；鄧傳安，清嘉慶 10 年，第進士，道光二年，由

87　清·藍鼎元，〈紀竹塹埔〉，收於鄭鵬雲、曾逢辰纂輯，詹雅能點校，《新竹
　　縣志初稿》，頁 264-265。

88　朱景英，字幼芝，一字梅冶，號研北，湖南武陵人。乾隆 15 年（1750）解元，
　　18 年（1753）任寧德知縣，34 年（1769）擢任臺灣海防同知，駐鹿耳門，司海
　　口商船出入，兼管四縣，37 年（1772）秩滿回京，又於 39 年（1774）遷北路理
　　番同知，42 年（1777）去職，署汀州邵武府，後引疾告歸，除圖書千餘卷外，
　　別無積蓄。見盛清沂，〈朱景英與海東札記〉，《臺灣文獻》25：4（1974 年
　　12 月），頁 54-68；黃美玲，〈論朱景英《海東札記》在臺灣清初遊記史之地
　　位與價值〉，《聯大學報》9：1（2012 年 6 月），頁 99；蔡欣欣，〈台灣藝閣
　　名義與日治時期裝扮景觀初探〉，《台灣文學學報》8（2006 年 6 月），頁 177-211。

閩縣知縣遷臺灣北路理番同知，在臺近十年，因就見聞所及，參志乘及其他文獻，撰彙成編《蠢測彙鈔》，收錄〈番社近古說〉等篇。

（三）詩

　　《新竹縣志初稿》則收錄陳朝龍〈鳳崎晚霞〉二首、〈隙溪吐墨〉二首、〈指峰凌霄〉二首、〈香山觀海〉二首、〈合水信潮〉二首、〈北郭煙雨〉二首、〈靈泉試茗〉、〈潛園探梅〉、〈十八尖〉、〈過靈泉寺有感〉、〈竹塹竹枝詞〉；鄭鵬雲〈北郭煙雨〉、〈潛園探梅〉、〈指峰凌霄〉、〈東河飛沫〉、〈新竹枝詞〉；鄭如蘭〈北郭煙雨〉、櫻井勉〈北郭園即事〉、鄭以庠〈東河飛沫〉、鄭用錫〈北郭園新成八景答諸君作〉、林亦園〈潛園紀勝十二韻〉、郭鏡澄〈題金山面靈泉寺〉及侯官舉人劉家謀〈海音詩〉共計 29 首。

　　《新竹縣志初稿》在「詩」體收錄的作品，以陳朝龍最多，共計多達 17 首；其次是鄭鵬雲有 5 首，其他人則各收詩作一首。而作者群中，櫻井勉是日本人，他在日治時期，日本政府派任新竹縣第一任知事，任內徵文考獻，積極推動纂修《新竹縣志》，其為日籍身分，所作〈北郭園即事〉一詩：「帶煙楊柳枝枝綠，含雨桃花顆顆紅。昨夜城濠漲三尺，讀書聲在水樓中。」[89] 其能書寫中文詩作，乃因漢學能力頗具水準，並常與當地文人鄭十洲等人有很多吟詩唱酬之作；[90] 而陳朝龍、鄭鵬雲二人，則早在光緒 18 年受聘纂修《新竹縣採訪冊》，後戎馬烽煙，所有纂修舊稿渺矣無存。日治

---

[89]　櫻井勉，〈北郭園即事〉，收於鄭鵬雲、曾逢辰纂輯，詹雅能校注，《新竹縣志初稿》，頁 299。

[90]　黃美娥，《古典臺灣：文學史‧詩社‧作家論》（臺北：國立編譯館，2007 年 7 月），頁 127。

臺灣，陳朝龍攜眷內渡；光緒 23 年（日治 30 年，1897），鄭鵬雲則再被聘修《新竹縣志初稿》，陳、鄭二人飽學經書，有不少著作。

此外，「開臺進士」鄭用錫與林占梅（1821－1868），二人當時是新竹地方最著名的士紳。由於鄭用錫在道光 3 年（1823）取中進士，是臺灣的第一個進士，知名度很高，當地很多古蹟，例如：新竹北門街進士第（鄭用錫的宅第）、新竹北門街鄭氏家廟、新竹鄭用錫墓、新竹張氏節孝坊（張氏是鄭用錫弟弟的妻子）、苗栗後龍的鄭崇和（鄭用錫之父）墓等，都與鄭用錫有關。鄭用錫並組成竹塹七子文人集團，促進文人交流；咸豐元年（1851），鄭用錫在次子鄭如梁的策畫下，在新竹外公館興建「北郭園」，園內美景巧奪天工，成為文人流連忘返的處所，各地雅士薈萃雲集，促成更多文學活動及集結詩社從事創作的風氣。而「北郭園」與林占梅在內公館築有「潛園」齊名，這兩座庭園都是清朝北臺灣淡水廳治內的兩大名園。而在臺灣五大名園：新竹「北郭園」、「潛園」、臺南「吳園」、板橋「林家花園」、霧峰「萊園」，其中二個位於新竹。不過，民國 67 年夏天，「北郭園」僅存的大門與稼雲別墅，被拆除殆盡，「北郭園」自此成了一個歷史名詞。

鄭氏之孫鄭景南在北郭園中設「斯盛社」，同治 2 年（1863）又組「竹社」、「梅社」，文風昌盛，從咸豐元年起，成為竹塹文學發展史的重要關鍵，[91] 咸豐以後，竹塹文人創作趨於成熟，同治 9 年，鄭氏詩作《北郭園全集》[92] 出版，首開北臺灣文學專著付梓的

---

[91] 張永堂總編纂，洪惟助編纂，《續修新竹市志下冊》〈藝文志〉（新竹：新竹市文化局，2005 年 11 月），頁 1624。

[92] 鄭用錫著，高志彬主編，《北郭園全集》臺灣先賢詩文集彙刊第二輯（臺北：龍文出版公司，1992 年 6 月）。

先聲，代表竹塹地區的文學創作，成績斐然。

　　《新竹縣志初稿》除設〈封域志〉、〈建置志〉、〈賦役志〉、〈學校志〉、〈典禮志〉等，尚設卷六「文徵」。此在日治臺灣初期，日本政府在臺大力從事人丁、物產等資料調查之際，而《新竹縣志初稿》尚能以「文徵」收錄臺灣當地的作家及其公文、詩作等，實有別於同時期的地方志。

三、日治鄭鵬雲《新竹縣志初稿》文學特色

（一）出走與在地文人

　　新竹，在清代舊稱「竹塹」，土地開發在康熙 50 年左右，而在《新竹縣志初稿》，其以「文徵」收錄藍鼎元〈代檄淡水謝守戎〉詳記轄境水陸程途、〈紀水塹埔〉見新竹舊名「竹塹」；尹泰〈臺灣田糧利弊疏〉書寫召墾當地農民，至於夏瑚〈淡水公館記〉、朱景英〈塹城武廟碑記〉、楊廷璋〈明志書院碑記〉；鄧傳安〈番社紀略〉、〈番俗近古說〉、〈捐造淡水廳城碑記〉；吳性誠〈捐造淡水學文廟碑記〉；婁雲〈義渡碑記〉、〈莊規禁約〉；鄭兼才〈山海賊總論〉、姚瑩〈臺北道里記〉、方祖蔭〈新竹試院碑記〉、鄭用錫〈北郭園記〉；詩則有陳朝龍〈鳳崎晚霞〉等人詩作，以鳳崎、隙溪、指峰（五指山）、香山、潛園、北郭、十八尖（十八尖山）、靈泉寺、竹塹等，皆能以竹塹（新竹）就地取材。

　　乙未割臺的滄桑之痛，衝擊影響臺灣的政治、社會、經濟及文化等，對於臺灣舊儒而言，不僅是淪亡的悲傷，而過去文壇主力的科舉士子，有些人選擇返回祖籍地，遠離臺灣，以逃避異族統治，

因此出現不少文人外移的情形。此由同治、光緒年間臺人考取科名者的人數與臺人定籍期限的去就日（1897 年 5 月 8 日）前所作數量統計相較，可略見一斑，[93] 其中，《新竹縣志初稿》收錄〈指峰凌霄〉作者陳朝龍，即是選擇內渡的文人之一，陳氏離臺後，不問塵世。

臺灣從荷蘭殖民時代到臺灣割讓日本三百年間，留下不少宦遊人士吟詠詩文及遊記等作品，而《新竹縣志初稿》收錄的作品，除宦遊之作外，餘者出自當地文人之作，例如：鄭用錫、陳朝龍、鄭如蘭、鄭鵬雲等人，光緒年間，本土文人致力著述，更有詩文傳世，顯示入志的詩作，主要係以出自當地文人之手。

其中，竹塹重要文人鄭用錫，他是在道光 3 年（1823）取中進士，其組成「竹塹七子」文人集團，有助於當地文學活動及創作風氣，官宦幕賓或流寓文人，促進文人間的交流，大大提升竹塹文壇的地位。自嘉慶末葉設置儒學之後，對當地文風的推動大有幫助，而鄭用錫在同治 9 年（1870）著《北郭園全集》付梓，此外，鄭氏所創「北郭園吟社」、林占梅所創「潛園吟社」，「北郭園」、「潛園」二大名園為活動中心，其使新竹成為北臺灣文學領導中心，造成新竹本地文學前發展，達到所未有的高潮。

而文人彼此唱酬以及結為詩社，是文學活動的主要方式，而當時作家身分多屬科舉士子，部分文人家族色彩濃厚，如北門鄭家的鄭用錫、鄭用鑑、鄭如蘭等，莫不遵守紫陽家訓，潛修宋儒之學，在創作上，撰文則主載道明理，為詩則有偏於說理以文入詩的趨

---

93 吳文星，《日據時期臺灣社會領導階層之研究》，頁 28；另見黃美娥，《古典臺灣：文學史・詩社・作家論》，頁 42-43。

向，故近於宋人風格，因而形塑出家族文學的特色。[94] 而《新竹縣志初稿》收錄諸多詩作中，陳朝龍和鄭鵬雲都同有〈潛園探梅〉之作，「潛園」是當時新竹名人林占梅所建，突顯林占梅是當時引領竹塹文壇的重要角色，且林占梅個人的園林詩作至少有二百多首，可說是擅寫園林詩歌的能手，[95] 林占梅是早期清代臺灣本土重要文人，纂修者應該不會不認識林占梅；但《新竹縣志初稿》卻未收林占梅的作品，頗令人感到不解與納悶。由於林占海曾在戴潮春事件中，擔任淡水廳竹塹團練首領，而戴潮春事件則是被列為清治時期臺灣三大民變之一，因此，《新竹縣志初稿》未收入文壇重要名人林占梅，是纂修者疏失漏列？抑或政治考量？因另涉及政治、社會層面，則先不列入本文研討範圍。

（二）在臺日籍作家作品

目前，各地文學史對於作者的界定，尚未取得共識，而依區域性文學，地方的概念，可以是各級行政區、舊時的行政劃分（如「竹塹文學」）或某一聚落，屬於地方文學的條件是：

1.出生於新竹之作家的文學作品。

2.創作者雖非出身於新竹，但久居新竹本地，文學作品中含有新竹風土民情為對象或背景。

3.若未符合前述二條件，創作者僅短暫停留新竹時的創作，

---

[94] 黃美娥，《古典臺灣：文學史・詩社・作家論》，頁 130-131。
[95] 黃美娥，《古典臺灣：文學史・詩社・作家論》，頁 36。

或以新竹為主題創作，則歸納為寬條件下的新竹文學。[96]

歷史文化產生關聯，得以了解當時社會的種種現象，探知當時宦遊來臺的文人心境。在《新竹縣志初稿》收錄的文人中，鄭用錫、陳朝龍、鄭如蘭、鄭鵬雲，為新竹文人身分並無問題；然而比較特殊的作家，應屬新竹首任知事櫻井勉，及其所作〈北郭園即事〉詩作。櫻井勉是日本人，按以上對於當地文人的定義，則短期至臺灣履任的櫻井勉及其作品，應可歸屬於「竹塹文學」之列。

據《新竹縣志續修》所記櫻井勉：

> 櫻井勉任新竹縣知事，是日治早期，治理新竹縣，最了解臺灣鄉土文化的本質，不以縣知事之尊，高高在上，而能與臺灣知識分子打成一片的開明之士，他任縣知事在位僅一年，於明治 31 年 5 月離職，今尚留有詩文，與樹杞林辦務署內文人雅士唱和，可知其平易近人，尊重地方……。[97]

從日治初期的臺灣文壇，日本政府在治理政策的考量下，派遣來臺從事殖民事務的官員，頗多具有漢學背景，善寫漢詩者。他們時常藉著漢詩此一文學謀介，進行官紳雅集，或徵詩交流，或彼此唱酬，這種懷柔策略，不僅化解割臺之際，傳統文人對於漢文學存滅處境的憂慮，鞏固傳統文人在社會上所享有的特殊身分，提供舊文學持續穩定成長的空間結構；不能為詩，亦可觀摩學習，在日人熱情表態下，當時與會臺人有「舉世昇平」之感，重現光緒年間，唐景崧

---

[96] 顧敏耀，〈地方文學〉，文化部：臺灣大百科全書，
https://nrch.culture.tw/twpedia.aspx?id=4660，2022 年 4 月 5 日。

[97] 楊鏡汀，《新竹縣志續修・人物志（民國四十一年至八十年）》，頁 94-95。

在臺南、臺北與能詩官紳所倡「斐亭吟社」、「牡丹吟社」的文酒聚會之樂，只是延續清朝詩社傳統之樂事，竟是由日人開始點燃。[98] 由於從日本來臺的官員具有漢學素養，也喜漢詩創作，與臺人進行官紳雅集，彼此唱酬，而首位新竹知事櫻井勉，常與當地文人往來密切，且吟唱詠和，為當地詩社活動的再興與創新，扮演推手角色，因此促進文人集體活動的風氣得以復甦，遂使清朝以來臺灣漢文學創作傳統不致中輟，得以延續，而這些來臺日人，面對臺灣景物，充滿異國情趣的好奇，下筆之際，詠景、記遊頗多。因來臺日人對於臺灣的文化歷史、人文風俗的掌握感陌生，一直到明治 33 年（1900）成立的「臺灣慣習研究會」等，始留意在臺文學發展概況而予以評述者。[99]

櫻井勉任新竹縣知事，重張詩幟，[100] 積極投入當地吟詩唱酬詩社活動，與許多當地文人經常唱酬而留下的文獻史料，日治時期，臺灣文學社群突出，日本漢詩人在臺詩界造成深遠的影響。而櫻井勉和其他居臺的日籍作家，他們突破身分的藩籬，共同為日治時期的臺灣文學貢獻一份心力，在十九世紀末期，為臺灣文學揭開隆重的一頁。

在各式殖民論述中，以文學為例，在帝國之眼的凝視下，日治臺灣時期，日人眼中的清代臺灣文學有正、負面的見解，例如伊能嘉矩對於本土文人鄭用錫有高度評價，肯定鄭經世濟民的胸襟，稱鄭為「淡北之偉人」。1941 年 5 月，時任臺北高等學校教授島田謹

---

[98] 黃美娥，《古典臺灣：文學史・詩社・作家論》，頁 48-49、186-187。

[99] 黃美娥，《古典臺灣：文學史・詩社・作家論》，頁 146；詹雅能，〈櫻井勉與日治前期的新竹新社〉，《社會科學教育學報》6（2003 年 6 月），頁 1-28。

[100] 《臺灣新報》，明治 30 年 11 月 12 日，第 354 號。

二等人為文論述，認為朱一貴事件而來臺的藍鼎元，其《平臺記略》、《東征集》雖難視為純文學作品，但寫來遒勁有力，在與臺灣現有的散文中可算是上乘之作之一。另在隨筆方面，朱景英的《海杜札記》最佳，但大半是風俗史料，在文藝上只被當作素材史料來加以利用而已。島田概述清代臺灣文學提出別集、總集、試帖、詩鐘、詩話、隨筆及稗官小說七類，以作品體類進行論述，甚至隨著日人統治時日愈久，日人對於清朝在臺的治績，愈趨否定的態度。島田的文學史觀，將清代臺灣的文學視為中國文學的一部分，自然無法同伊能嘉矩一般，兩者存有差異之處。[101] 而《新竹縣志初稿》所收錄題材，雖局限以當地為主，但題材係符合地方志收錄標準。

（三）主收詩作與田園詩

日治臺初期，由於清光緒時期出現臺灣史上最大量的科舉人才，具有書寫能力的文人培增，因此跨越至日治前期時，社會仍存有不少前清遺民文人，[102] 日人對詩社活動持開放歡迎的態度，即使臺人詩會地點是選在日人所設的國語傳習所內，日人積極點燃延續清朝詩社傳統活動，臺人官紳薈萃，逐漸恢復從前臺人文士酬唱吟會，清朝臺人吟詩歡宴的舊慣，並未因統治政權的轉移而改變，反而被保留下來，活動規模甚至較從前有過之而無不及。此外，日本層峰制訂禮遇文人耆老，活動特意配合全島「徵詩」慶祝，以「徵詩」公開肯定漢詩不敗地位，在日人推波助瀾下，讓臺人使用漢詩與日人進行溝通交流，對日後全臺人士全面參與漢詩寫作，實具有強烈暗示與鼓勵作用，老一輩的文人從詩中尋求榮耀與安慰；新生

---

[101] 黃美娥，《古典臺灣：文學史‧詩社‧作家論》，頁 143-173。
[102] 黃美娥，頁 55。

代則感「詩人是光榮身分的表徵」，各地詩社如雨後春筍，寫詩習氣形成日治時期的臺灣一種社會文學化、文學社會化的現象，田健等歷任總督藉由漢詩做為文學媒介，日人在文化上漸與臺人親近融合。[103]

在《新竹縣志初稿》尚未啟動纂修之前，明治 30 年（1897）11 月 12 日，《臺灣新報》刊登鄭鵬雲期望詩社重吟：

> 新竹吟社創自潛園主人林鶴珊先生，逐月命題，所有竹中士人，皆類聚一堂，風晨月夕，雪後燈前，鬥酒賦詩，指不勝屈……林君幕賓林薇臣茂才召集同人，重脩韻事，復有竹梅吟社之設……自乙未夏間，戒馬烽煙，學士文人風流雲散，騷壇韻事渺然無存……現值海宇肅清，官吏士夫均欲和其聲以鳴國家盛，而櫻井勉知事現又以山梨名宦蒞臨竹疆，於政事餘閒，留心風雅，擬開吟社……。[104]

鄭鵬雲在發佈早日重吟的訊息後，時隔半個月（明治 30 年 11 月 28 日），新竹縣知事櫻井勉，則藉城西玉皇壇為吟所，新竹得以新開詩社，使得詩社得以延續。[105] 同年年底，櫻井勉即令鄭鵬雲等人纂修《新竹縣志初稿》。日治臺之初，日人大力支持吟詩酬唱活動，臺灣詩社活動活躍有密切關係，寫詩融入日常生活中，大作漢詩與臺灣文人建立感情，而在總督高官大力推動，臺人響應，支持漢詩的友善文學環境，詩社發達，俾利《新竹縣志初稿》纂修取材，因此，該志收錄詩作總數，詩量高居其他文類之冠。

---

103 黃美娥，〈日治時期臺灣詩社林立的社會考察〉，頁 187-205。
104 《臺灣新報》，明治 30 年 11 月 12 日，第 354 號。
105 《臺灣新報》，明治 30 年 12 月 12 日，第 378 號。

　　《新竹縣志初稿》所收詩作，係以清代與當地的「潛園」、「北郭園」二大名園關係密切，突顯新竹地區的文學創作及其文學活動，而「園林」是文學創作的重要題材，不少詩集都存有園林詩歌，例如鄭用錫《北郭園全集》、林占梅《潛園琴餘草》、鄭如蘭《偏遠堂吟草》等，成為方志纂修重要取材來源。《新竹縣志初稿》收入鄭用錫〈北郭園新成八景答諸君作〉，詩作新築北郭園迂迴曲折，依次將小樓、曉亭、蓮池、石橋、曲檻、小山、陌田等入詩；而陳朝龍、鄭如蘭皆作〈北郭煙雨〉，陳朝龍、鄭鵬雲並有〈潛園探梅〉，〈北郭煙雨〉、〈潛園探梅〉詩作所指的「潛園」，則是當時新竹名人林占梅所建，《新竹縣志初稿》收錄同類題材作品，篇名命題又相同，說明「園林」是當地重要的景觀，也是文學創作的重要題材。

　　清治臺灣，文人酬唱除有本地文人彼此吟和，或是與流寓文人相互往來，間又因家族、師生、官紳等網絡聯繫，更以文學社群結為詩社的「潛園吟社」、「北郭園吟社」等，「潛園」、「北郭園」兩園主人林占梅、鄭用錫熱情招攬，遂能詩會頻傳，人文薈萃，風雅不斷。在清代，竹塹地區擁有臺灣其他地區罕見的名園，由於園林結構精妙，山水之樂，因此不僅招攬文人來遊，甚且吸引中國大陸的雅士名流，騷人墨客雲集，激發出膾炙人口的文學作品，竹塹地區的文學成為北臺灣最為進步，然光緒年淡、新分治，光緒 13 年（1887）臺灣建省，北臺灣的政教重鎮移至淡水縣，即今新北、臺北市，光緒 19 年（1892），唐景崧在臺北創立「牡丹吟社」等，光緒 20 年（1984），清廷依臺灣巡撫邵友濂建議，把省會改設臺北府，日治時期，北臺灣政教文化中心已成功轉移臺北，吟會活動或在古奇峰、青草湖風景名勝區等，文學社群由家族性發展為地域性，在外在環境條件的改變下，使得昔日擁有北臺灣文學領導中心的寶座

易地，說明政治影響文學的發展。[106]

　　詳考清代之臺灣，詩社固有遊戲本質，但終以詩藝切磋為要，絲毫不脫文學色彩；但日治臺灣詩社的發展，有日人大力推波助瀾，日治初期，臺灣詩社企圖藉詩保存漢學，維護漢文化，但後來逐漸形成遊戲娛樂性越趨強烈，文學性卻愈淡薄，甚至形成聯誼交際之社團，而在詩社林立之際，市井小民忙於吟詩酬唱的影響，詩社曾經出現 370 個以上，詩社林立的社會現象，成為臺灣文學史上極為特殊的一環，文學成為社會的產物。[107] 日治初期纂修的《新竹縣志初稿》，其收錄大量詩作，實有助於觀察日治時期詩社數量暴增及存在的課題。

（四）探究原住民族群

　　日本治臺，面對當時臺灣各地風起雲湧的抗日活動，乃採武力鎮壓、建立殖民地行政體制，另一方面安撫（1895 年 5 月至 1919 年 10 月，稱為「綏撫時期」）臺灣人族群，藉以鞏固開發臺灣的基礎。[108] 而為深入研究原住族群的文化與習俗等，則積極從事調查外，並參考藍鼎元〈紀水沙連〉及鄧傳安在道光年間完成《蠡測彙鈔》的〈番社紀略〉、〈番俗近古說〉等文所記原住民：

> 竹塹埔……走了一整天，看不到人家。野番出沒在這裡，埋

---

[106] 黃美娥，〈建構中的文學史〉，收於編者，《古典臺灣：文學史‧詩社‧作家論》，頁 136-137。

[107] 黃美娥，〈日治時期臺灣詩社林立的社會考察〉，收於編者，《古典臺灣：文學史‧詩社‧作家論》，頁 198-199、226-227。

[108] 邱各容，〈從意識型態談日治時期臺灣兒童文學的書寫〉，《全國新書資訊月刊》（2007 年 4 月），頁 25。

伏在草莽中，等待殺人，之後割去首級，再烹煮、剝皮，變成髑髏頭，再用金銀做裝飾，誇稱這是難得的貨品，這個習慣已經很久了。行人即將經過這裡，必定要請熟番帶著弓箭加以保護，然後才敢行走；可是還是有失事的人。人們認定這是一條可怕的路段。[109]

番所聚處曰社，於東西之間，分疆畫界。界內番或在平地、或在近山，皆熟番也；界外番或歸化、或未歸化，皆生番也……歸化生番……彰化則水沙連二十四社。其淡水之蛤仔難，向在界外，今入版圖，改稱噶瑪蘭，設官吏如淡水廳，通判即兼理番……阿里山之副通事、水沙連之社丁首，皆治贌社、輸餉事宜。……夫贌社，即民番互市也。所謂歸化，特輸餉耳；而不剃髮、不衣冠，依然狉狉榛榛，閒或掩殺熟番而有司不能治，為之太息！……臺灣祇三社，皆平地番……。[110]

社丁以番之所需，入山贌社，無非日用飲食；不貴異物賤用物，生番之所以易足也。夫輸餉之社，歸化社也；不輸餉之社，野番也。生番何能輸餉？惟是贌社丁以社所得，納稅於官耳。其冒險趨利，與野番交易之番割，官不過而問焉。然則熟番之餉，即漢之算、唐之庸也；生番之餉，猶是周禮之

---

[109] 清・藍鼎元，〈紀水漆埔〉，收於鄭鵬雲、曾逢纂輯，詹雅能校注，《新竹縣志初稿》，頁264。

[110] 清・鄧傳安，〈番社紀略〉，收於鄭鵬雲、曾逢纂輯，詹雅能校注，《新竹縣志初稿》，頁269-270；另見清・鄧傳安，〈臺灣番社紀略〉，收於氏著，《蠡測彙鈔》，頁1-2。

征商也，何嘗責貢於界外乎？[111]

日治時期纂修《新竹縣志初稿》，收錄藍鼎元〈紀水沙連〉等文，描述早期原住民有出草馘首的習俗，這種習俗是在他們突襲敵人後，再將敵人的頭砍下來，但他們並不以出草殺人作為愛好，而是視為榮譽、紋面、除厄、捍衛、復仇等因素，此舉，也是對祖先遺留下的傳統所表達的尊敬。清廷對於生番一旦受撫，即是漢化黎民，不能再視其為「非我族類」，但清廷無視於「馘首文化」之本質，而將「出草」視同叛亂行為，因此，常出兵以軍威嚇阻出草事件發生。[112] 但出草馘首的習俗，在日治臺灣後，即被革除。

在鄧傳安〈番俗近古說〉、〈番社紀略〉也指出在餉稅關係，「歸化生番」與「生番」是有所區別，歸化社代表有輸餉，以歸化與否、是否繳稅區別「生、熟番」。[113] 此外，藍鼎元〈檄淡水謝守戎〉一文提到璞社：

> 查大雞籠社夥長許略、關渡門媽祖宮廟祝林助、山後頭家劉裕、蛤仔難夥長許拔四人，皆能通番語，皆嘗躬親跋涉其地，璞社和番，熟悉山後路徑情形……資其行李餱糧之具，俾往山後採探……凡所經歷山川、疆域，一一為我圖誌；自淡水出門，十里至某處……至蛤仔難接卑南覓而止。百里、千里。

---

[111] 清・鄧傳安，〈番俗近古說〉，收於鄭鵬雲、曾逢辰纂輯，詹雅能校注，《新竹縣志初稿》，頁 272-273；另見清・鄧傳安，〈番俗近古說〉，收於氏著，《蠡測彙鈔》，頁 9。

[112] 洪麗完，《熟番社會網絡與集體意識：臺灣中部平埔族群歷史變遷（1700-1900）》（臺北：聯經出版事業公司，2003 年 2 月），頁 51；及《淡新檔案》（原藏臺灣大學圖書館），光緒 12 年，第 17108 號第 24 件。

[113] 洪麗完，《熟番社會網絡與集體意識：臺灣中部平埔族群歷史變遷（1700-1900）》，頁 57。

無得間斷。[114]

對清廷而言，所謂的「番社」，還具有政治、經濟的意義，清初清廷對人民的稅收，原住民係以陸餉為主，即「番餉」；而「番餉」的繳納，概以「社」為徵收單位，所以又稱為「社餉」。清代以「社餉」的象徵性徵收，宣示國家對番社的領有。[115] 而前往山後膜社的社商、通事，他們同時也接受地方官探勘、調查後山地區的任務委託。從荷蘭時代到清初，膜社制運作下的平埔村社集稱，不僅反映了社商的活動範圍、社群在地緣或空間上的連續性，也顯示村社之間原有的婚姻、親屬或聯盟、貿易等網絡關係的空間性及排他性。在長期以膜社制為中心的賦稅結構影響下，平埔村社的地緣性可能受到制度與交易關係的催化，而形成反饋的機制。[116]

臺灣位處海外，錢糧轉運成本高；白銀流通量少，銀錢比價高；且處於開拓階段，多屯墾莊園、原住民番社，稻米產量不足；為因應與中國本土之差異，各項稅賦有所調整。康熙 22 年（1683），清廷定漢人田地田賦每年「田每甲徵穀八石八斗，園四石」，丁銀則維持明鄭稅率「循鄭氏之舊，每丁歲徵銀四錢八分六厘」。然而實施之後，卻發生佃農以多報少，而造成實際田賦比內陸省份還重，因此，雍正五年（1727），巡臺御史尹秦乃奏陳：

> 開臺之後。地方有司即照租徵糧，而業戶以租交糧致無餘粒，勢不得不將成熟之田園以多報少。欺隱之田竟倍於報墾

---

[114] 清・藍鼎元，〈檄淡水謝守戎〉，收於鄭鵬雲、曾逢纂輯，詹雅能校注，《新竹縣志初稿》，頁 263。
[115] 詹素娟，〈膜社、地域與平埔社群的成立〉，《臺大文史哲學報》59（2003 年 11 月），頁 125。
[116] 詹素娟，〈膜社、地域與平埔社群的成立〉，頁 139。

之數。臣等細訪，向來任其欺隱不行清查之故，則其說有五：
現征科則，計畝分算，數倍於內地之糧額。若非以多報少，
不能完納正供，一也。臺灣沙地，每歲夏秋大雨，山水奔瀉，
沖為澗壑，流沙壅積，熟田亦為荒壤。若非以多報少，將何
以補苴虧缺，二也。臺地依山臨海，田園並無堤岸保障，海
風稍大，鹹水湧入，田園鹵浸，必俟數年，鹹味盡去之後，
方可耕種。若非以多報少，何以抵納官糧？此其說三也。臺
地土脈炎熱，不宜施肥，二三年後，力薄寡收，便須荒棄兩
年，然後耕種。若非以多報少，焉能？此其說四也。台灣佃
丁皆係漳、泉、惠、潮之客民，因貪地寬，可以私墾，故冒
險渡來。設使按畝清查，以租作糧，伊等力不能支，勢必各
回原籍，以致田園荒廢，額賦虛懸，此其說五也。[117]

《新竹縣志初稿》在卷五〈風俗〉，收錄許多有關原住民生番、社
番歸化、出草馘首習俗等，在〈文徵篇〉所收錄的相關文學作品，
透露相關訊息，清廷恩威並施、剿撫兼用的統治方針，提供日治臺
灣諸多重要參考政策。

（五）北臺首座明志書院

　　書院，是一種介於官學與鄉學之間的教育機構，清代臺北地區
曾經有過明志、學海、登瀛、明道及樹人書院，其中，明志書院成
立最早，[118] 原設於淡水廳興直堡興直庄山腳下（2010 年改制為新

---

[117] 清・尹秦，〈臺灣田糧利弊疏〉，收於鄭鵬雲、曾逢纂輯，詹雅能校注，《新竹縣志初稿》，頁 265-266。

[118] 黃美娥，〈清代臺北地區文壇初探〉，收於編者，《古典臺灣：文學史・詩社・作家論》，頁 64-66。

北市泰山區明志里）。據清陳培桂《淡水廳志》及乾隆 29 年，楊廷
樟在〈明志書院碑記〉一文記載：

> 明志書院，在廳城西門內。原在興直堡新莊山腳，永定縣貢
> 生胡焯猷舊宅。乾隆 28 年（1763），胡焯猷捐置義學，名曰
> 「明志」。並捐充學租，同知胡邦翰詳建書院……30 年同知
> 李俊原議在塹城南門內別建。42 年，同知王右弼牒將胡焯
> 猷捐積穀價為移建費。46 年，同知成履泰以南門低窪，別
> 購西門蔡姓地基建造；……計一座三進，中為講堂，後祀朱
> 子神位，左右兩畔各房為生童肄業之所……監院即淡學訓導
> 兼辦，……每月官師二期，生員超等一名，給膏火銀二圓，
> 餘超等均一圓。……遞年不敷支發，官為墊辦。[119]

> 興直堡者，遠隸臺灣，僻處淡水，風土秀美……不如居肆，
> 馳懷在遠，莫若連鑣。使鼓篋者樂群、擔簦者時術，創興講
> 席匪緩圖矣。惟是志在聖賢，義利無淆於慮；志存經濟，王
> 霸必究其原。爰標「明志」之名，冀成致遠之器。[120]

胡焯猷，[121] 生於康熙 32 年（1693），少時勤讀四書五經外，私下

---

[119] 清・陳培桂，《淡水廳志・學校志》（臺中：臺灣文獻委員會，1977 年 2 月），
頁 122-123。

[120] 清・楊廷樟，〈明志書院碑記〉，收於鄭鵬雲、曾逢辰纂輯，詹雅能點校，《新
竹縣志初稿》，頁 268-269。

[121] 胡焯猷，字攀林，一字瑞銓，號仰堂，福建汀州永定忠坑（今永定縣下洋鎮中
川村）客家人。臺灣知名墾戶，原為貢生，清乾隆年間在臺灣府興直堡淡水廳
新莊山腳（今臺灣新北市泰山區）開墾，致富後，樂善好施、廣結善緣。乾隆
17 年（1752），於新直山西雲岩獻地建「大士觀」（今五股西雲寺）；乾隆
25 年（1760），在新莊米市（新莊老街）捐建關帝廟。並以畢生多數財產捐建
了明志書院，嘉惠士子。連橫，《臺灣通史》（中國北京：九州出版社，2008

研究醫術，雍正 11 年（1733），胡焯猷到臺北發展，定居於興直堡新莊（今新莊區），乾隆 10 年（1745），在臺北為百姓治療瘟疫，獲得民眾肯定。乾隆 13 年（1748），胡焯猷和林作哲、胡習隆等三人，合組「胡林隆墾號」，向淡水廳申請開墾興直堡成子寮、水碓、山腳、貴子坑、坡角、營盤一帶，原平埔族武勞灣社從事原始農業的地方，即今新北市五股區、泰山區及新莊區北邊。而明志書院本是寓居該地的汀州府永定縣貢生胡焯猷，於乾隆 28 年（1763）所捐設，當時胡氏年已過七旬，自其 20、30 歲來臺拓墾，興起告老還鄉的念頭，而有捐產興學之事，翌年，他呈文給當時兼署淡水廳同知胡邦翰，提議捐出個人在興直堡直庄（泰山區明志村）的屋舍，作為義學。乾隆 28 年（1763），他認為淡水廳文風未啟，有心向學者需到彰化或竹塹讀書，於是將努力打拚大半輩子的積蓄捐出，並以約 80 甲的水田，歲入租穀 609 石（年納番租 23 石 3 斗 4 升，社餉銀 8 兩 3 錢 3 分 4 釐），延請名師，給予北臺灣有志向學的士子接受教育。捐款設立書院後，留下來做為生活費的水田約 28 甲。淡水同知胡邦翰認同胡焯猷興學義舉，呈請上層同意，閩浙總督楊廷璋核准，並定名為「明志書院」。[122] 乾隆 29 年（1764），閩浙總督楊廷璋立興直堡新建明志書院碑，置於書院內之牆上，碑上為文〈明志書院碑記〉。

康熙 57 年（1718）王世傑開墾竹塹埔，至嘉慶 24 年（1819）淡水廳儒學開考，至百年期間，所賴是民間興學的力量，其中，乾

年 6 月），頁 568；編纂黃典權等人，《重修臺灣省通志・人物志》（臺北：臺灣省文獻委員會，1998 年 6 月），頁 392-393；詹雅能，《明志書院沿革志》（新竹：新竹市政府，2002 年 10 月），頁 22-25。

[122] 詹雅能，《明志書院沿革志》，頁 22-25；臺灣文學館線上資料平臺，https://db.nmtl.gov.tw/site2/ikm?id=80，2022 年 3 月 21 日。

隆 28 年（1763）明志書院的申設，尤其是件大事。[123] 明志書院原設於今新北市泰山區，但因竹塹城是當時北臺政治中心，明志書院遷移至竹塹城之聲響起，乾隆 46 年（1781），同知成履泰將書院核准重新移設在竹塹城西門蔡姓地基內，建物歷經幾次增修。乙未（1895）變革後，明治 29 年（1896）成為新竹國語傳習所，明治 31 年（1898），新竹公學校繼新新竹國語傳習所，在明志書院原址成立，明治 39 年（1906）新竹公學校移新修的文廟上課，書院舊址則依市區改正計畫拆除房舍並拓建道路，部分土地則由民間承租經營宴飲生意，明志書院的歷史從此消失。[124]

　　清代明志書院的設置，是臺北地區重要的文教機構，提供當時民眾受教機會，進而提升參加科考的人數，帶動臺北文風的傳播及激文壇創作，俾利當地文風逐漸興盛；隨著明志書院遷至竹塹，臺北地區的教育空間與發展受挫。《新竹縣志初稿》中的明志書院，成為清代臺北、竹塹文壇拉鋸戰，更是二地文教歷史的重要場域。

（六）借古詠今教科範本

　　《新竹縣志初稿》收錄許多重要文人，其中，朱景英在清代康雍乾嘉時期，遊歷範圍從鳳山（高雄鳳山）至八里坌（新北市八里），[125] 是一位旅遊最廣最遠的遊記作者。朱景英在其《海東札記》，提供辨識臺灣的地理、長度辨證及戲曲等資料，成為臺灣史學重要性參考文獻。[126] 朱景英《海東札記》「記方隅」[127] 認為傳說及古書記

---

[123] 林政則，〈市長序〉，收於詹雅能，《明志書院沿革志》，頁 6。

[124] 詹雅能，《明志書院沿革志》，頁 22-25。

[125] 黃美玲，〈論朱景英《海東札記》在臺灣清初遊記史之地位與價值〉，《聯大學報》9：1（2012 年 6 月），頁 99

[126] 蔡欣欣，〈台灣藝閣名義與日治時期裝扮景觀初探〉，《台灣文學學報》8（2006

載需要考證，而郡志指隋朝已將臺灣列入中國版圖並不對，他乃推斷「臺灣」，應是明朝海寇來臺灣貿易時，對臺灣這塊土地的稱呼。朱景英《海東札記》與郁永河《裨海紀遊》、黃叔璥《臺海使槎錄》，都認為明末鄭成功占領臺灣後，才開啟漢人對臺灣的認知與記載。此外，朱氏認為臺灣全長 1094 里（約 377.43 公里），[128] 其與清季麒光認為是 2000 多里、林謙光則稱 5330 里、乾隆 7 年（1742）《重修福建臺灣府志》記載為 1904 里，數據並不相同。事實上，以臺灣南北長為 377 公里，[129] 顯示朱氏判斷十分精確。然而《新竹縣志初稿》並未收朱景英辨識臺灣地理辨證等遊記作品，而是另錄其〈塹城武廟碑記〉，承襲記錄奇聞異事的筆記手法：

> 遠惟關帝在當時力扶炎漢，志節凜然，史冊所垂，不無遺美。爰頒諭旨，定諡「忠義」，俾補《蜀志》，傳諸永久；正前史之徵詞，昭大義於曠代。大哉王言！其所以著神明而起頑懦者，莫盛於此。[130]

> 然則王公建廟之本意，洵屬立政之大端，詎非凡有土地民人

年 6 月），頁 177-211。

[127] 清·朱景英著，臺灣銀行經濟研究室編，《海東札記》（臺北：臺灣銀行經濟研究室，臺灣文獻叢刊第 190 種，1958 年 5 月），頁 1-2。

[128] 清·朱景英著，臺灣銀行經濟研究室編，《海東札記》，頁 3。

[129] 清·季麒光，《蓉洲詩文稿選輯》（香港：香港人民出版社，2006 年 7 月），頁 172；林謙光〈臺灣紀略〉，收於臺灣銀行經濟研究室編，《澎湖臺灣紀略》（臺北：編者，1961），頁 56；黃美玲，〈論朱景英《海東札記》在臺灣清初遊記史之地位與價值〉，頁 96；經濟部水利署，https://www.wra.gov.tw/Advanced_Search.aspx?q=%E5%8F%B0%E7%81%A3%E5%8D%97%E5%8C%97%E9%95%B7，2022 年 4 月 7 日。

[130] 清·朱景英，〈塹城武廟碑記〉，收於鄭鵬雲、曾逢辰纂輯，詹雅能點校，《新竹縣志初稿》，頁 267。

之責者所當效法也哉！[131]

清乾隆時期，移民人口的迅速增加，就業機會不足，而移民遠離故鄉，極需心理慰藉，因此，熱衷於宗教活動，願意耗費大量精神金錢舉辦迎神賽會，或者主動捐獻土地、金錢建廟。纂修者以朱氏〈塹城武廟碑記〉一文，除彰顯關公「忠義」精神外，藉由塹城廟會活動中的王公建廟，鼓勵老百姓群起效尤，頗有實徵臺人忠誠義烈之意，而《新竹縣志初稿》收鄧傳安〈捐造淡水廳城碑記〉、吳性誠〈捐造淡水學文廟碑記〉等文，也有類似用意。

而碑碣是臺灣歷史的見證，撫碑讀史，碑碣就是名符其實「臺灣歷史的里程碑」，統計日治時期以前所立碑碣有二千二百件，[132]碑碣文字內容琳瑯滿目，其中，《新竹縣志初稿》所收婁雲〈義渡碑記〉：

> 余……迨丙申承乏淡水，所屬綿亙幾四百里；所謂曲溪陂澤不可以梁者，不可悉數。其間土人駕舟以濟，相安於定章者弗計。惟大甲溪塊石層疊，支派雜流……誠險道也……此數處，非無駕舟待濟之人，大率土豪撐駛，藉索多貲；少不如願，即肆剝掠者有之。行旅之受害也，久矣。義渡其容緩歟？……爰集紳士、郊商、耆庶而諭以意，且先捐廉以為之倡，乃無弗踴躍樂輸。不數旬，共捐洋銀八千九百餘圓；其不敷者，則搜羅充公租穀以足之。更於四要溪外，若井水港、鹽水港一律設渡，共凡六處。又於塹南之白沙墩、塹北之金門厝，每於九月間各設浮橋以濟……其捐項為置田甲，歲收

---

[131] 同上註，頁 268。
[132] 曾國棟，《台灣的碑碣》（臺北：遠足文化公司，2003 年 8 月），頁 4。

> 租息以資經費。並將籌議置舟選夫、歲修工食一切章程存諸
> 案牘，詳明各憲，勒石以垂永久。[133]

義渡，即指免費渡人過河的渡船服務，主要設置於臺灣溪水湍急的溪河旁，扮演載運旅客渡過河川的交通工具，婁雲在擔任淡水廳同知時，大力提倡普設義渡，[134] 義渡以淡水廳最多。義渡由官給發工食，往來行人隨到隨渡，不准需索分文，如違，鳴官嚴辦，婁雲設置〈義渡碑記〉，詳述創設經過、勒石示禁諸事，惜許多碑碣未聞傳世，而《新竹縣志初稿》藉由婁雲〈義渡碑記〉內容，一探臺灣早期渡頭向旅人威迫亂開天價，行旅維艱，透過倡議捐資設置義渡，解決行人渡河問題，發展地方交通及促進墾殖事業，翔實記錄民眾的生活風貌，並能提供主政者瞭解地形地貌。

　　就知識學的角度而言，研究主體藉由對研究客體所進行的分類，既制約著人看待特定事物的方式，也規範了我們對於外在世界的認識，方志的分門別類，勾勒出修志官紳對於臺灣社會的輪廓，也傳達統治層程所關心的焦點，[135] 或藉由文章借古詠今，發揮「文章報國」的精神。[136] 日治臺之初，官方力求有利的施政藍圖，乃積極觀風察俗，纂修方志內文多為日文，大部分的方志並未收錄文學作品；而《新竹縣志初稿》所收〈塹城武廟碑記〉、〈義渡碑記〉、〈捐造淡水廳城碑記〉、〈捐造淡水學文廟碑記〉等文移風易俗做為

[133] 婁雲，〈義渡碑記〉，收於鄭鵬雲、曾逢辰纂輯，詹雅能點校，《新竹縣志初稿》，頁 281-282。

[134] 文化部臺灣百科全書，https://nrch.culture.tw/twpedia.aspx?id=3668；國家圖書館臺灣記憶 https://tm.ncl.edu.tw/，2022 年 4 月 8 日。

[135] 洪健榮，《清代臺灣方志的知識學》，頁 3。

[136] 黃美娥，〈臺灣古典文學史概說〉，收於編者，《古典臺灣：文學史‧詩社‧作家論》，頁 15。

教育範本，藉由過去光榮歷史事蹟，類比日本皇軍的英雄角色，期臺人能上行下效，進而徵得臺人忠誠義烈之意，其以「類比」方式，轉移附帶的訊息，規範社會行為，以控制地方與安定秩序的政治意味。

康熙 22 年（1963），清治臺灣方志纂修始於康熙年間；1985 年，乙未割臺，日本依馬關條約取得臺灣，臺灣自此進入日本治臺 50 年。清治、日治臺灣都積極纂修方志。本文在「清治初期臺灣府志文學纂修——以蔣毓英《臺灣府志》為例」一節，統計清初康熙年間刊行四部《臺灣府志》，其中，高拱乾在《臺灣府志》是臺灣第一本建置〈藝文志〉的方志，而蔣毓英《臺灣府志》是第一本臺灣府志，文學特色具有：「收錄臺灣文學第一人」、「記錄首座教育機構」、「書寫傳記文學」、「收錄民間文學」。蔣毓英《臺灣府志》將流寓臺灣的明末遺裔沈光文入志，奠定沈光文成為臺灣文學的領航者；人物傳記體例見於日後其他方志藝文篇；記述神話、傳說計有神奇怪異、占驗符命等，成為研究臺灣民間文學重要寶庫；另以「日治臺灣縣廳志文學纂修——以鄭鵬雲《新竹縣志初稿》為例」一節，梳理其文學特色具有：「出走與在地文人」、「在臺日籍作家作品」、「主收詩作與田園詩」、「探究原住民族群」、「北臺首座明志書院」、「借古詠今教科範本」。

蔣毓英《臺灣府志》、鄭鵬雲《新竹縣志初稿》分別收錄「臺灣府學」、「明志書院」，前者為官方主導所設，是臺灣首座教育機構；後者為民間興學，書院雖非日人所建，但曾是北臺灣第一座書院。而這兩座曾是當地重要教育機構，二者都是臺灣重要文學教育場域，培育文人知識的重要搖籃。「臺灣府學」、「明志書院」對地方教育、培育文人影響深遠，二座文教場域入志，對於認識歷史、

文學皆別具意義。觀察修志官紳進行綱目的調整與安排，為避免與統治者扞格不入，而以關注文教設施、地方人才的培育，透過儒家倫理道德觀念的宣揚，進而形塑一套理想的行為法則與秩序規範，提供主政者參考的依據，使方志具有資治、教化的價值，展現修志者運用方志書寫的策略。《臺灣府志》、《新竹縣志初稿》勾勒出各行政疆域外，在文學書寫上，因地制宜的經世理念，表達在各種收錄的作家及作品裡，並以形塑儒學教化典範，為統治管理臺灣，纂修方志以實行大一統帝國的資治效用。

第三章　首善之都：臺北市方志之文學纂修

臺北市是中華民國目前的首都，民國 56 年（1967）7 月，行政院核定省轄市臺北，市升格改制為院轄市，絢爛多彩，作家人口、文學社團、文學報刊幾乎都聚集在臺北市，現今則是現代化的國際級都市，也是臺灣政經文化中心，人文薈萃，經貿繁盛。綜觀臺灣六都，目前僅臺北市已纂修直轄市志，研究臺北市的方志纂修，別具價值。追溯臺北市從升格直轄市前、後，曾纂修《臺北市志稿》、《臺北市志》、重修《臺北市志》及《續修臺北市志》，其中，收錄文學的方志計有：《臺北市志稿・文化志學藝篇》、《臺北市志・文化志文徵篇》、重修《臺北市志・文化志文學篇》、《續修臺北市志・文化志文學篇》。為掌握北臺灣地方志纂修樣貌，本文以首善之都臺北市方志文學為研究對象，再梳理中臺灣重鎮臺中市所纂修方志，進而析釐二地直轄市纂修方志文學的在地全貌與異同之處。

第一節　各版臺北市志纂修背景

與纂修團隊

　　有關《臺北市志稿》、《臺北市志》、重修《臺北市志》、《續修臺北市志》的纂修背景與纂修團隊如下：

一、《臺北市志稿》纂修背景與纂修團隊

　　民國 42 年（1953），由當時臺北市文獻委員會主導纂修地方志的籌備工作，計列纂修 10 志 42 篇，其中，10 志有沿革、自然、政制、居民、財政、經濟、教育、文化、雜錄、大事年表；42 篇有沿革、地理、氣候、博物、行政、自治、地政、戶政、役政、衛生、司法、保安、建設、政治運動、社會組織、人口、氏族、風俗、語言、宗教、社會福利、歲出入、稅捐、市有財產、農林漁礦、工業、商業、金融、交通、公用事業、合作事業、學校教育、社會教育、考試制度、體育、名勝古蹟、寺廟、文化事業、學藝、人物、雜錄、文徵，大事年表。[1] 同年 12 月，臺北市文獻委員會把修志編立的綱目，送請內政部審查。內政部雖准予臺北市進行纂修地方志，但審查建議將卷四〈居民志〉更名為〈社會志〉；「人物篇」改為〈人物志〉；卷九〈雜錄〉易為〈叢錄〉；原卷十大事年表，編為志餘。原 42 篇減為 36 篇。並邀請學者專家黃得時等人編纂，次第移付剞

---

[1] 黃宇元，重修《臺北市志・序》，收於王國璠纂修，《臺北市志・卷首》（臺北：臺北市文獻委員會，1984 年 6 月），頁 23-24。

厥，[2] 四年後，《臺北市志稿》開始陸續完成。

　　《臺北市志稿》係由臺北市文獻委員會編校，民國 46 年（1957）9 月 15 日毛一波編纂卷八〈文化志‧文化事業篇〉最早出版。民國 50－51 年（1961－1962）出版〈沿革志〉、〈自然志‧氣候篇〉、〈社會志‧人口篇〉、〈文化志‧學藝篇〉、〈人物志〉；〈政制志〉的戶政篇、役政篇、自治篇、地政篇；〈財政志〉的歲出入篇、捐稅篇、市有財產篇；〈經濟志〉的金融篇、公共事業篇。其中，王詩琅纂修《臺北市志稿‧人物志》[3] 嚴守「生人不立傳」的原則，[4] 分以「宦績」、「特行」、「鄉賢」、「拓殖」、「學藝」、「流寓」、「外人」，全志共有 138 頁。

　　《臺北市志稿》各志編纂如下：卷一〈沿革志〉黃得時、卷二〈自然志‧氣候篇〉蔣炳然；卷三〈政制志‧戶政篇〉莊金德、〈政制志‧衛生篇〉李騰嶽、〈政制志‧行政篇〉廖臣漢、〈政制志‧自治篇〉王世慶、〈政制志‧地政篇〉馮小彭、〈政制志‧役政篇〉盛清沂，〈政制志、司法篇〉及〈政制志、保安篇〉郭海鳴、廖臣漢、陳漢光；〈社會志‧宗教篇〉方豪、〈社會志‧人口篇〉莊金德；〈財政志〉的歲出入篇、捐稅篇、市有財產篇是黃玉齋；〈經濟志‧金融篇〉李君晰、〈經濟志‧公共事業篇〉朱萬里、〈經濟志‧物價篇〉黃耀鏻，〈經濟志‧交通篇〉張易、黎仁，〈經濟志〉農林漁礦篇、工業篇、商業篇則是黃耀鏻、洪震宇；〈教育志〉教

---

[2] 黃宇元，重修《臺北市志‧序》，收於王國璠纂修，《臺北市志‧卷首》，頁 24-25。

[3] 王詩琅，《臺北市志稿‧人物志》（臺北：臺北市文獻委員會，1962 年 6 月）。

[4] 王詩琅，《臺北市志稿‧例言》，收於《臺北市志稿》（臺北：臺北市文獻委員會，1962 年 6 月）；黃宇元，首纂《臺北市志‧序》，收於王國璠纂修，首纂《臺北市志‧卷首》（臺北：臺北市文獻委員會，1984 年 6 月），頁 24。

育篇、社會教篇是洪炎秋；〈文化志・名勝古蹟篇〉黃春成、〈文化志・文化事業篇〉毛一波、〈文化志・學藝篇〉毛一波；〈人物志〉毛一波、卷十〈雜錄・臺北市大事年表〉謝建南；〈雜錄・叢錄〉及〈雜錄・文徵〉是郭海鳴；〈自然志・氣候篇〉是蔣炳然、〈政制志・役政篇〉是盛清沂、〈政制志・自治篇〉是王世慶、〈經濟志・金融篇〉是李君晰、〈經濟志・公共事業篇〉是朱萬里。

二、《臺北市志》纂修背景與纂修團隊

繼《臺北市志稿》後，臺北市文獻委員會將原志稿改以《臺北市志》，並從民國 51 年（1962）12 月 31 日至民國 73 年（1984）6 月陸續出版。因此，《臺北市志》部分志書的纂修與內容，係多與原《臺北市志稿》相同。例如：51 年 12 月 31 日出版的《臺北市志・財政志》的歲出入篇、捐稅篇、市有財產篇，與 46 年 10 月 15 日出版的《臺北市志稿・財政志》的歲出入篇、捐稅篇、市有財產篇，二者的纂修和志書內容完全相同；又民國 49 年 6 月 20 日出版的《臺北市志稿・司法篇》、《臺北市志稿・保安篇》的纂修和志書內容，也同於民國 51 年 12 月 31 日出版的《臺北市志・司法篇》、《臺北市志・保安篇》。

此外，有的《臺北市志》編纂易人，例如：原 50 年（1961）11 月 1 日出版的《臺北市志稿・政制志地政篇》，至民國 67 年（1978）6 月出版的《臺北市志・政制志地政篇》改為續修王國璠；民國 50 年 5 月 30 日出版的《臺北市志稿・政制志戶政篇》，至民國 66 年（1977）6 月出版的《臺北市志・政制志戶政篇》的續修為謝浩；原民國 54 年（1965）7 月出版的《臺北市志稿・社會志宗教篇》纂

修為方豪，65 年（1976）5 月出版的《臺北市志‧社會志宗教篇》的續修為謝浩。

　　另外，《臺北市志》增修〈卷首〉、〈社會志〉增加「風俗篇」，其中，〈卷首〉於民國 73 年（1984）6 月出版，纂修為王國璠（臺北市文獻委員會副主任委員）、協修劉曉東；《臺北市志‧社會志》「風俗篇」，纂修吳瀛濤、王詩琅二人。而原〈社會志〉「人口篇」則移至〈政制志〉，改由王國璠續修。此外，《臺北市志》增加〈序言〉，邀請時任臺北市長吳三連、高玉樹、周百鍊、張豐緒、林洋港、李登輝、邵恩新、楊金欉等 8 人，為《臺北市志》作序。

三、重修《臺北市志》纂修背景與纂修團隊

　　《臺北市志稿》、《臺北市志》從民國 42 年啟動，直至民國 73 年全部完成出刊。不過，因二部地方志的斷限，都是到民國 40 年（1951），因此，臺北市文獻委員會於民國 75 年（1986），乃重修《臺北市志》，[5] 聘請時任中國文化大學史學系教授曾迺碩為總纂。

　　民國 80 年（1991），出版重修《臺北市志》九志、卷首、卷尾。其中，卷首含序、凡例、總目錄、輿圖及大事記；卷一〈沿革志〉、卷二〈自然志〉、卷三〈政制志〉、卷四〈社會志〉、卷五〈財政志〉、卷六〈經濟志〉、卷七〈教育志〉、卷八〈文化志〉、卷九〈人物志〉，卷尾有索引，附中西日三曆對照表、重修《臺北市志》

---

[5] 許水德，重修《臺北市志‧序》，收於曾迺碩總纂，重修《臺北市志‧卷首（上）》（臺北：臺北市文獻委員會，1991 年 11 月），頁 1；另見吳伯雄，〈重修《臺北市志》「序」〉，收於曾迺碩總纂，重修《臺北市志‧卷首（上）》，頁 2-3。

纂修名錄、內政部審定文號表。全志斷限時間，上起原始，下迄民國 70 年（1981）止，[6] 共計有 11 卷 46 篇 49 冊。

重修《臺北市志》編纂團隊，計有總纂曾迺碩及編纂、協修 35 人，校對卞鳳奎等 17 人，事務劉國楫等 7 人。各志篇編纂計有：[7]〈卷首〉（上）曾迺碩，〈卷首〉（下）黃淑清。卷一〈沿革志〉「史前文化篇」編纂黃士強；「封域篇」編纂黃得時、協纂沈明明；「城市篇」編纂溫振華。卷二〈自然志〉「地理篇」編纂石再添、協纂李白華；「博物篇」編纂梁潤生、李學勇、路統信、蕭榮華；「氣候篇」編纂戚啟勳。卷三〈政制志〉「行政篇」編纂曹助煌；「自治篇」編纂黃振超、「選舉篇」編纂黃振超、「戶政篇」編纂馬傳福；「役政篇」編纂于承壽、協纂陳龍貴；「地政篇」編纂許仁學；「公共建設篇」編纂方兆麟、「衛生篇」編纂許君強；「警政篇」編纂王家礎。

卷四〈社會志〉「社會組織篇」編纂潘志鵬；「社會福利篇」編纂張雅麗、龔延善；「氏族篇」編纂黃淑清、「風俗篇」編纂詹德隆；「語言篇」編纂丁邦新、楊秀芳；「宗教篇」編纂楊政河、曾美蘭；「人口篇」編纂王月鏡、協纂金永麗。卷五〈財政志〉「市政歲計篇」編纂陳高燦、荊榮壽；「稅捐篇」編纂張俊浦；「市有財產篇」編纂雷博文；「金融篇」編纂吳森有。卷六〈經濟志〉「商業篇」編纂羅文華；「物價篇」編纂周秀霞；「合作事業篇」編纂儲思訓；「公用事業篇」編纂李田樹、陳瓊忠、陳皓明，萬碧華；

---

6 總纂曾迺碩，重修《臺北市志·卷首》（臺北：臺北市文獻委員會編印，1991 年 11 月），頁 19-20。

7 總纂曾迺碩，編纂陳龍貴、邱秀堂重修，《臺北市志·卷尾》（臺北：臺北市文獻委員會，1991 年 12 月），頁 1-11。

「交通篇」編纂方兆麟、黃海；「郵電篇」編纂王榮城、丁華永；
「工業篇」編纂卓克華、張國；「農業漁礦篇」編纂黃振超、程信
謙、蕭榮華。卷七〈教育志〉「教育行政與學校教育篇」編纂陳明
終；「社會教育篇」編纂張碧麗；「體育篇」編纂謝春雄；「學校
篇」編纂王啟宗、鄭瑞明。卷八〈文化志〉「文化事業篇」編纂吳
運伯；「文學篇」編纂廉永英、崔仁慧；「藝術篇」編纂施翠峰；
「文獻篇」編纂洪桂己；「勝蹟篇」編纂楊遠浪、詹德隆。卷九〈人
物志〉「宦績篇」編纂王國璠、「賢德篇」編纂王國璠。〈卷尾〉
編纂陳龍貴、邱秀堂。

四、《續修臺北市志》纂修背景與纂修團隊

　　重修《臺北市志》斷限至民國 70 年（1981），惟自民國 71 年
（1982）開始，臺北市的政治、經濟、社會與文化等各方面發展與
變遷極為快速，因此，當時的臺北市文獻委員會，乃積極規劃編纂
《續修臺北市志》，以完整記錄臺北市近三十年發展實況。[8] 因此，
民國 99 年（2010）6 月，臺北市文獻委員會聘請前中興大學歷史學
系教授、文學院院長黃秀政擔任續修市志的總纂，協助臺北市文獻
委員會推動續修市志的纂修工作，終於民國 106 年（2017）7 月 14
日在臺北市長官邸藝文沙龍表演廳舉行《續修臺北市志》新書發表
會時，[9] 由現任臺北市長柯文哲、前市長許水德共同見證。

---

[8]　總編纂黃秀政，〈總纂序〉，《續修臺北市志》（臺北：臺北市立文獻館，2017
　　年 6 月），頁 6。

[9]　徐惠玲，〈臺灣方志纂修的歷史貢獻──以《續修臺北市志為例》〉，《由傳統
　　到創新──論臺灣方志之編纂》（臺北：文史哲出版社，2017 年 9 月），頁
　　193-194；另見自由時報電子報，

　　《續修臺北市志》總纂黃秀政,其與纂修團隊歷經將近 7 年的努力編撰完成,整套書包括〈卷首〉、〈卷尾〉及卷一〈大事紀〉、卷二〈土地志〉,卷三〈政事志〉、卷四〈經濟志〉、卷五〈交通志〉、卷六〈社會志〉、卷七〈教育志〉、卷八〈人物志〉,共計有 8 志 11 卷 33 冊,總字數逾 1,033 萬字。全志以民國 71 年(1982)1 月為上限,下迄民國 100 年(2011)12 月,重新完整記錄臺北市近 30 年的發展實況。

　　《續修臺北市志》纂修團隊前後召開 5 次主持人協調會議,決議續修志書撰稿格式、內容架構、統一版面;各志篇召開審查會議,纂修工程浩瀚繁瑣。《續修臺北市志》編纂團隊,其中,《續修臺北市志》〈文化志〉主持人陳登武,時任教於國立臺灣師範大學歷史學系教授兼主任;該志各篇撰稿,「文化行政篇」是林淑慧(時任國立臺灣師範大學臺灣文化與語言文學研究所副教授);「文化傳播篇」是陳登武(主持人兼);「文學篇」是許俊雅(時任國立臺灣師範大學國文學系教授);「視覺藝術篇」是林磐聳(時任國立臺灣師範大學視覺設計系教授兼副校長);「表演藝術篇」是林淑真(時任國立臺灣師範大學表演藝術研究所兼所長)。參與纂修成員分別在各系所擔任副教授、教授等教職外,主持人及各分志撰稿人,並且兼任各校系所的所長、副校長,具有豐富的校務行政經驗,俾利推動地方志的纂修。

第二節　各版臺北市志文學記述
特色與轉變

有關各版臺北市志文學記述內容、特色與轉變，分述如下：

一、各版臺北市志文學記述內容與特色

（一）《臺北市志稿》的文學記述內容與特色

《臺北市志稿》收錄有關文學的方志，分別在民國50年（1961）11月出版的卷八〈文化志・學藝篇〉，及民國48年（1959）6月出版的卷十〈雜錄・文徵篇〉。其中，《臺北市志稿・文化志》共有99頁，計分以「名勝古蹟篇」、「文化事業篇」、「學藝篇」，而有關文學記述，則收錄於毛一波編纂的「學藝篇」。「學藝篇」共分五章：第一章「概說」、第二章「自然科學」、第三章「社會科學」、第四章「藝術（上）」、第五章「藝術（下）」，其中，第五章「藝術（下）」又分為「舞蹈」、「音樂」、「演劇」、「文學」共四節；在「文學」一節的篇幅不到5頁，計收錄郁永河散文作品《裨海紀遊》、高拱乾詩作〈雞籠積雪〉及季麒光、陳元圖、孫元衡、藍鹿洲等人未曾到過臺北，卻有關臺北的詩作。此外，《臺北市志稿》卷十〈雜錄・文徵篇〉的纂修郭海鳴，全篇共有80頁，總共收錄詩作172首，文章22篇。

《臺北市志稿・文化志學藝篇》、《臺北市志稿・雜錄文徵篇》

都有收錄相關臺北市的文學作家作品，但記述文學篇幅並不多，該志以「臺北開發較晚，有名文人偏駐南部」[10]、「惟臺北平原在未大規模開拓以前，文人學士來往者甚少」[11]，但卻是臺北市第一部收錄文學的方志，具有開創性的高度價值。

（二）《臺北市志》的文學記述內容與特色

《臺北市志‧文化志文徵篇》與卷十《臺北市志‧雜錄文徵篇》二志，除前者目次第一章「概說」、後者則是「例言」，餘者內文、出版頁及目次名稱，二志實則全部一樣。據《臺北市志‧雜錄文徵篇》所指，臺北市開闢歷三百載，好古力學之士，不知凡幾，其中頗有工文辭，善著述，有文以記事，文存事亦存者。有事不可不存，而文亦藉以存者，故不論其鴻篇巨著，片羽吉光，皆在珍視之列。而「文徵篇」所採，多與臺北市有關。[12]《臺北市志‧文化志文徵篇》、《臺北市志‧雜錄文徵篇》收錄清代來臺文人郁永河〈臺灣竹枝詞〉、周鍾瑄〈北行紀事〉、藍鼎元〈臺灣近詠〉等人共計 172 首詩詞，[13] 另節錄黃叔璥〈赤崁筆談〉、郁永河〈裨海記遊〉、藍鼎元〈紀竹塹埔〉、姚瑩〈臺北道里記〉、謝雪漁〈臺灣詩社大會記〉等 22 篇文章。

對於每一位作者及其作品，該志都有進行簡單介紹，例如：在

---

[10] 毛一波，《臺北市志稿‧文化志學藝篇》（臺北：臺北市文獻委員會，1961 年 11 月），頁 96。

[11] 毛一波，《臺北市志稿‧文化志學藝篇》，頁 95。

[12] 王國璠纂修，《臺北市志‧文化志文徵篇》（臺北：臺北市文獻委員會，1979 年 6 月），頁 1。

[13] 陳君玉、郭海鳴、謝建南，《臺北市志‧雜錄文徵篇》（臺北：臺北市文獻委員會，1962 年 12 月），頁 1-79。

郁永河〈臺灣竹枝詞〉之後，寫道：「永河字滄浪，浙江仁和諸生，好遠遊……著有《裨海記遊》、《採硫日記》等書」[14]、在周鍾瑄〈北行紀事〉一文後，則寫道：「鍾瑄字宣子，貴州貴筑人，康熙丙子舉人。五十三年補諸羅縣；六十一年署臺灣縣」[15]，具有替作者立傳之意。

（三）重修《臺北市志》文學記述內容與特色

　　重修《臺北市志・文化志》計有〈文化事業篇〉、〈文學篇〉、〈藝術篇〉、〈文獻篇〉、〈勝蹟篇〉五篇，收錄有關文學，則以「文學篇」為主。重修《臺北市志・文化志文學篇》分為三章，第一章「清代」，章下四項，第一項「詩」、第二項「詞」、第三項「聯」、第四項「文」；第二章「日據時代」，章下二項，第一項「傳統文學」，項下再分四目，第一目「詩」、第二目「詞」、第三目「聯」、第四目「文」；第二項「現代文學」，項下再分二目，第一目「概述」、第二目「作家與作品」。第三章「光復以後」，章下二項，第一項「傳統文學」，項下再分四目，第一目「詩」、第二目「詞」、第三目「聯」、第四目「文」；第二項「現代文學」，項下再分二目，第一目「概述」、第二目「作家與作品」。最後則是附錄：傳統文學資料頁次及出處。全篇共有 368 頁。

　　重修《臺北市志・文化志文學篇》所收錄的作品，主要以臺北本籍人士之作品為主，兼及流寓人士有關臺北的詩文，[16] 其中，收

---

[14] 陳君玉、郭海鳴、謝建南，《臺北市志・雜錄文徵篇》，頁 1。

[15] 同上註，頁 1。

[16] 總纂曾迺碩、編纂康永英，重修《臺北市志・文化志文學篇》（臺北：臺北市文獻委員會印行，1991 年 11 月），頁 2。

錄清代的詩，計有郁永河〈北投探訪出硫穴〉、周鍾瑄〈關渡門苦雨〉、楊浚〈劍潭幻影〉等 74 首詩、2 首詞、55 對聯、15 篇文章；收錄日治時代的傳統文學，計有 202 首詩、13 首詞、51 對聯、16 篇文章；收錄日治時代現代文學有張我軍、賴和、吳濁流、朱點人、郭秋生、徐坤泉、吳漫沙、楊雲萍、王詩琅、黃得時、王白淵、廖漢臣、巫永福、龍瑛宗 14 位作家及其作品；光復以後的傳統文學中，則收錄 129 首詩、7 首詞、22 對聯、7 篇文章，及小野、子敏、三毛等 102 位作家與其作品。

　　臺灣在日治時期，曾出現至少 370 個詩社，詩社林立，其中，臺北瀛社、臺中櫟社、臺南南社並稱臺灣三大詩社，在臺灣北、中、南地區各執牛耳，領袖群倫，帶領各地詩社活動蓬勃發展。[17] 而重修《臺北市志・文化志文學篇》所收錄的詩，以日治時期最多，此乃與當時社會、文學等環境有密切關係。

（四）《續修臺北市志》的文學記述內容與特色

　　《續修臺北市志・文化志》共計有〈文化行政篇〉、〈文化傳播篇〉、〈文學篇〉、〈表演藝術篇〉、〈視覺藝術篇〉5 篇 5 冊 23 章 87 節。其中，〈文學篇〉主要收錄文學作家及其作品。就收錄的篇名而言，《續修臺北市志》與前志重修《臺北市志》一樣，均將有關文學的人、物等，同時置於〈文化志文學篇〉之中。

　　《續修臺北市志》〈文化志〉計有「目次」、「表次」、「圖次」、「總論」、「概說」、「結語」、「大事紀」、「參考書目」、「索引」外，續修的綱目以延續 80 年（1911）重修《臺北市志》的篇目。惟三

---

[17] 黃美娥，〈北臺第一大詩社──日治時代的瀛社及其活動〉，收於編者，《古典臺灣：文學史・詩社・作家論》（臺北：國立編譯館，2007 年 7 月），頁 229。

十年多來，臺北市的政治、經濟、社會、文化急劇變遷，續修的編目略作調整，因此，《續修臺北市志》在〈文化志〉中，增加「文化行政篇」，而原「藝術篇」則分為「視覺藝術篇」、「表演藝術篇」二篇。其中，「文學篇」主要包括「三十年來北市文學概述（1982－2011）」、「文學活動與文藝傳媒」、「傳統詩」、「現代文學」共計有 4 章 11 節 407 頁。

在《續修臺北市志・文化志文學篇》的綱目「三十年來北市文學概述（1982－2011）」一章，以「民國 70－80 年代的臺北文學：眾聲喧嘩」一節，收錄同志小說、政治文學、飲食文學、閨秀文學、旅遊文學、激勵文學、母語文學、女性文學等；以「民國 80 年代到 90 年代臺北文學：百無禁忌（城市書寫）」一節，收錄政治文學、勵志文學、眷村文學、老兵文學、同志文學、酷兒文學、情色文學、飲食文學、旅遊文學、女性文學、科幻小說、母語文學；以「民國 90 年代的臺北文學：多元書寫」一節，則收錄臺北書寫主題的作品，例如王聰威《中山北路行七擺》、李欣頻《臺北觀自在》、李清志《臺北方舟計劃》、張維中《TAIPEI 國際航線：發現臺北異國風》、林少雯《畫說臺北——中正區的故事》、《悠遊臺北城——文化市集與文學小站行旅》、斐在美《臺北的美麗與哀傷》、陳鴻森〈二〇〇三年春天臺北市街〉、雷驤《臺北寫生帖》、彭蕙仙《臺北渴婚族》、應平書《臺北女人》、舒國治《臺北小吃札記》、吳美枝〈臺北咖啡館：人文光影紀事〉、張維中《飛導遊：六年級生與臺北城的時空對話》、水瓶子《臺北咖啡印象》、謬西《臺北愛情物語》、卜大中《性，自戀，身分證——臺北慾望城市情色筆記小說》。

此外，在〈文化志文學篇〉「文學活動與文藝傳媒」一章，則分以「文學資源與文學生態」、「文化局對北市文學活動的推廣」、「文

學社團」、「文藝傳媒」共計四節，加以記載。在「傳統詩」一章，則分以「傳統詩人及其作品」、「文學景觀描繪的承攬」、「文學獎中的傳統詩」三節加以記載；在〈文化志文學篇〉「現代文學」一章，則分別以「現代文學作家及其作品」、「時空變遷下的文學地景」二節加以記載，其中，前者共介紹楊雲萍等 273 位文人，後者則以東、西、南、北四區，分述臺北市的文學地景。

二、各版臺北市志文學纂修的轉變

自《臺北市志稿》、《臺北市志》、重修《臺北市志》到《續修臺北市志》，在漫長的纂修過程中，有關文學纂修所見之轉變，分述如下：

（一）一部志名不符

《臺北市志・文化志文徵篇》出版時間是民國 68 年（1979）6月，纂修王國璠，惟該篇封面印刷字樣是《臺北市志・文化志文徵篇》，但書末出版頁為《臺北市志稿・雜錄文徵篇》，同部志書的封面、出版頁，二者出現不同調的現象。

按《臺北市志・卷首》纂修王國璠所列各志的章節內容，[18]《臺北市志》〈文化志學藝篇〉的章節，第一章「概說」，第二章「自然科學」，第三章「社會科學」，第四章「藝術（上）」，第五章「藝術（下）」。由此可見，《臺北市志・文化志文徵篇》之內容，與《臺北市志・卷首》所列的章節，實不相符。

---

18 纂修王國璠，《臺北市志・卷首》（臺北：臺北市文獻委員會，1984 年 6 月），頁 45。

據《臺北市志‧文化志文徵篇》收錄的內容，與《臺北市志稿‧雜錄文徵篇》、《臺北市志‧雜錄文徵篇》二志小異。不同之處在於：原《臺北市志稿‧雜錄文徵篇》、《臺北市志‧雜錄文徵篇》收錄〈題南菜園〉、〈南菜園晚眺〉、〈追懷南菜園〉、〈題鳥松閣〉、〈江瀕軒即事〉、〈江瀕軒八勝詩〉、〈曉行至大稻埕〉、〈臺北城中偶作〉、〈新秋遊城南〉、〈城南雜詩〉、〈臺北八勝〉十一首詩作，被《臺北市志‧文化志文徵篇》刪除。

也就是說，《臺北市志‧文化志文徵篇》將以上十一首詩作刪除後，卻改以新增〈臺北雜詠〉、〈臺陽雜感〉、〈弔陳迂谷〉、〈凌雲寺〉、〈招魂曲有引〉、〈舟入干豆門〉、〈別臺北諸君〉、〈十二月遊草山（今名陽明山）〉、〈訪北投溫泉〉、〈讀連雅堂先生臺灣通史有感〉、〈圓山弔陳迂谷〉十一首詩作，可能係與《臺北市志稿‧雜錄文徵篇》、《臺北市志‧雜錄文徵篇》有別。

不過，由於《臺北市志稿‧雜錄文徵篇》、《臺北市志‧雜錄文徵篇》及《臺北市志‧文化志文徵篇》收錄的詩作，數量都是 172 首，如果未能嚴加熟讀，會以為此三志所收錄的詩作數量相同，而容易誤判其內容一模一樣，難以辨識出三志不同之處。但儘管纂修有此用心，《臺北市志》所增〈文化志‧文徵篇〉，志名不符，成為全志疏漏、缺失，十分可惜。

（二）二志稿同內容

臺北市文獻委員會在民國 77 年 6 月至 82 年 12 月出版的《臺北市志》，係多以《臺北市志稿》為底本，除有部分志別去一「稿」字後，原樣出版印行。例如，民國 51 年 12 月出版的《臺北市志‧雜錄文徵篇》，是以民國 48 年 6 月出版的《臺北市志稿‧雜錄文

徵篇》全文為底本，二志篇章與內容，實則完全相同。再者，觀察纂修人員名單，《臺北市志稿・雜錄文徵篇》是郭海鳴，而《臺北市志・雜錄文徵篇》則為王國璠，雖纂修名字不同，但《臺北市志稿・雜錄文徵篇》、《臺北市志・雜錄文徵篇》二志，實可視為同本。

（三）部分內容重疊

統整《臺北市志稿・雜錄文徵篇》、《臺北市志・雜錄文徵篇》、《臺北市志・文化志文徵篇》與《臺北市志稿・文化志學藝篇》「文學」一節的內文相同或作品相同。以郁永河〈臺灣竹枝詞〉為例：

> 臺灣西向俯汪洋，東望層巒千里長；一片平沙皆沃土，誰為長慮教耕桑？[19]（郁永河〈臺灣竹枝詞〉）

郁永河〈臺灣竹枝詞〉一詩，無論在《臺北市志稿・雜錄文徵篇》、《臺北市志・雜錄文徵篇》、《臺北市志・文化志文徵篇》與《臺北市志稿・文化志學藝篇》「文學」都分別有收錄。至於作品相同，首先以周鍾瑄〈北行紀事〉詩作為例：

> 羅山山水海東雄，綿亙千里蹤難窮。朝盤赤日三千丈，浩氣直與海相烘。南抵蔦松北半線，宛然塊玉橫當中。職方禹貢雖未載，厥壤上上將無同。惜哉大甲與中港，逼窄將次入樊籠。後壠吞霄勿復道，犢車犖确走蛟宮。天低海闊竟何有，環山疊裏如群蜂。坡陀巨麓一再上，劃然軒豁開心胸。竹塹分明在眼底，千頃萬頃堆丰茸。從他地老無耕鑿，下巢鹿豕

---

[19] 同見於毛一波，《臺北市志稿・文化志學藝篇》，頁 95；郭海鳴，《臺北市志稿・雜錄文徵篇》，頁 1；王國璠，《臺北市志・雜錄文徵篇》，頁 1。

上呼風。北鄰南崁亦爾爾，淡水地盡山穹窿。東有礦山西八里，銀濤雪浪爭喧轟。雞籠小甕堅如鐵，紅彝狡獪計非庸。蠻煙瘴雨今晝暗，石寒砌冷鳴霜蛩。中有烏蠻事馳逐，狂奔浪走真愚蒙。可憐作息亦自解，但知順則難名功。我來經過聊紀載，慚非椽筆媿雕蟲。他年王會教圖此，留取長歌付畫工。[20]（周鍾瑄〈北行紀事〉）

周鍾瑄〈北行紀事〉一詩，在《臺北市志稿・文化志學藝篇》「文學」一節裡，僅節錄其中「竹塹分明在眼底，千頃萬頃堆丰茸。從他地老無耕鑿，下巢鹿豕上呼風。北鄰南崁亦爾爾，淡水地盡山穹窿。東有礦山西八里，銀濤雪浪爭喧轟。雞籠小甕堅如鐵，紅彝狡獪計非庸。蠻煙瘴雨今晝暗，石寒砌冷鳴霜蛩。」[21] 但《臺北市志稿・雜錄文徵篇》、《臺北市志・雜錄文徵篇》及《臺北市志・文化志文徵篇》三志全文收錄。無獨有偶，吳廷華〈社寮雜詩〉詩作也是如此。

（四）篇名逐次有異

　　針對臺北市的文學，分別置於《臺北市志稿》、《臺北市志》、重修《臺北市志》、《續修臺北市志》四志稿，但各志篇名有別：

　　1、《臺北市志稿》：置於〈文化志・學藝篇〉中的第五章第四節「文學」一節，及卷十〈叢錄・文徵篇〉，前者篇幅短短只有五頁；後者的篇幅，全篇共有 80 頁。

---

[20] 郭海鳴，《臺北市志稿・雜錄文徵篇》，頁 1；王國璠，《臺北市志・雜錄文徵篇》，頁 1 及王國璠，《臺北市志・文化志文徵篇》，頁 3-4。

[21] 毛一波，《臺北市志稿・文化志學藝篇》，頁 96。

　　2、《臺北市志》：置於〈文化志‧文徵篇〉與《臺北市志‧雜錄文徵篇》。惟〈文化志‧文徵篇〉內文、出版頁及目次名稱，全都標示「《臺北市志稿‧雜錄文徵篇》」，也就是說，〈文化志‧文徵篇〉與《臺北市志‧雜錄文徵篇》，前者目次第一章「概說」、後者則是「例言」，餘者相同，二志實則一樣。其中，〈文化志‧文徵篇〉獨立一冊，《臺北市志‧雜錄文徵篇》則是合輯。

　　3、重修《臺北市志》：置於重修《臺北市志‧文化志文學篇》，獨立一冊。

　　4、《續修臺北市志》：《續修臺北市志‧文化志文學篇》，獨立一冊。

　　觀察以上四部地方志，其收入有關文學的演變，從最早的志稿，是置於篇後的「文學一節」，到《臺北市志》慢慢擴大提增為「文徵篇」，再到重修《臺北市志》與《續修臺北市志》二志，均置於《文化志‧文學篇》，文學從節名，逐次擴長為篇名。

（五）編印審定不同

　　就四部臺北市志的編印單位而言，其中，從《臺北市志稿》、《臺北市志》及重修《臺北市志》，三部地方志的編印都一直是臺北市文獻委員會，審定則是內政部。而《續修臺北市志》的編印為臺北市立文獻館（前身是臺北市文獻委員會），審定則是臺北市政府。目前臺灣六都中，僅臺北市設有文獻館。

　　此外，重修《臺北市志‧文化志文學篇》中，對於每一位作者及其作品，也都有進行簡單介紹。另外，重修《臺北市志‧文化志文學篇》於志末，有記「臺北市志卷八文化志文學篇傳統文學資料頁次出處」，則以表格的方式呈現，有別於其他舊志。

（六）學者纂修亮眼

　　臺灣方志始於清領時期，纂修方志的工作，一開始，乃係由清廷派駐到臺灣的官員負責。截至目前，中國大陸各地對於方志的編纂修志工作，依然還是秉持中國的修志傳統，一律交由中國地方志指導小組辦公室，及各地修志辦公室的官員負責；反觀臺灣方志纂修工作，目前則普遍委由臺灣各大學，從事學術工作的專業學者擔任。臺北市政府修志並非第一次，但臺北市立文獻館對於修志態度，依然慎重嚴謹，除了重修《臺北市志》邀請學者曾迺碩等人，此外，續修亦從臺灣修志菁英群中，聘請志書編纂豐碩的黃秀政擔任《續修臺北市志》總纂，黃秀政所率領的編纂團隊，都是在臺灣各大學的專業領域，從事學術教學的教授群。

　　隨著教育的發達與學術的進步，學門分工漸趨嚴密，學者主導修志，可以專業眼光，從學術的觀察角度，在方法上以歷史編纂等方法，結合民族學、社會學、人口學、宗教學、民俗學等相關學術的研究方法，透過廣泛蒐集相關文獻，探本溯源；深入田野調查，彌補文獻的不足，纂修臺北市從民國 71－100 年，將近 30 年的經濟、政治、社會、環境、交通、教育等發展的脈絡，做真確而深入的記載，保存地方歷史，為臺北市留下最真實的面向，最真實的歷程。[22] 編纂團隊一步一腳印，翔實記錄臺北市近 30 年來文學發展與變遷，可為有意從事相關研究者，提供最具珍貴價值的史實資料。而近年來臺灣各地編纂方志，採此纂修模式，情形已日益普遍。

（七）續修市志出色

---

[22] 徐惠玲，〈臺灣方志纂修的歷史貢獻──以《續修臺北市志為例》〉，頁 219。

　　《續修臺北市志》是繼《臺北市志稿》、《臺北市志》、重修《臺北市志》之後，最新版的志書。探究《續修臺北市志・文化志文學篇》在臺灣方志纂修發展史的歷史貢獻，具有一定的價值與意義。《續修臺北市志・文化志文學篇》提供臺北市近 30 年的文學發展，其收錄大量純文學作品，除一般傳統文學外，並能凸顯大眾文學、庶民文學、網路文學，並能強調文學的通俗性與生活化。

　　臺北文壇發展，主要肇興於清道光時期，陳維英家族扮演重要角色，咸豐時期，本土文人漸增，加上板橋林家延攬呂世宜、謝穎蘇等知名流寓文人前來而愈趨茁壯；同、光以後，不僅本土文人熱衷文學者甚多，光緒時期因為臺北地位漸趨重要，隨著劉銘傳、唐景崧等人的官吏幕府亦多，有了這些流寓文人的參與競技，清代臺北文壇更顯多采多姿，尤其是唐景崧所創具有全省知名度與影響力的「牡丹吟社」，更將臺北地區的文學地位往前推進一大步，足稱「北臺灣文學之冠」的竹塹地區較勁。而臺北地區雖然本土文人參與不可或缺，但流寓文人呂世宜、謝穎蘇、唐景崧等人推動之功，不容忽視。漢人在臺北進行土地墾殖時間雖與竹塹地區相近，但文風興起較晚，竹塹早在乾、嘉時期已有不少子弟考中功名，但臺北則光緒晚年始有科舉士子出現，不過，臺北起步雖晚，卻在同、光時期後來居上，最後獲得功名的科舉社群人數反而超越竹塹地區。[23] 綜觀《續修臺北市志・文化志文學篇》係具有「學者修志」、「反映時代」、「素人寫作」、「庶民入志」、「在地文學」、「政府推廣」、「出版光碟」等七大特色，[24] 實乃有別於傳統記錄文學方志的纂修方

---

[23] 黃美娥，《古典臺灣：文學史・詩社・作家論》（臺北：國立編譯館，2007 年 7 月），頁 89-90。

[24] 徐惠玲，〈首善之都──《續修臺北市志》的北市文學書寫〉，《臺北文獻》

式，值得肯定。

第三節　臺北市與臺中市方志之文學纂修比較

　　康熙 23 年（1684），臺中市隸屬諸羅縣轄區貓霧捒社界內，清雍正、乾隆年間，漢人開墾臺中市風氣大盛，清光緒元年（1875），改隸屬彰化縣稱藍興堡為止，臺中以「貓霧悚」為名近 200 年。[25] 清光緒 13 年（1887），臺灣巡撫劉銘傳奏疏清廷建臺灣府城於臺中市，同時把省會移到臺中市；清光緒 21 年（明治 28 年，1895），臺灣割讓予日本後，日本便以京都為藍本，引進歐美都市改革觀念，把臺中市修築成臺灣第一個棋盤型街道城市，成為中部地區的首邑，[26] 民國 45 年（1956）臺灣省政府遷往中興新村辦公，臺中市一直是臺灣省政府的出入門戶，人文薈萃，工商發達；民國 99 年（2010）12 月 25 日，臺中縣、市合併，升格直轄市，下轄 29 區，加以中部科學園區的成立及臺中都會捷運系統等 12 項「指標性建設、關鍵性投資」[27]，臺中市已是臺灣中部工商經濟樞紐，臺灣文化藝術標竿的大都會，這座邁向亞太新都的臺灣中部新都心重鎮，與首善之

202（2017 年 12 月），頁 138-148。

[25] 張天佑，〈行政區域與官治〉，收於臺中市政府編印，《臺中市發展史——慶祝建府百週年紀念》（臺中：臺中市政府，1989 年），頁 96-105。

[26] 總主持人黃秀政、陳靜瑜，《臺中市志·社會志》（臺中：臺中市政府，2008 年 12 月），頁 1-2。

[27] 李碧芬，〈臺中邁向亞太新都心〉，《閃亮臺中》26（2006 年 6 月），頁 15。

都臺北市所纂修地方志書，引人矚目。本節乃梳理「臺中各縣市志纂修經過」、「臺中各縣市志文學纂修內容」，藉以觀察臺北、臺中市的方志文學纂修之異同。

一、臺中各縣市志纂修經過

臺中市位於臺中盆地，自新石器以來族群互動往來頻繁，其後平埔族人、漢人相繼入墾，清乾隆年間，臺中盆地內聚落已星羅棋布，空間的基礎已然形成，嗣後，犁頭店街、大墩街與四張犁街作為貫穿地盆地內部動線的據點，連結各個聚落，揀東保與藍興保之名漸成為盆地的代稱。清代大墩街逐漸蛻變為臺中街、臺中市，成為中部統治中樞臺中州治之所在，[28] 臺中各地文社不斷，文風綿延；日治時期，以臺中為中部行政中樞，都市之規模乃漸成型，成為中部首要大都會。臺灣縱貫鐵路通車後，臺中市成為中部地區商貿貨運的中心，主要之金融、商業與產業機構均匯聚於此，[29] 最大的詩社「櫟社」發源於霧峰林家，惟大多之詩會仍於臺中市舉行，其他規模不一的詩社在臺中亦甚活躍。除傳統文化薈萃外，臺灣文化協會、臺灣農民組合、臺灣民眾黨、臺灣地方自治聯盟、臺灣共產黨等自左而右的團體，亦以臺中市為本部所在，使得臺中市文化意識多元活潑。[30] 臺灣經歷不同政權統治，戰後方志纂修變遷過程有四個重要時間點：

---

[28] 總主持人黃秀政、編纂孟祥瀚，《臺中市志·沿革志》（臺中：臺中市政府，2008 年 12 月），頁 5。

[29] 總主持人黃秀政、編纂孟祥瀚，《臺中市志·沿革志》，頁 5。

[30] 總主持人黃秀政、編纂孟祥瀚，《臺中市志·沿革志》，頁 1。

一、1983 年，臺中縣政府委請時任東海歷史系教授張勝彥擔任縣志總纂，團隊多半是學界人士，開啟往後學界人士為主的纂修隊。

二、1997 年，內政部第 4 次修正「地方志書纂修辦法」，規劃鄉鎮志書編纂完成後，應將稿送往縣（市）政府審查，再函轉省（市）文獻主管機構定。此一修正，鄉鎮志取得法源地位，始正式納入地方志書的範圍，而核定者為縣市文獻主管機關，省文獻會仍扮演要角。

三、1999 年，政府公布檔案法，2001 年 12 月公布檔案法施行細則，規定機關檔案保存年限及銷毀，並規定永久、定期相關檔案，每一年有一次得以銷毀到期檔案。

四、2003 年 1 月 30 日，內政部廢止「地方志書纂修辦法」，亦即此後修志不用再送上級單位審查，品質好壞由各級政府自行把關。總而言之，2003 年後，方志成為地方百科全書，對地方史／區域史的視角逐漸形成共識。[31]

隨著「地方志書纂修辦法」修志法規廢止，修志不再以法令強制纂修，但近年來出版地方志仍然頻傳，顯示各地對於纂修地方志，仍然非常重視，甚具有研究價值。而臺中市，由原臺中縣、臺中市合併升格之前，均有纂修方志，其中，臺中縣政府，分別於民國 78 年出版《臺中縣志》、民國 99 年（2010）出版續修《臺中縣志》；臺中市政府，則分別於民國 54 年（1965）刊行《臺中市志稿》、民

31　許雪姬，〈近二十年來方志的纂修與檢討〉，頁 518。

國 73 年（1984）首纂《臺中市志》、民國 97 年（2008）新修《臺中市志》[32] 三部。

（一）《臺中縣志》

　　清康熙 56 年（1717），諸羅知縣周鍾瑄主修《諸羅縣志》、周璽總纂《彰化縣志》；清光緒 18 至 20 年（1892－1894），苗栗知縣沈茂蔭纂修《苗栗縣志》，有臺中的相關記載，但未單獨成志；民國 42 年（1953）1 月，臺中縣文獻委員會始進行臺中縣志籌備纂修工作，同年 12 月，臺中縣文獻委員會擬定「臺中縣志凡例」，民國 54 年 6 月至民國 58 年 5 月，陸續出版二冊《臺中縣志稿・大事記》；民國 72 年（1983），時任縣長陳庚金聘請時任東海大學教授張勝彥擔任《臺中縣志》總編纂，[33] 張氏乃邀集歷史、地理、人類、考古、法學、農經、金融、植物、動物畜牧、海洋生物及工業工程等學者專家與纂修，[34] 首開學界人士主導纂修縣市志之先例，具時代重要意義。《臺中縣志》纂修斷限，上窮原始，迄中華民國 65 年止，全志計有〈土地志〉、〈住民志〉、〈政事志〉、〈經濟志〉、〈教育志〉、〈選舉志〉、〈人物志〉、〈藝文志〉共 8 志，每志一卷，共計 10 卷 18 冊59 篇、9275 頁，另還有〈卷首〉、〈卷尾〉，各志之下依序分為篇、

---

[32]　臺中市二部《臺中市志》，實為 1984、2008 年二個不同時期、不同團隊所纂修的市志，本文乃在第一部市志前，加上首纂，第二部市志前則加上新修，以俾利讀者閱讀之便。

[33]　總編纂張勝彥，撰稿陳亮州，續修《臺中縣志・文化志文學與文獻篇》（臺中縣豐原市：臺中縣政府，2010），頁 309-313；王靜儀，〈《臺中縣志・自治篇》與《臺北縣志・自治志》之比較〉，《臺灣文獻》58：2（2007 年 6 月），頁83。

[34]　張勝彥口述、詹素娟整理，〈從《臺中縣志》的纂修談我的方志理念〉，《臺灣史田野研究通訊》20（1991 年 9 月），頁 23-24。

章、節、項、目、款，民國 78 年底順利出刊。

（二）續修《臺中縣志》[35]

　　由於前志《臺中縣志》的資料，僅收錄至民國 65 年，而依據「臺中縣縣志纂修辦法」修志年限規定，及因應國家政策的推行、社會型態、風土人文及各項發展變遷，民國 96 年 5 月，臺中縣政府文化局因此展開續修《臺中縣志》，續修縣志自民國 66 年至民國 95 年間，續修縣志總編纂，則邀請前志《臺中縣志》的總編纂張勝彥擔任。2010 年，續修《臺中縣志》出版〈土地志〉、〈住民志〉、〈政事志〉、〈選舉志〉、〈社會志〉、〈經濟志〉、〈教育志〉、〈文化志〉、〈人物志〉9 志，每志一卷，加上〈卷首〉、〈卷尾〉，全志共有 11 卷，字數超過 400 餘萬字，與前志相較，續修《臺中縣志》增設〈社會志〉，舊志《臺中縣志》中的〈藝文志〉，《續修臺中縣志》則改為〈文化志〉，其中，增設〈社會志〉，乃因臺中縣近幾十年來社會急遽變化，闡述臺中縣社會團體、社會福利、公共衛生、消費與休閒活動、國際婚姻移民及社會運動等社會現象；[36] 增設〈文化志〉，則因〈文化志〉是新興專志體例，內容涵蓋文化資產、圖書管理、文學、文獻與傳播、視覺藝術、表演藝術等基本內容，〈文化志〉兼具文化局業務總成，〈文化志〉的架構體例能做為其他縣市修志參考。

（三）《臺中市志稿》

　　戰後，臺中市無志，臺中市政府奉內政部命令設置「臺中市文

---

[35] 總編纂張勝彥，續修《臺中縣志》（臺中：臺中縣政府，2010 年 10 月）。
[36] 總編纂張勝彥，續修《臺中縣志、卷首》〈凡例〉，頁 XI。

獻委員會」，負責蒐集資料，整理資料，保管資料暨纂修方志，時任市長張啟仲身兼臺中市文獻委員會主委，乃於民國 53 年（1964）指示編纂組長王建竹草擬市志綱目，展開纂修相關事宜，民國 54 年《臺中市志稿》正式刊行，計已完成〈卷首〉上、中、下三冊，卷五〈文教志〉教育篇、藝文篇十餘冊，但惟有《臺中市志稿》〈卷首〉上、中、下三冊呈內政部准備查。[37]《臺中市志稿》成為臺中市第一部市志，僅先刊印〈卷首〉上、中、下三冊。其中，上冊有：時任市長張啟仲作序外，尚有凡例、綱目，綱目計有四篇：第一篇開闢、第二篇疆域、第三篇概況；中冊有第四篇大事紀；下冊有「光復以後」一章，完成後送內政部核准備查，其餘餘卷，如〈文教志藝文篇〉則按逐年編列預算，準備陸續刊行；惟臺中市政府後來出版《臺中市志》，多以《臺中市志稿》重新排版刊行。

（四）《臺中市志》

臺中市文獻委員會於民國 41 年 1 月 15 日成立，但因無專人負責，缺乏經費，會務遲未能進行，市志之纂修工作始於 51 年。到了民國 54 年 5 月至 61 年 6 月，該會先後完成卷首開發、疆域、概況、大事紀，卷三政事志行政篇、卷五文教志教育篇、藝文篇，以油印本出版，共計 14 冊，此即《臺中市志稿》。民國 61 年 12 月起，臺中市政府陸續就內政部審定的「志稿」增刪修訂付排，「志稿」的〈卷首〉、卷三〈政事志〉、卷五〈文教志・教育篇〉，分別於民國 61 年 12 月、65 年 6 月、66 年 6 月重排出版；民國 67 年 6 月起，新纂卷一〈土地志〉地理、氣候、勝蹟、生物篇，卷二〈人民志・

---

[37] 林澄秋，〈臺中市志序〉，收於纂修王建竹、林猷穆，《臺中市志・文教志藝文篇》（臺中：臺中市文獻委員會，1970 年 6 月），頁 7-8。

氏族篇〉，記事斷限至民國 59 年，此即《臺中市志》。[38]

　　臺中市政府首纂《臺中市志》，收錄時間自民國 61 年（1972）12 月起，至民國 73 年（1984）6 月止，原計畫出刊〈卷首〉、〈土地志〉、〈人民志〉、〈政事志〉、〈經濟志〉、〈文教志〉、〈人物志〉、〈革命志〉、〈雜志〉及〈卷尾〉共十卷，但至民國 73 年間，僅出版《臺中市志》〈文教志〉等 5 卷，部分志稿未及刊行，[39]《臺中市志》纂修過程複雜。民國 78 年（1989），臺中市政府為慶祝建府百週年，爰由東海大學歷史系編撰《臺中市發展史——慶祝建府百週年紀念》，記錄時間從荷蘭時期至民國 76 年（1987），內容則分為 4 篇，大抵以臺中市發展的階段，分成街庄時期、都市奠基期、以及都會發展期等 3 階段，各篇之下再分章節敘述各類史事。民國 88 年（1999）臺中市立文化中心委託張勝彥編纂《臺中市史》，按時間的先後分為黎明時代、清治時代、日治時代，以及當代等 4 篇共 646 頁，[40] 由於首纂《臺中市志》係多以志稿進行刊印，下一波新修《臺中市志》，已箭在弦上。

（五）新修《臺中市志》

　　臺中市自民國 53 年起至 73 年止，曾有兩次市志纂修，惟僅部分志稿刊行，未能全面誌錄臺中市各領域之發展，[41] 為能完整記錄臺中的政、經、社會變遷，2001 年 12 月，文化局規劃新修《臺中

---

[38] 王建竹，〈臺中市志〉，收於纂修王建竹、林猷穆，《臺中市志·文教志藝文篇》（臺中：臺中市文獻委員會，1970 年 6 月）。

[39] 新修《臺中市志》計畫主持人黃秀政，新修〈臺中市志編纂計畫〉，頁 1。

[40] 總主持人黃秀政、編纂蕭景楷，《臺中市志·經濟志》（臺中：臺中市政府，2008 年 12 月），頁 2。

[41] 新修《臺中市志》計畫主持人黃秀政，新修〈臺中市志編纂計畫〉，頁 1。

市志》，2003 年臺中市政府與中興大學簽訂「臺中市志編纂計畫案委託專業服務契約書」，委託中興大學執行編纂。[42] 由時任歷史學系教授兼文學院院長黃秀政擔任總主持人，纂修期程自 2003 起至2008 年止，為期 5 年，結合歷史學、地理學、經濟學、社會學、文學等不同專長的教授纂修。[43] 各志以歷史編纂法為主，借助其他學門的研究方法編纂。纂修計畫分八卷，每卷三十至四十萬字，共約二百四十萬至三百二十萬字；另含卷首（包含序、凡例、綱目、輿圖、照片、史略）及卷尾（纂修經過、索引、後記），各卷需列參考書目。[44] 纂修團隊蒐羅文獻、田野調查、訪談耆老等，除既定審查程序外，付印前於各區區公所公開閱覽，廣納各方意見，以求周詳嚴謹。[45] 2008 年 12 月，出版〈沿革志〉、〈地理志〉、〈政事志〉、〈經濟志〉、〈社會志〉、〈教育志〉、〈藝文志〉、〈人物志〉八志，每志三十至四十萬字，共約二百四十萬至三百二十萬字；另含卷首（包含序、凡例、綱目、輿圖、照片、史略）及卷尾（纂修經過、索引、後記）。[46]

　　新修臺中市志之編排，除有章節綱要外，每一志均設有「市長序」、「總主持人序」、「各分志主持人序」、「概說」外，各志前置「《卷首》（《臺中市志‧凡例》及臺中簡史）」、志末置「《卷尾》（《臺中市志》撰稿格式、《臺中市志》審查委員名單、《臺中市志》編纂團

---

[42] 臺灣新聞網，
　　http://www.5ch.com.tw/news/news_detail.asp?bclass=0008&num=0001443，2022
　　年 5 月 21 日。

[43] 新修《臺中市志》計畫主持人黃秀政，新修〈臺中市志編纂計畫〉，頁 3。

[44] 新修《臺中市志》計畫主持人黃秀政，新修〈臺中市志編纂計畫〉，頁 2。

[45] 胡自強，〈臺中市志‧市長序〉，收於總主持人黃秀政、編纂孟祥瀚，《臺中市志‧沿革志》（臺中：臺中市政府，2008 年 12 月），頁 1。

[46] 參閱新修《臺中市志》計畫主持人黃秀政，新修〈臺中市志編纂計畫〉，頁 2。

隊名單」。每志除單獨成冊的方式出版外，另製成光碟，讓市志的出版與發行不再侷限於傳統形式的紙本印刷而已。《臺中市志》雖曾多次編修，但始終只片段完成，新修《臺中市志》是全面且完整編寫的紀錄，[47] 對於爭議已久的建府時間，提供明確可靠的答案。成為一部兼具學術性與普及性的集體著作。

二、臺中各縣市志之文學纂修內容

對於臺中文史，張勝彥《臺中市史》[48]、陳明台《臺中市文學史初編》[49] 都有著墨，而有關臺中縣、市的方志文學，則分別收於《臺中縣志・藝文志文學篇》[50]、續修《臺中縣志・文化志文學與文獻篇》[51] 及《臺中市志稿・文教志藝文篇》[52]、首纂《臺中市志・文教志藝文篇》[53]、新修《臺中市志・藝文志文學篇》[54] 五志如下：

（一）《臺中縣志・藝文志文學篇》

---

[47] 自時報電子報，http://www.libertytimes.com.tw/2009/new/may/22/today-center15.htm，2022 年 5 月 22 日。

[48] 張勝彥，《台中市史》（臺中：臺中市政府文化局，1998 年 6 月）。

[49] 陳明台，《台中市文學史初編》（臺中：臺中市立文化中心，1999 年 6 月）。

[50] 總編纂張勝彥、編纂陳炎正，《臺中縣志・藝文志文學篇》（臺中：臺中縣志編纂委員會，1989 年 9 月）。

[51] 總編纂張勝彥、撰稿陳亮州，續修《臺中縣志・文化志文學與文獻篇》（臺中：臺中縣政府，2010 年 10 月）。

[52] 編纂王建竹、林猷穆，《臺中市志稿・文教志藝文篇》（臺中：臺中市文獻委員會，1968 年 5 月）。

[53] 編纂王建竹、林猷穆，《臺中市志・文教志藝文篇》（臺中：臺中市文獻委員會，1970 年 6 月）。

[54] 總主持人黃秀政，主持人陳器文，新修《臺中市志・藝文志文學篇》（臺中：臺中市政府，2008 年 12 月）。

　　《臺中縣志‧藝文志》共有「書目」、「文學」、「藝術」三篇，有關文學收錄則為「書目」、「文學」二篇。其中，第一篇「書目」，分成「清代」、「日據時代」、「現代」三章，在「清代」、「日據時代」二章，均分以「方志類」、「藝文類」、「雜類」三節，前章收丘逢甲《柏莊詩集》等 12 人及其著作，後章收林獻堂等 20 人著作；「現代」章收林炎正等 20 人及其著作。

　　《臺中縣志‧藝文志》「文學篇」則分以「概述」、「文學團體」、「作品選輯」、「戲劇」、「歌謠」、「文徵」共六章，共計 325 頁，與文學有關的內容則有 206 頁。其中，在「概述」一章的藝文作家計列舉張文環、賴明弘、呂赫若、洪醒夫、林越峰、丘秀芷、張彥勳等 33 人及其作品。而在「作品選輯」章，分「詩」、「詞」、「詩鐘（附詩話）」、「散文」、「小說」5 節；「詩」節則細分「古典詩」、「新詩」，收丘逢甲等 12 人詩作、林朝崧等 4 人詞作；「散文」一節收吳子光等 4 人作品；「小說」一節收張文環等 10 人及其作品介紹；在「歌謠」一章則收山城地區一帶，居住不少以「四縣」腔調為主的客家人，因此收其流行的〈老山歌〉、〈山歌子〉、〈平板〉歌家歌謠，另還有〈情哥〉、〈朋友！我懷念你〉二首泰雅族歌謠；「文徵」一節則收 24 座碑文。

（二）續修《臺中縣志‧文化志文學與文獻篇》

　　續修《臺中縣志‧文化志》有「文化政策與文化行政」、「文化資產」、「圖書館的設置與管理」、「文學與文獻」、「美術」、「表演藝術」共計 6 篇專篇敘述，其中，有關文學則主要收錄於「文學與文獻篇」。

續修《臺中縣志‧文化志文學與文獻篇》[55] 分為「文學發展」、「民間文學」、「志書編纂」、「文學成就」4 章。其中，第一章「文學發展」劃分為「清代文學」、「日治時期的文學」、「戰後的文學」3 節，分別整理各時代的文學發展、文學代表作家及作品。例如，「清代文學」節，細分「清代文學的環境」、「宦遊文學」、「清代縣籍作家與作品」、「碑碣與碑文」四目，而道光 25 年（1845）設立於大肚的鰲文書院，是臺中縣最早的書院。[56] 至於「日治時期的文學」一節，則細分「日治時期的文學環境」、「古典文學作家與作品」、「現代文學作家與作品」三目；「戰後的文學」則細分為「戰後的文學環境」、「戰後的作家與作品」。

第二章「民間文學」有「諺語」、「傳說與故事」、「歌謠」3 節。「諺語」節細分「閩南語諺語」、「客語諺語」；「傳說與故事」則分為「原住民的神話與傳說」、「閩南語故事」、「客家語故事」3 目；「歌謠」一節細分「歌謠」、「童謠」2 目。

第三章「志書編纂」分「縣志編纂」、「鄉鎮市志編纂」、「文史社團與地方史」3 節。其中，「縣志編纂」一節有「清代修志未成」、「臺中縣文獻委員會的纂修」、「臺中縣志編纂委員會的成立」、「《臺中縣志》的編纂經過」、「《臺中縣志》的編纂成果」5 目；「鄉鎮市志編纂」一節則以表格介紹轄內各地方志的總編纂、篇章、出版者、冊數頁數、出版年月；「文史社團與地方史」一節則細分為「文史社團的發展」、「地方史的建構與書寫」2 目。

第四章「文學成就」，分「文學薪火相傳──臺中縣文學家作

---

[55] 總編纂張勝彥，撰稿陳亮州，續修《臺中縣志‧文化志文學與文獻篇》（臺中：臺中縣政府，2010 年 10 月）。

[56] 總編纂張勝彥，撰稿陳亮州，續修《臺中縣志‧文化志文學與文獻篇》，頁 205。

品集」、「中縣文學獎」2 節，前節收錄的時間從 1990 年至 1996 年出版，共計 7 屆 42 集的臺中縣文學家作品集；後節收錄中縣文學獎歷屆得獎名單。續修《臺中縣志・文化志》是微型的文學文獻，可提供文學發展訊息。

（三）《臺中市志稿・文教志藝文篇》

　　《臺中市志稿》出版時，只有〈卷首〉三冊，據《臺中市志稿》〈凡例五〉指出：「藝文一門，舊志多立專志，本市因歷史較短，資料不豐，故只於〈文教志〉中設學藝篇以志之」；[57] 又〈凡例九〉指出：「本志斷代，肇自中華民國紀元前 250 年，即明永曆 15 年……迄中華民國 52 年止。前此有關史實，已於卷首摘要述之，52 年以後之事蹟，則有待乎將來之續修也。」[58] 按《臺中市志稿》綱目，原計畫於卷五〈文教志〉第三篇「藝文」，以「文學」一目收錄有關臺中市的散文、詩詞、小說、戲劇、歌謠等，[59] 但查《臺中市志稿・文教志藝文篇》出版頁，原訂 1968 年 5 月出刊，但卻未及與卷首同步刊行，以致於志稿藝文篇的原稿，成為首纂《臺中市志》〈文教志〉「藝文篇」於 1970 年 6 月重排出版，因此，《臺中市志・文教志藝文篇》[60] 實據《臺中市志稿・文教志藝文篇》[61] 刊印而來，二部志書的內容是完全相同。有關《臺中市志稿・文教志藝文篇》

---

[57] 王建竹主修，《臺中市志稿》（臺中：臺中市文獻委員會，1965 年 5 月），頁 7-8。

[58] 王建竹主修，《臺中市志稿》，頁 8。

[59] 同上註，頁 18-19。

[60] 編纂王建竹、林猷穆，《臺中市志・文教志藝文篇》（臺中：臺中市文獻委員會，1970 年 6 月）。

[61] 編纂王建竹、林猷穆，《臺中市志稿・文教志藝文篇》（臺中：臺中市文獻委員會，1968 年 5 月）。

內容，一併置於《臺中市志‧文教志藝文篇》文內。

（四）《臺中市志‧文教志藝文篇》

《臺中市志‧文教志藝文篇》係依照《臺中市志稿‧文教志藝文篇》的內容，重新排印出刊，「藝文篇」共計一冊，設「文徵」一章，下設「奏議」、「序記」、「碑碣」3 節。其中，「奏議」一節收沈葆禎、岑毓英、劉銘傳 3 人、11 篇奏議；「序記」收夏之芳等 38 人、54 篇序記；「碑碣」收 36 座碑碣。

而《臺中市志稿‧文教志藝文篇》原先計畫有設「詩鐘」一節，但全冊都只收錄「文徵」一章，下設「奏議」、「序記」、「碑碣」3 節，未能見所收的「詩鐘」，十分可惜。由於《臺中市志‧文教志藝文篇》係按《臺中市志稿‧文教志藝文篇》內容重排出版，所以《臺中市志‧文教志藝文篇》的內文也就止於「文徵」章下的「碑碣」一節。

（五）新修《臺中市志‧藝文志文學篇》

新修《臺中市志》因涉及不同的專業領域而另有分纂，例如，新修《臺中市志‧藝文志》有文有藝，該志有「文學篇」、「藝術篇」、「文化行政篇」，由各不同分修執筆，但為求結構完整及風格一致，文稿皆經《臺中市志‧藝文志》主持人調整補綴，文責由主持人負責，[62] 至於撰寫的重點，則以臺中文化環境之概述以知本末、勾稽臺中地區重要的藝文事件以知流變、敘述文學及藝術工作者小傳，

---

[62] 總主持人黃秀政，主持人陳器文，新修《臺中市志‧藝文志文學篇》（臺中：臺中市政府，2008 年 12 月），頁 5。

以見生平蹟及藝文成就，[63] 而本文僅探討「文學篇」所收錄的文學作家共 128 人。

　　考察「文學篇」5 章 16 節 222 頁，其中，「中區原住民族群與口傳文學」章下設有「臺灣中部原住民的族群分布與遷徙」、「巴宰海族（pazeh）與巴布薩族（Babuza）的歌謠與傳說」2 節；「明清時期臺灣中部漢文化的傳播與發展（1662－1894）」章下設有「明清時期的漢化教育」、「臺中地區的古典詩文」、「古典文學作家與作品」3 節；「日治時期臺中州的人文現象（1895－1945）」章下設有「日人的臺灣調查」、「古典詩社、文社與作家」、「文化啟蒙與新文學運動」、「新文學刊物與作家」4 節；「戰後臺灣中部的人文現象（1945－1960）」章下設有「戰後初期的文學活動與文藝政策」、「四、五十年代古典文學的餘風」、「文學世代的交替與文化論戰」3 節；「從現代化思潮到多元文化的起興（1960－2005）」章下設有「現代思潮與鄉土意識的交鋒」、「臺中住民的文學書寫」、「臺中區的詩刊與文刊」、「多元文化的興起與市民的在地書寫」4 節。

　　據以上章節，有部分文學家跨越多個時期，因此，該志採取最高成就的時期與項目為論，例如楊逵（1905－1985），被列入日治時代的作家之林，現代作家項下不再複述，以此精簡篇幅，避免人物事件雜蔓；新修《臺中市志》總主持人黃秀政以近代的方志本著學術研究的新觀念和新方法，一面承襲傳統的史學體例，以紀傳體材為主；一面突破傳統的侷限，以科學方法求創新。因此，纂修前，對於新修《臺中市志》之計畫纂修，除了參酌古今之法，也兼顧地方特殊情況，本著學術的通則，靈活運用科學的概念和方法，審慎

---

[63] 總主持人黃秀政，主持人陳器文，新修《臺中市志‧藝文志》，頁 5。

的利用資料、標準資料來源、使用語體文、採用現代的標點符號，使新修市志成為一部兼具學術性和普及性的集體著作。[64] 而新修市志〈藝文志〉的體例，乃依循總主持人的原則進行纂修。

三、臺北與臺中市方志之文學纂修比較

綜上臺北市、臺中市歷來纂修的方志，及臺北市纂修直轄市志《續修臺北市志》，茲以「文學志名出現異同」、「從官方到學者修志」、「各志文類皆有詩作」、「為在地作家作傳」、「反映當代創作困境」、「透過文學見證歷史」，分別說明如下：

（一）文學志名出現異同

從收錄文學的志名而言，臺北市的《臺北市志稿》、《臺北市志》、重修《臺北市志》、《續修臺北市志》四志稿，志名都同時設為〈文化志〉，但各志篇名有別，其中，《臺北市志稿》置於〈文化志‧學藝篇〉中的「文學」一節、〈叢錄‧文徵篇〉；《臺北市志》置於〈文化志‧文徵篇〉與《臺北市志‧雜錄文徵篇》二志文學記述內容相同；《續修臺北市志》置於〈文化志‧文學篇〉，「文學篇」則獨立一冊。臺北市收入的方志文學，從最早的志稿置於「文學」一節，到《臺北市志》則增為「文徵篇」，重修《臺北市志》與《續修臺北市志》均置於〈文化志‧文學篇〉，且收錄文學的綱目，從小小的一個文學節目，擴大為文學篇目，續修市志甚至不斷擴大，最後單獨成冊。

---

[64] 參閱新修《臺中市志》計畫主持人黃秀政，新修〈臺中市志編纂計畫〉，頁 2。

　　至於臺中縣、市所收錄文學的方志:《臺中縣志・藝文志文學篇》、續修《臺中縣志・文化志文學與文獻篇》、《臺中市志稿・文教志藝文篇》、《臺中市志・文教志藝文篇》、新修《臺中市志・藝文志文學篇》,其中,收錄文學的方志名稱,分別有〈藝文志〉、〈文化志〉、〈文教志〉三種;綱目篇名則有「藝文篇」、「文學與文獻篇」與「文學篇」三種。

　　從收錄文學的方志志名、篇名異同,顯示臺北、臺中二地方志纂修自由,因此,對於收錄文學的志書名稱與綱目篇節,各有不同主張。

(二) 從官方到學者修志

　　1951 年 10 月,臺南市、高雄市、澎湖縣率先成立文獻委員會,1952 年 1 月,桃園縣、臺中市、臺東縣、屏東縣、臺北市、雲林縣、南投縣、臺北縣、花蓮縣、新竹縣、臺南縣、宜蘭縣等地亦相繼成立,而各縣市的文獻委員會主任委員,大多數由縣市長兼任,副主任委員由縣市議長兼任,並羅致地方碩望,展開志書修纂工作。[65] 一波波編纂縣市志稿、縣市志,或是縣市文獻叢輯的地方文獻工作,紛紛在全臺各地展開,並由各縣市文獻委員會主其事。[66] 臺北市政府纂修方志,早期係由臺北市文獻委員會負責編纂,後改由臺北市立文獻館主導,修志態度依然慎重嚴謹,惟為尊重專業,從事修志委由學者專家接手,其中,重修《臺北市志》邀請曾迺碩、《續修

---

[65] 簡榮聰,〈臺灣省文獻委員會推動全面修志概述〉,《臺灣文獻》46:3(1995年9月),頁 97。

[66] 林美容,〈確立地方誌的傳統:兼談臺灣史學的奠基〉,收於東吳大學主編,《方志學與社區鄉土史學術研討會論文集》(臺北:臺灣學生書局,1998 年 5月),頁 83。

臺北市志》邀請黃秀政擔任總纂，曾、黃二人都是「修志專家」。[67]

　　而臺中縣前、後二部縣志，皆由時任東海大學教授張勝彥擔任總編纂，臺中縣政府邀請張勝彥修志，是全臺首開學界主導纂修方志之先例。當時，張勝彥邀集歷史、地理、人類、考古、法學、農經、金融、植物、動物畜牧、海洋生物等學者纂修，頗具時代重要意義，奠定臺中地方的史料庫。此外，臺中纂修市志，其最早的志稿內容，和首纂市志實為同一冊，二志纂修皆為臺中市文獻委員會，首纂市志雖重新排印，刊行時間比志稿晚二年，直至新修市志才是邀請時任中興大學教授黃秀政擔任總主持人，黃氏再邀集各領域優秀學者組成編纂團隊，系統性地蒐羅相關文獻、田野調查、訪談耆老等，建構臺中市自開闢以來的歷史脈絡及發展概略。編纂期間，除既定審查程序外，在志書付印之前，並於各區公所公開閱覽，廣納意見，以求翔實謹。二位總纂所率領的編纂團隊，都是在臺灣各大學從事學術教學的教授群。

（三）各志文類皆有詩作

　　臺北、臺中各志收錄的文學，皆有為數不少的詩作。其中，清治時期末代巡撫唐景崧，雅好邀集僚屬、詩友於官署飲酒賦詩，臺灣布政使任內創牡丹吟社，社員雅集以競作詩鐘為能，唐氏蒐集社

---

[67] 方豪，〈修志專家與臺灣方志的纂修〉，收於編者，《方豪六十自定稿（上冊）》（臺北：自刊本，1969 年 6 月），頁 647-658、許雪姬主編，〈近二十年來方志的纂修與檢討〉，收於編者，《臺灣地方志研究（1999－2020）》（臺北：中央研究院臺灣史研究所，2021 年 8 月），頁 572-580。「修志專家」一詞，出自於方豪；而許雪姬所稱「修志專家」定義，則是：至少當過一次縣、市志總纂或有編纂 10 個志以上的經驗、且有相關方志的研究論文，方可稱之。據許雪姬統計戰後臺灣「修志專家」計有王世慶、盛清沂、洪敏麟、陳運棟、尹章義、張勝彥、王良行、黃秀政、陳國川、孟祥瀚、戴寶村、張素玢、張靜宜。

員作品，輯為《詩畸》。唐氏召集的詩友會，往往數 10 人聚集，不乏丘逢甲、施士洁、汪春源等名士，先後成詩鐘 4000 餘唱，1800 餘聯。唐氏親加刪汰，分門編輯，凡正編 8 卷，外編 2 卷，命名《詩畸》。《詩畸》除第 8 卷為七律外，餘皆屬零散存在的對句，不是整首之詩為詩畸，[68] 清光緒中葉，臺南盛倡詩鐘之會，臺灣之有詩鐘，蓋自此始。[69]「詩鐘」，相傳出於閩人，起初叫做「改詩」，命題的方法，如嵌字體之兩字對嵌法，[70] 其仿刻燭擊缽故事，以鐘刻為限，或代以香，約二寸內外，以一聯為一卷隨投筒中，不拘作若干卷，限到截止，不得再投。事雖遊戲，規矩甚嚴。[71]「詩鐘」，長久以來，一直為儒士所善。

收錄文人競作詩鐘，以《臺中縣志・藝文志文學篇》為最，該志綱目設有「詩鐘」一節，專收詩人一時乘興之作，惟因所存不多，故全節僅收清末臺灣愛國詩人丘逢甲的詩作 28 首，以鳳頂格、燕頷格、龍尾格等詩鐘作品：「封豕食餘吳國霸，內蛇鬥後鄭君傷。」[72]（〈封內〉，鳳頂格）、「大國貌秦同拜命，伏波馬路並開邊。」[73]（〈波國〉，燕頷格）、「門下溫來名士卷，酒邊論到使君雄。」[74]（〈雄卷〉，

---

[68] 台灣文學網，
https://tln.nmtl.gov.tw/ch/m2/nmtl_w1_m2_c_6.aspx?Sid=241&k=%E3%80%8A%E8%A9%A9%E7%95%B8%E3%80%8B，2021 年 11 月 20 日。

[69] 張作梅等編著，《詩鐘集粹六種》（新北：龍文出版社，2011 年 5 月），頁 5。

[70] 張作梅等編著，《詩鐘集粹六種》，頁 288-289。

[71] 張作梅等編著，《詩鐘集粹六種》，頁 2。

[72] 丘逢甲，〈封內〉，收於總編纂張勝彥、編纂陳炎正，《臺中縣志・文化志文學篇》（臺中：臺中縣政府，1989 年 9 月），頁 96。

[73] 丘逢甲，〈波國〉，收於總編纂張勝彥、編纂陳炎正，《臺中縣志・文化志文學篇》，頁 97-98。

[74] 丘逢甲，〈雄卷〉，收於總編纂張勝彥、編纂陳炎正，《臺中縣志・文化志文學篇》，頁 101-102。

龍尾格）、「故壘塵封兵後屋，空梁泥落佛前燈。」[75]（〈燕〉，嵌燈字，合詠格），而詩鐘除了嵌字體以外，還有分詠體，要求用七言對偶詩聯分別寫出毫不相干的兩個事物等聯在一起。而《臺中市志・文教志藝文篇》、《臺中市志稿・文教志藝文篇》也原都有設「詩鐘」一節，但全冊都只收錄「文徵」一章，下設「奏議」、「序記」、「碑碣」3節，但未見所收「詩鐘」。

（四）為在地作家作傳

《臺北市志稿》曾以「臺北開發較晚，有名文人偏駐南部」[76]、「惟臺北平原在未大規模開拓以前，文人學士來往者甚少」[77]，收錄的作家與文學並不多；但自 2000 年以後，「在地」議題普遍受到各界重視，在文學方面，也收錄大量以當地為主，為量可觀的文學作品，例如：《續修臺北市志》收錄王聰威《中山北路行七擺》、李欣頻《臺北觀自在》、李清志《臺北方舟計劃》、張維中《TAIPEI 國際航線：發現臺北異國風》、林少雯《畫說臺北──中正區的故事》、斐在美《臺北的美麗與哀傷》、陳鴻森〈二〇〇三年春天臺北市街〉、雷驤《臺北寫生帖》、彭蕙仙《臺北渴婚族》、應平書《臺北女人》、韓良憶《台北美食淘》、吳美枝〈臺北咖啡館：人文光影紀事〉、張維中《飛導遊：六年級生與臺北城的時空對話》、水瓶子《臺北咖啡印象》、謬西《臺北愛情物語》等旅遊文學、飲食文學、同志文學或通俗文學等。

---

[75] 丘逢甲，〈燕〉，收於總編纂張勝彥、編纂陳炎正，《臺中縣志・文化志文學篇》，頁 102。

[76] 毛一波，《臺北市志稿・文化志學藝篇》「文學節」（臺北：臺北市文獻委員會，1961 年 11 月），頁 96。

[77] 毛一波，《臺北市志稿・文化志學藝篇》「文學節」，頁 95。

本土化政策,修志內容也重視鄉土資料。解嚴後,作家書寫重點在於記憶與歷史,試圖在國族論述外,重建臺北人的記憶。[78] 傳統方志以著錄作品為主,近代方志更強調在地文學。而《續修臺北市志‧文化志文學篇》除了介紹作家外,亦概述作家作品的內容,甚至還夾帶著研究評論,該志兼顧評論詩藝、存錄史料;此外,續修《臺中縣志‧文化志文學與文獻篇》提出與地方志纂修的中肯建言,呈現「論述合一」的纂修方式,實屬罕見。

此外,方志文學也有替作者立傳。例如,重修《臺北市志‧文化志文學篇》共介紹楊雲萍等 273 位文人;新修《臺中市志‧藝文志》文學篇收錄在地文學作家,其中,臺中當地古典文學作家有陳肇興、丘逢甲 2 人為代表;古典詩文作家則收錄林獻堂、林仲衡等19 人:

> 丘逢甲(1864－1912),字仲閼,號仙根。生於臺灣苗栗銅鑼灣……,先後擔任臺中府宏文書院主講……中日馬關條約簽訂,割臺之舉造成臺灣民眾心中極大的傷痛……以「臺灣遺民」自稱,內渡廣東,常有進退失據,愧惶不安,作詩云「春秋難遣強看山,往事驚心淚欲潸,四百萬人一哭,去年今日割臺灣」,又云「人間成敗論英雄,野史荒唐恐未公,古柳斜陽圍座聽,一時談笑付盲翁」……中華民國臨時政府成立(1911)之後,丘逢甲被選為議員,次年以肺病復發溘然長逝,終年 48 歲。著有《柏莊詩集》、〈臺灣竹枝詞〉40首,後人收錄丘逢甲著作出版《丘倉海先生文集》。1950 年代,中部仕紳為紀念清末抗日名將丘逢甲,創辦「逢甲工商

---

[78] 總纂黃秀政,纂修許俊雅,《續修臺北市志‧文化志文學篇》,頁 48。

學院」，1980 年改制為「逢甲大學」。[79]

> 林獻堂（1881—1956），名朝琛，號灌園，字獻堂，生於臺
> 中霧峰的林家望族，恩科舉人林文欽長子，被稱「阿罩霧三
> 少爺」，27 歲林獻堂首次遊日本，巧遇梁啟超，起發從民族
> 運動，大正 2 年（1913）其聯絡中部仕紳辜顯榮等人，向總
> 督府請願，為臺灣人爭取教育權，創設臺中中學……著有《灌
> 園詩集》，成為研究臺灣史珍貴史料……臺灣光復後，林獻
> 堂歷任臺灣省議會議員、臺灣省政府委員、臺灣省通志館館
> 長等職……民國 38 年（1949）因頭眩赴日求醫，民國 45 年
> 病逝東京……其致力於社會改革。民國 93 年（2004）許雪
> 姬整理《灌園先生日記》出版。[80]

丘逢甲雖未返臺，但在乙未割臺後，他經常念臺，並以詩存史，留
下大量作品，成為近代文化重要文學資產。此外，林仲衡（1877－
1940）是臺中霧峰林家的後裔，日治初期，因詩藝得名，與其叔父
林癡仙、從弟林幼春並稱為「霧峰三傑」或「櫟社三豪」，[81] 但以
林仲衡做為研究對象，實在不多，前賢幽光未顯。後來學界出現林
癡仙、林幼春和林獻堂，3 人被列為「櫟社三家詩」。另外，新文學
作家則收錄陳虛谷、賴和等 20 人；戰後的臺中作家，古典作家收

---

[79] 總主持人黃秀政，主持人陳器文，新修《臺中市志・藝文志文學篇》，頁 46-48。

[80] 總主持人黃秀政，主持人陳器文，新修《臺中市志・藝文志文學篇》，頁 78-80。

[81] 〈霧峰雜俎〉，收於《漢文臺灣日日新報》第 3896（明治 44 年 3 月 29 日）；黃美娥，〈中國、日本、臺灣——櫟社詩傑林仲衡詩歌的空間閱讀〉，收於編者，《古典臺灣：文學史・詩社・作家論》，頁 275。

錄蔡伯毅等 7 人；反共作家有李升如等 6 人；現代作家則收錄洪醒夫、劉克襄、楊渡、路寒袖、楊翠等 56 人；原住民文學作家則收錄游霸士‧撓給赫（Yubas Naogih,漢名田敏忠）、瓦歷斯‧諾幹（Walis Norgan，漢名吳俊傑）2 人；兒童文學作家收錄郁化清等 8 人。新修《臺中市志‧藝文志》書寫作家的生卒年及節選作品，所收錄連橫、林獻堂、賴和、楊逵、張文環、巫永福、洪醒夫等，在臺灣文學界頗具盛名的文學作家，作品與臺中息息相關。

在時局遽變，方志以收錄各時期的文學作家及其作品，忠實反映出一個時代與人性，成為臺灣文學精彩縮影。而其所收錄的文學作者，係與〈人物志〉錯開，避免人物傳略重複或分歧破碎。惟新修《臺中市志‧人物志》[82] 在文學章，收錄王學潛、林朝崧、王石鵬、林子瑾、林資修、張淑子、吳子瑜、李櫻航、陳滿盈、葉榮鐘、張深切、楊逵、張昱建、張文環、廖漢臣、吳松柏、陳垂映共計 17 人，其中，林朝崧、王石鵬、林資修、吳子瑜、葉榮鐘、張深切、楊逵、張文環 8 人，他們都曾出現在新修《臺中市志‧藝文志》。也就是說，林氏等 8 人在新修《臺中市志‧人物志》和新修《臺中市志‧藝文志》皆同時出現的憾事。

然而，檢視以上在二志同時出現的重複名單，以楊逵[83] 為例，新修《臺中市志‧人物志》所記楊逵生平及著作非常仔細，但仍欠缺條列其重要代表著作；新修《臺中市志‧藝文志》，則收錄楊逵被選入國中 3 年級國文課本的〈壓不扁的玫瑰〉一文，及其獲

---

[82] 總主持人黃秀政，主持人王振勳、趙國光，新修《臺中市志‧人物志》（臺中：臺中市政府，2008 年 12 月）。

[83] 總主持人黃秀政，主持人王振勳、趙國光，新修《臺中市志‧人物志》，頁 277-280。

鹽水地帶文藝營頒贈文學特殊貢獻獎、吳三連文藝獎文學貢獻獎，中研院文哲所出版《楊逵全集》15 冊等事蹟。

　　此外，1895 年，臺灣被割讓給日本，林朝崧（1875—1915）與多位紳民悲憤而曾遠渡離臺，未幾，林又選擇回到臺灣；1902 年，林朝崧與子姪友人相互唱和，留下《無悶草堂詩存》詩集，另其創立櫟社，成為臺灣中部最重要的漢詩詩社，但因〈人物志〉以不為生人立傳為原則，反而從續修《臺中縣志‧文化志》「文學與文獻篇」所收錄大量生前活動的文人及其作品，透過〈文學志〉或「文學篇」等進行收錄，讓在世優異的文人及其作品，得以被人看見。因此，新修《臺中市志‧藝文志》、續修《臺中縣志‧文化志》收錄的作家名單，發生與〈人物志〉收錄的名單重複，但仍不失填補〈人物志〉所遺漏之處。

（五）反映當代創作困境

　　日治時期，留日習醫風氣熾熱，醫師不受總督府的干涉，加上醫師收入豐厚，赴日習醫者無不趨之若鶩。[84] 總督府醫學校畢業生投入社會醫療工作，對臺灣醫療史上，醫生的貢獻重大，而這群醫生是臺灣社會進步與文化向上的主要力量。[85] 當時，在文壇上備受矚目的醫生作家，計有：蔣渭水（1891—1931）、賴和（1894—1943）、吳新榮（1907—1967）、王昶雄（1915—2000）等人。其中，王昶雄創作過程，雖飽受重重困境，但他勇於克服困難，從習以日文創

---

[84] 吳文星，《日據時期臺灣社會領導階層之研究》（臺北：正中書局，1992 年 3 月），頁 120-121。

[85] 林秀蓉，《從蔣渭水到侯文詠──臺灣醫事作家的現實關懷》（高雄：春暉出版社，2011 年 10 月），頁 1。

作，改以學習華文、臺文進行寫作，跨越雙語書寫，他所填歌詞、呂泉生譜曲的〈阮若打開心內的門窗〉，更傳唱海內外，膾炙人口，王氏因此獲得《續修臺北縣志》、《續修臺北市志》收錄。[86]

　　續修《臺中縣志‧文化志》收錄的清代文學，計有黃叔璥〈沙轆漫記〉、劉良壁〈沙轆行〉等詩作，由於清代實施流官制度，官員必需迴避原籍，在臺的高級官員，均非臺灣在地人，任其一滿即調離臺灣，官員對於離鄉遠任的感觸，寄託於詩文的主題，多為「番俗」、「地景」；[87]日治時期文人陳炘〈文學與職務〉：「……文學者，乃文化之先驅也。文學之道廢，民族無不與之俱衰；文學之道興，民族無不與之俱盛。故文學者，不可不以啟發文化，振興民族為其職務也。……近來民國新學，獎勵白話文，無非有感於此耳。我鄉語言中，有音無字者甚多，不可盡以文字音寫之。然亦當期就言文一致體，不以法式文句，區區是執。而文字取用平凡，作者乃得自由發揮其所抱之思想、其懷之感情。閱者雖文人學士，亦能領略其思想感情，文學方有效用。如斯之文學，乃可謂盡其職務者也。」[88]而林獻堂長子林攀龍所作〈近代文學主潮〉一文，所發議論深具個人看法，具有更前衛、廣闊的視野。由此顯示日治以後，受傳統教育的士紳猶被解放出來，開始觸及文學改革議題，關懷臺灣所面臨的傳統走向現代社會的轉型。

　　臺中縣籍作家陳千武，對於語文使用的轉折則道：「他寫日文

---

[86] 徐惠玲，〈醫生作家王昶雄的生平及其文學創作〉，收於《臺北文獻》214（2020年12月），頁258-294。

[87] 總編纂張勝彥，撰稿陳亮州，續修《臺中縣志‧文化志文學與文獻篇》，頁206。

[88] 陳炘，〈文學與職務〉，《臺灣青年》，創刊號（1920年7月），頁41-42；另見總編纂張勝彥，撰稿陳亮州，續修《臺中縣志‧文化志文學與文獻篇》，頁241-242。

詩時，部分用臺語思考再翻譯成日文寫出，部分則直接用日語思考、書寫。然而用中文寫作時，用臺語思考較不困難，但有些思考還是慣用日文，只好將心中的日文翻譯成臺語，再由臺語翻譯成中文寫下。一再翻譯的過程中，必需克服文法的差異。」[89] 陳千武前後花了整整十年之久，才成功跨越語言的障礙，除此之外，張彥勳等人，也都是曾努力跨越語言障礙的作家。

（六）透過文學見證歷史

臺北市有文學，肇於清朝，而在旅臺人士作品中，《臺北市志稿‧文化志學藝篇》節選郁永河〈北投硫穴〉詩作：「造化鍾奇構，崇崗涌沸泉。怒雷翻地軸……煮石迸神仙。」[90] 清康熙 36 年，郁氏曾溯淡水河以入臺北平原，著有《裨海紀遊》及臺灣竹枝詞八首。康熙年間，臺廈道高拱乾曾定臺灣八景，其中，以〈雞籠積雪〉詩云：「北去二千里，寒峰天外橫。長年紺雪在，半夜碧雞鳴……。」[91] 「雞籠」，乃指今日的基隆，然基隆並未下雪，高拱乾稱「基隆積雪」雖誤，但以〈雞籠積雪〉，將「雞籠」列入臺灣八景之一。康熙 42 年，臺灣海防同知孫元衡作〈客自雞籠還，言形勢其悉〉云：「聞道雞籠嶼，孤城莽蕩間……蟲魚俱異物，戍卒幾人還。」《裨海紀遊》有云：「凡隸役聞雞籠淡水之道，皆欷歔悲嘆，如使絕域。水師例春秋更戍，以得生還者為幸。」則可為孫詩作註。[92]

---

[89] 施懿琳、許俊雅、楊翠，《臺中縣文學發展史：田野調查報告書》（臺中：臺中縣立文化中心，1995 年 6 月），頁 257-258；另見總編纂張勝彥，撰稿陳亮州，續修《臺中縣志‧文化志文學與文獻篇》，頁 267。

[90] 毛一波，《臺北市志稿‧文化志學藝篇》，頁 95。

[91] 毛一波，《臺北市志稿‧文化志學藝篇》，頁 95。

[92] 同上註，頁 95。

　　清代中葉，《臺北市志稿・文化志學藝篇》收錄艋舺人林逢源，作淡北八景，其〈劍潭夜光〉膾炙人口；時任諸羅縣令周鍾瑄作〈北行紀事〉云：「……北鄰南崁亦爾爾，淡水地盡山穹窿。東有磺山西八里，銀濤雲浪爭喧譁。雞籠小甕堅如鐵，紅夷狡獪計非庸。蠻烟瘴雨晝亦暗……」，其以「蠻烟瘴雨」描繪早期北臺灣的情景；梁啟超（1873—1929）在臺灣雜詩十首，詠臺北云：「……多事當時月，還臨景福門」，詩中「景福門」即臺北小東門。[93]

　　《臺中縣志・藝文志文學篇》為記先人篳路藍縷之功，設「文徵」一節，收錄碑文留下紀錄，以〈東勢角圳諭示碑〉刻有：「特授臺灣北路理番駐鎮鹿港海防總捕分府加五級記錄十次吉，為據情轉請勒石以垂永久事：……」、[94]〈勒買番穀禁碑〉則刻有：「縣主福建臺灣府彰化縣正堂加三級記錄四次，記大功六次，□功□次張」、[95]〈水圳社訟碑〉刻有：「候補分州□理臺灣府彰化縣貓霧捒司加三級記大功三次戴」，[96] 從碑首可見其具濃濃的官方口吻，即可見是出自官方所立的碑石。此外，〈勒買番穀禁碑〉刻有：「遵立奉禁，不許社番探穀」[97] 俱見清代官場的陋規；〈國姓井碑〉刻有：「相傳鄭成功駐兵處，被困乏水，以劍插地得甘泉，大旱不涸。」[98] 則記錄流傳於民間的傳奇故事；〈貞節坊捐題碑〉具義行節孝；〈大甲溪官義渡碑〉、[99]〈重修觀瀾橋捐題碑〉等可見義渡美談等。而

---

[93] 同上註，頁 97。

[94] 總編纂張勝彥、編纂陳炎正，《臺中縣志・藝文志文學篇》（臺中：臺中縣政府，1989 年 9 月），頁 187。

[95] 總編纂張勝彥、編纂陳炎正，《臺中縣志・藝文志文學篇》，頁 181。

[96] 同上註，頁 183。

[97] 同上註，頁 181。

[98] 同上註，頁 203。

[99] 總編纂張勝彥、編纂陳炎正，《臺中縣志・藝文志文學篇》，頁 195。

臺灣地形狹長，河川多湍急，清治臺灣初期有津度的設置，以專用方筏過渡，津渡有官渡、民渡之分，由於官渡之徵，弊端叢生；民渡亦有勒索之弊，渡頭的筏夫每藉擺渡妄向行旅威迫，需索無度，以致行旅維艱，因而有「義渡」的設置，並勒碑示禁。[100] 據〈大甲溪官義渡碑〉碑文：「道光丁酉年起建設義渡，由官給發工食，往來行人，隨到隨渡，不准需索分文，如違，鳴官嚴辦」，[101] 由於渡頭的筏夫常常會利用擺渡，藉機向行旅需索無度，因此乃有倡議捐資設義渡，以利渡濟，透過碑石見證歷史變遷。此外，《臺中市志稿‧文教志藝文篇》與《臺中市志‧文教志藝文篇》所收 36 個「碑碣」，其中，清代時期的碑碣，有康熙 61 年的民番界碑、乾隆 13 年養濟院菜園碑等 8 個，其餘臺中車站總統蔣公銅像揭幕頌、寶覺寺碑記等紀念性碑記，都是民國以後所設。

　　由於《臺中市志稿‧文教志、藝文篇》與《臺中市志‧文教志藝文篇》內容相同，二志稿的〈藝文篇〉，都收設「文徵」一章，章下設「奏議」、「序記」、「碑碣」3 節，其中，「奏議」一節，收沈葆禎〈請移駐巡撫摺〉（同治 15 年）、〈北路中路情形片〉（光緒元年）、〈請改駐南北路同知片〉3 奏議；岑毓英〈親勘彰化地方情形摺〉（光緒 7 年）及劉銘傳〈遵議臺灣建省事宜摺〉（光緒 12 年）、〈臺灣郡縣添改撤裁摺〉（光緒 13 年）、〈恭報南北考試完竣摺〉（光緒 15 年）、〈新設郡縣興造城署工程立案摺〉（光緒 16 年）、〈增設府縣請定學額摺〉（光緒 16 年）等，而沈葆禎在〈請移駐巡撫摺〉指出：「……因恩洋務稍鬆，即善後不容稍緩。惟此次之善後，與

---

[100] 曾國棟，《台灣的碑碣》（臺北：遠足文化事業有限公司，2003 年 8 月），頁 196-197。
[101] 陳炎正，《臺中縣志‧藝文志》，頁 195。

往時不同。臺地之所謂善後，即臺地之所謂剏始也；善後難，以剏始為善後尤難」、[102] 又在〈北路中路情形片〉指出：「再，臺北一帶迭經羅大春報稱：自前隊開抵吳全城，諸君遂擬一路聯繫而入……」。[103] 羅大春係時任福建陸路提督，清同治 13 年（1874）發生牡丹社事件，清廷乃令沈葆禎來臺處理各項防務及善後事宜。沈葆禎來臺後推行「開山撫番」政策，調兵分南、中、北三路鑿山開道，以連絡前山與後山，羅大春負責北路，開闢蘇澳至花蓮的通道。同年 8 月，部隊抵達大南澳，乃立碑以明篳路藍縷，並勒羅大春開闢道路里程碑記，詳記蘇澳至花蓮的里程。[104] 而該志所收諸多奏議多談臺地建設、教育等，豐富的歷史文獻可提供研究清領臺灣的重要資料。而「序記」所收夏之芳〈海天玉尺編初集序〉、〈海天玉尺編二集序〉等，夏氏長期鼓勵臺籍書生從事寫作，並集結成《海天玉尺編初集》、《海天玉尺編二集》等書，是研究早期臺籍文人創作的重要文本。

　　新修《臺中市志・藝文志文學篇》主要係以文化場域的觀察，縱線以臺中住民的書寫做為主線，從第一章「中區原住民族群與口傳文學」開始，據學者劉益昌所指，巴宰海族（pazeh）與巴布薩族（Babuza）是在臺中最早的住民，[105] 該志引隱者林先生所寫〈葫

---

[102] 清・沈葆禎，〈請移駐巡撫摺〉，收於編纂王建竹、林猷穆，《臺中市志・文教志藝文篇》（臺中：臺中市文獻委員會，1970 年 6 月），頁 1；或見編纂王建竹、林猷穆，《臺中市志稿・文教志藝文篇》，頁 1。

[103] 清・沈葆禎，〈北路中路情形片〉，收於編纂王建竹、林猷穆，《臺中市志・文教志藝文篇》，頁 7；編纂王建竹、林猷穆，《臺中市志稿・文教志藝文篇》，頁 7。

[104] 曾國棟，《台灣的碑碣》，頁 52。

[105] 劉益昌，《存在的未知——臺中地區的考古遺址與史前文化》（臺中：臺中縣立文化中心，1999 年 6 月），頁 8。

蘆墩〉：「市鎮邱墟後，重來獨愴神。一花開破屋，五裡半流民。俗悍官依盜，村荒鬼弄人。耕桑資令尹，救敝在還淳」、[106] 及引在地人士陳耀安所寫〈葫蘆墩懷古〉：「老圳源流起石岡，甲溪水引拓蠻荒；鴛鴦汴濟家家富，土地祠靈歲歲穰。岸裡社開同禹跡，達京功建若堯彊；蘆墩此日崇文教，共創新生萬世昌。」[107] 從前首五律的「屋破村荒」與後首七律「家家富、歲歲穰」相互對照，庶民以記憶勾勒，突顯出臺中都會化的過程。而該志所引〈思歸歌〉，是黃叔璥所錄巴宰海族（pazeh）與巴布薩族（Babuza）所唱捕鹿歌，藉由歌詞描述其狩獵生活的困苦情境。此外，收錄巴宰海族祭祖歌謠〈同族分支曲〉及〈初育人類曲〉，二首歌謠皆以「Ai-yen Ai-yen（挨焉挨焉）」起頭，成為巴宰海族僅存歌謠的特色。儘管巴宰海族等平埔各族原住民的傳說，文獻記載很少，且自清末已迅速失傳，但新修《臺中市志‧藝文志》以「文學篇」特立章節，且以詩歌詠懷的入志方式，讓讀者可以透過閱讀，認識 400 年前該族群歷史面貌。

新修方志在現代科學分類的原則下，其類目應符合分類法的層次要求；但在一定程度上也允許修志者考量各地獨特之民情，參酌社會分工原則，調整綱目層級或增減記載類目。至於採用何者章節分類標準，以為全志建立最適當的綱目層級，俾使志書記載既能整齊故事，又可涓滴不遺，端視修志者獨斷別裁的史識和史才。[108] 撰修方法不僅方便修志者進行纂修，同時也方便讀者閱讀。臺北、臺

---

[106] 總主持人黃秀政，主持人陳文德，新修《臺中市志‧藝文志文學篇》，頁 5。

[107] 陳炎正編，《葫蘆墩圳開發史》（臺中：臺中葫蘆墩文教協會，2000 年），頁 16。

[108] 曾鼎甲，〈戰後臺灣方志纂修的傳統：兼論省通志的綱目編體〉，《臺灣文獻》 61：1（2010 年 3 月），頁 80。

中二地，在清代的臺灣文學多出自遊宦之手，對於異域經驗的書寫，以客居心態，多以山川人文美感模式的複製套用，留下不少采風資料，但其所見往往是觀看而非參與的距離感；但到了清中葉嘉慶以後，流寓遊宦在地化，已不再只是文學地景的描寫，敘事作品漸多，詩文的表現手法從憑空描繪的風物詩，走向更具史詩意義的敘事詩，依序說明臺中地區從過去到現在的文學走向與樣貌。而為建立對居住城市的認同，在地書寫受到重視，進入二十世紀，地方學成為新興議題，以臺北、臺中做為書寫的對象也大幅增加。

　　臺北市，是全臺首善之都，從民國 42 年（1953）始纂《臺北市志稿》，到目前為止，臺北市已完成首纂、重修、續修市志，難得的是，《續修臺北市志》是目前全臺六都，唯一完成直轄市志纂修的直轄市。觀察臺北市方志文學纂修的轉變有：「一部志名不符」、「二志稿同內容」、「部分內容重疊」、「篇名逐次有異」、「編印審定不同」、「學者纂修亮眼」、「續修市志出色」。其中，續修市志突破傳統印刷，改以光碟出版，地方志的閱讀方式，從紙本走向電子化，實有助於地方志書的傳遞與流通，突顯大眾文學、庶民文學、網路文學等地方文學發展史，反應熱鬧而多元化的臺灣文學思潮，具有引領指標，值得正視。另分析臺北、臺中二直轄市所纂修方志文學之異同則是：「文學志名出現異同」、「從官方到學者修志」、「各志文類皆有詩作」、「為在地作家作傳」、「反映當代創作困境」、「透過文學見證歷史」。臺北市立文獻館負責臺北市直轄市志纂修，且每年出版四期《臺北文獻》，嚴格審查研究論文、史料、田野調查、口述歷史、書評、譯述、圖片等，全力推動「臺北學」的資料庫；而原臺中縣、市都有首纂、新修縣、市志，雖升格直轄市之後，尚未啟動纂修直轄市志工程，但曾委請東

海大學歷史系編撰《臺中市發展史——慶祝建府百週年紀念》、張勝彥編纂《臺中市史》、陳明台《臺中市文學史初編》、《臺中文獻》、設立臺中文學獎、成立臺中文學館等，致力於建置地方文學，積極發展「臺中學」資料庫。臺北、臺中二座直轄市為地方文史的保存工作，無不全力以赴。

第四章　躍動之都：新北市方志之文學纂修

　　六都之一新北市的人口，根據新北市政府民政局民國 111 年（2022）5 月公布的資料，[1] 新北市人口已超過 397 萬人，人口數一直名列全國第一。新北市升格直轄市之前，原為臺北縣，而臺北縣啟動纂修方志的時間，早於民國 35 年（1946）11 月，地方士紳召開臺北縣修志委員會啟動纂修縣志，後因臺北縣政府失火，《臺北縣志》纂修計畫未及實現。2010 年 12 月 25 日，臺北縣改制為新北市，升格為直轄市。由於新北市迄今尚未纂修直轄市志，本文乃從新北市成為六都之前，曾纂修《臺北縣志稿》、《臺北縣志》、《續修臺北縣志》為研究文本。文學是社會文化具體呈現的方式之一，本文除一探北縣方志文學編纂之演變外，兼論臺南市所纂修方志之文學纂修的異同。

---

[1] 〈新北市政府民政局人口統計〉，
　　https://www.ca.ntpc.gov.tw/home.jsp?id=88f142fb0f4a0762，2022 年 6 月 25 日。

第一節　各版臺北縣志纂修背景

與纂修團隊

有關《臺北縣志稿》、《臺北縣志》、《續修臺北縣志》的纂修背景與纂修團隊，分述如下：

一、《臺北縣志稿》纂修背景與纂修團隊

依據相關地方志書修纂辦法規定，各地政府機關紛紛展開地方志纂修工程，志書初審則委託臺灣省文獻委員會負責，展現官方對纂修方志的重視。民國 35 年（1946）11 月 8 日，時任臺北縣長陸桂祥邀集黃純青、楊雲萍等地方士紳召開「臺北縣修志委員會會議」，決議建議行政長官公署纂修省志，並召開「《臺北縣志》編纂委員會會議」，此次會議是率全省之先籌劃編纂縣志，並建議臺灣省行政長官公署纂修省志，[2] 惟因同年 12 月 10 日臺北縣政府失火，建物及所接收的檔案付之一炬，《臺北縣志》纂修計畫未及實現。

民國 41 年（1952），臺北縣政府成立臺北縣文獻委員會，聘請盛清沂為總編纂。[3] 盛氏具有修志經驗，其擬定凡例綱目，積極採

---

[2] 黃秀政，《台灣史志新論》（臺北：五南圖書出版公司，2007 年 9 月），頁 455-456。

[3] 王靜儀，〈《臺中縣志・自治篇》與《臺北縣志・自治志》之比較〉，《臺灣文獻》58：2（2007 年 6 月），頁 83。盛清沂，山東省郯城縣人，齊魯大學歷史系畢業，曾任安徽省文獻委員會編纂、主任秘書，時任臺北縣文獻委員會編纂組長（1952 年 8 月至 1961 年 7 月），接受臺北縣文獻委員會委託，展開臺北縣志

集資料、文獻抄錄、族譜徵集、名勝古蹟之調查、遺址之發掘等,
又編印〈臺北縣文獻叢輯〉二輯,縣志的編纂採會外特約編纂制,
從 1957 年開始約稿,陸續油印本裝 28 冊,係為《臺北縣志稿》。
而當時臺北縣政府所編纂的《臺北縣志稿》係油印本,視志稿為「草
稿」,[4] 且志稿僅內部審查,並未對外發行。

　　按《臺北縣志稿》纂修人員名單,[5] 其中,監修是時任臺北縣
長兼臺北縣文獻委員會主任委員戴德發;主修是臺北縣文獻委員會
專任副主任委員林興仁、劉如桐及兼任副主任委員林佛國;總纂是
臺北縣文獻委員會編纂組組長盛清沂。此外,各志編纂分別是:〈卷
首〉、〈大事紀〉、〈疆域志〉、〈史前志〉、〈開闢志〉、〈氏
族志〉都是盛清沂;〈地理志〉(上)是林朝棨;〈地理志〉(下)
是梁鉅榮、梁潤生、劉棠瑞、宋幼林;〈民俗志〉毛一波、李孝本;
〈人口志〉、〈行政志〉、〈自治志〉、〈衛生志〉、〈警察志〉
都是金惠;〈社會志〉是董建設、許俊珽;〈土地志〉是馮小彭;
〈財政志〉是黃錫和;〈軍事志〉是張介然;〈水利志〉徐世大;
〈農業志〉李亮恭、鄭文達;〈林業志〉吳田泉;〈水產志〉梁潤
生;〈礦業志〉林朝棨;〈工業志〉王祉;〈商業志〉、〈交通志〉
王世慶;〈教育志〉毛一波;〈文藝志〉董鐸、林興仁、盛清沂;
〈人物志〉宋幼林、林佛國、盛清沂。

的纂修工作。

[4] 成文出版社印行,《臺北縣志》(臺北:成文出版社,1983 年 3 月),頁 149-153,
據林興仁主修、總纂盛清沂 1959-1960 年排印本《臺北縣志》影印。

[5] 成文出版社印行,《臺北縣志》,頁 149-153。

二、《臺北縣志》纂修背景與纂修團隊

　　由於油印本裝的《臺北縣志稿》，分送委員、顧問審閱後，最後排印問世時，則改以《臺北縣志》之名出版，而原《臺北縣志稿》編纂採會外特約編纂制，民國 46 年（1957）開始約稿，油印本分送委員、顧問審閱，又請各有關業務主管與各機關勘對，志稿經內部審查後，於 1959 年 12 月付印，1960 年 9 月全書排印出版完成，線裝 28 冊，稱《臺北縣志》。《臺北縣志》以民國 40 年（1951）為斷限，內容分大事紀及疆域、地理、史前、開闢、氏族、民俗、人口、行政、自治志、社會、土地、財政、警察、軍事、衛生、水利、農業、林業、水產、礦業、工業、商業、交通志、教育志、文藝、人物等 26 志。除〈地理志〉分上下卷外，餘志各一卷，總計共有 27 卷，另有卷首（凡例、綱目）。

　　因此，《臺北縣志》事實上乃係由油印本《臺北縣志稿》校對勘印而成，[6] 故《臺北縣志稿》、《臺北縣志》二志纂修人員的名單與內容實則相同。因此，纂修團隊仍由時任臺北縣文獻委員會編纂組組長盛清沂負責。

三、《續修臺北縣志》纂修背景與纂修團隊

　　《臺北縣志》於 1960 年問世以來，1983 年 4 月，內政部再公布新修「地方志書修纂辦法」，規定各機關應編列纂修志書預算。1996 年 10 月，時任臺北縣長尤清有感於四十年來臺北縣在政治、

---

[6] 成文出版社印行，《臺北縣志》，頁 149-153。

社會、經濟、文化等各層面多所變化，卻沒有一部較能記載或析論臺北縣前述現象的書籍，[7] 及「期能提供市民認識臺北縣歷史與吸收知識的媒介，另一方面又可做政府官員行政指南和市民之間心靈交流的橋樑」[8]，乃展開《續修臺北縣志》。從前志《臺北縣志》問世以來，到重啟《續修臺北縣志》，二志相隔 40 年之久。

《續修臺北縣志》共計有大事記、卷首、卷尾外，還有〈土地志〉、〈住民志〉、〈政事志〉、〈社會志〉、〈經濟志〉、〈選舉志〉、〈文教志〉、〈藝文志〉、〈人物志〉等 9 志。其中，除〈人物志〉因「與作者解約，未來另覓財源與廠商辦理」，[9] 餘者皆於民國 91 年（2002）至 106 年（2017）之間，陸陸續續完成且付梓。由於《續修臺北縣志》首部出版時間是民國 91 年（2002）8月，至最後卷尾於 106（2017）12 月出版，全志出版時間，前後相隔長達 15 年之久。歷任臺北縣長尤清、蘇貞昌、代理縣長林錫耀、縣長周錫瑋及新北市長朱立倫等人，而各分志、各卷「序」的署名，因纂修付梓時間各異，造成各卷、各志署名首長出現不一的情況。

臺北縣主要係因「自臺灣開港通商以來，各方面發展迅速，尤其近 50 年來，各方面之發展更是突飛猛進，向稱人才蔚起，文風鼎盛，音樂、美術、戲劇和文學相當的發展，值得流傳的藝文作品不少，〈藝文志〉除記載近 50 年來的重要藝文活動外，特編載許多優異的藝文作品」，[10] 因此《續修臺北縣志》〈藝文志〉的「文學篇」（上）、（下），於民國 97 年付梓。《續修臺北縣志》編

---

[7] 總編纂張勝彥、編纂張永堂，撰述鄭梅淑、高志彬，《續修臺北縣志・卷尾》（臺北：臺北縣政府，2008 年 3 月），序。

[8] 同上註。

[9] 同上註，頁 62。

[10] 同上註，頁 30。

纂團隊龐大，除總編纂為張勝彥外，〈藝文志〉共計有 5 篇，各篇撰稿人及其時任單位與職務如下：

第一篇戲劇：邱坤良（國立臺北藝術大學戲劇系教授）。

第二篇美術工藝（上）：林育淳（臺北市立美術館學術編審）。

第二篇美術工藝（下）：李乾朗（中國文化大學建築及都市設計學系副教授）。

第三篇文學（上冊）：許俊雅（國立臺灣師範大學國文系教授）。

第三篇文學（下冊）：許俊雅（國立臺灣師範大學國文系教授）、洪惟仁（國立臺中教育大學臺灣語文學系教授兼系主任）2 人。

第四篇音樂及第五篇舞蹈：分別是吳榮順（國立臺北藝術大學傳統音樂學系教授）、溫秋菊（國立臺北藝術大學傳統音樂學系副教授）、江玉玲（東吳大學音樂學系副教授）、蔡麗華（臺北市立體育學院舞蹈學系教授）4 人。

纂修過程中，因卷九〈藝文志・音樂篇〉之〈漢人傳統音樂〉撰稿人未說明何時能完成，因此，總編纂張勝彥遂另邀國立臺北藝術大學傳統音樂學系教授吳榮順負責撰寫卷九〈藝文志〉之原訂第一篇音樂第一章漢人傳統音樂（志書出版時改列為藝文志第四篇第一章）之文稿，[11]《藝文志・音樂篇》終能趕於民國 99 年（2010）7 月順利出版。《續修臺北縣志・藝文志》除美術工藝（上）作者一人非從事教職外，餘者皆為國內公私立大學從事學術研究的教授、副教授。雖然一度曾發生音樂篇纂修出缺，所幸最後在吳榮順允諾接手後，使〈藝文志〉在各相關專業領域的學者專家積極參與編纂，得以順利完成出版。

---

[11] 同上註，頁 59。

第二節　各版臺北縣志文學記述
特色與轉變

　　臺北縣是臺灣第一大縣，不僅幅員遼闊，風光明媚引人入勝，而且人文薈萃，在臺灣北區文化史、文學史上都有其重要的地位，透過文學將有助於了解知識分子的時代關懷及其內在心靈世界。由於《臺北縣志稿》經審查後，係以《臺北縣志》之名印行出刊，《臺北縣志稿・文藝志》與《臺北縣志・文藝志》二志乃相同，因此，以下梳理《臺北縣志・文藝志》與《續修臺北縣志・藝文志》有關文學記述的內容與特色。

一、各版臺北縣志文學記述內容與特色

(一)《臺北縣志・文藝志》的文學記述內容與特色

　　《臺北縣志》卷26〈文藝志〉設有「文藝」、「藝術」二章，其中，「文藝」章下設有「詩詞」、「歌謠」2 節，收錄臺北縣的文學。其中，「詩詞」一節下設有「詩社」、「本縣人士之詩作」、「外籍流寓之詩作」、「詩詞」4 目，「詩社」一目收錄貂山社、樹林吟社等共計 90 吟社 33 人作品；「本縣人士之詩作」一目則收錄黃敬〈勤學歌十則〉等 59 人的作品；「外籍流寓之詩作」一目收郁永河〈北投硫穴〉等 40 人作品，另以「文」收藍鼎文〈代檄淡水謝守戎〉等 13 人作品。至於「歌謠」一節，設「童謠」、「民

謠」、「茶歌」3目。

戰後，臺灣各縣市政府積極展開方志纂修，臺北縣成為戰後臺灣第一部啟動作業的縣志，但因縣政府辦公大樓失火而暫停。1952年，臺北縣政府成立文獻委員會，直到1960年完成出版首部方志；反觀稍晚籌劃的《基隆市志》，則搶先於1954年出版，成為戰後臺灣出版的第一部縣（市）志。儘管如此，《臺北縣志》的影響卻是最深遠，例如：基隆、澎湖縣志甚至仿《臺北縣志》[12]，因此《臺北縣志》在方志纂修一直受到各地政府的矚目，在臺灣方志發展史上，深具開創地方志的特色。

（二）《續修臺北縣志・藝文志》的文學記述內容與特色

《續修臺北縣志・藝文志文學篇》分以上、下二冊。首先，在「文學篇」（上），計有「淡水河流域的文化與文學」、「新店溪流域的文化與文學」2章，其中，在「淡水河流域的文化與文學」一章下設「淡水河流域的文化」、「三重市」、「蘆洲市」、「五股鄉」、「八里鄉」5節；而「新店溪流域的文化與文學」一章則有「新店市」、「永和市」、「中和市」、「深坑鄉」、「石碇鄉」、「坪林鄉」、「烏來鄉」7節，收錄作家作品、附錄、引用書目。此外，「文學篇」還設有「附錄」，分別收錄王昶雄〈過去的榮光與未來的藍圖〉及〈最後響笛的舊夢〉、許俊雅〈李魁賢訪問整理稿〉、劉還月〈你問，淡水河有多長？〉、王志弘〈城市與河流〉、

---

[12] 林玉茹，〈知識與社會：戰後臺灣方志的發展〉，收於收於許雪姬、林玉茹主編，《五十年來臺灣方志成果評估與未來發展學術研討會論文集》（臺北：中央研究院臺灣史研究所籌備處，1999年5月），頁41。

白笠〈澹然山水印記〉、許俊雅〈莊裕安先生訪問稿〉、〈五股地區詩作〉、〈五股鄉土歌謠〉、何光明〈給我一塊桃園源〉等。

在「文學篇」（下），則總共分以「大漢溪流域的文化與文學」、「基隆河流域的文化與文學」、「北海岸地區文化與文學」、「歌謠」4 章。其中，在「大漢溪流域的文化與文學」章下設有「板橋市」、「新莊市」、「三峽鎮」、「鶯歌鎮」、「樹林鎮」、「土城市」、「泰山鄉」、「林口鄉」8 節；在「基隆河流域的文化與文學」章下設有「基隆河流域的人文生成」、「基隆河流域的文學」、「幾種主要文學意象」、「當代作家筆下的基隆河流域風情」、「關於基隆河流域的報導文學」及「作家與基隆河流域相關作品介紹」6 節；在「北海岸地區文化與文學」章下設有「北海岸地區的人文生成」、「北海岸地區的傳統詩社與現代文學作家」、「文學中的北海岸」3 節；最後一章「歌謠」章下設有「歌謠在民間文學的地位」、「臺北地區的歌謠文獻及其利用」、「臺北的民謠」、「臺北的民歌」4 節。另還有引用書目及附錄，附錄有個人著作、採訪楊渡、閩南語音標及呂鍾寬〈這爿看去〉、〈大石也著〉、〈看君倚塊〉三首樂譜歌詞等。

對於臺北縣民而言，淡水河是他們依賴的奶水，在北臺灣文學作品，例如王昶雄（1916—2000）的日文小說〈淡水河的漣漪〉、呂赫若（1914—1951）〈冬夜〉等作品，隨時可見與淡水河有關的蹤影。全志分區分域，對沿岸作家進行介紹。此外，在「認識臺北的褒歌」所收民歌，則都是編者親自下鄉蒐集，藉以強調百分百確定是臺北的民歌，資料可貴。

二、各版臺北縣志文學纂修的轉變

　　茲以下列說明臺北縣志文學纂修的轉變情形：

（一）收錄文學志名相異

　　從《臺北縣志稿·文藝志》、《臺北縣志·文藝志》到《續修臺北縣志·藝文志》，實則僅有《臺北縣志·文藝志》與《續修臺北縣志·藝文志》二志是專收改制前，有關臺北縣的相關文學作家及其作品。就收錄文學的志名而言，舊志為〈文藝志〉，新志為〈藝文志〉，雖三個字相同，但新志的名稱則是沿襲傳統史志〈藝文志〉之名。

　　就綱舉目張而言，舊志〈文藝志〉分為「文藝章」、「藝術章」，文學主要收錄於「文藝章」，以下再設「詩詞」等節進行分述；而新志〈藝文志〉分為「文學篇」、「藝術篇」，文學主要收錄於「文學篇」，「文學篇」以下再設章節進行分述。就章節而言，續修「文學篇」的綱目層次，也就是《續修臺北縣志·藝文志文學篇》，相較於《臺北縣志·文藝志》「文藝章」的層次要高，新志的綱目編排，顯得比舊志重要。

　　《續修臺北縣志·藝文志》乃因「本縣自臺灣開港通商以來，各方面發展迅速，尤其近 50 年來，各方面之發展更是突飛猛進，向稱人才蔚起，文風鼎盛，音樂、美術、戲劇和文學相當的發展，值得流傳的藝文作品不少，因此，藝文志除記載近 50 年來的重要藝文活動外，特編載許多優異的藝文作品」，[13] 《臺北縣志·文藝志》也同於《續修臺北縣志·藝文志》的纂修目的，藝文志的纂修應運而生，而將相關文學作家及其作品，分別置於其中。

---

[13] 總編纂張勝彥、編纂張永堂，撰述鄭梅淑、高志彬，《續修臺北縣志·卷尾》，頁 30。

　　《續修臺北縣志‧藝文志》末設參考及索引書目，其中，「文學篇」計有 2 冊 6 章 34 節 678 頁，志書之大，遠遠超過前志《臺北縣志‧文藝志》「文藝章」1 章 2 節 106 頁。從綱目的設計上，不難發現，綱目層次漸高，隨著新修縣志的編排處理，收錄的文學作家與文學作品的內容與篇輯，更廣闊豐富，突顯臺北文學日益重要性。

（二）收錄在地文學作品

　　檢視《臺北縣志‧文藝志》、《續修臺北縣志‧藝文志》二志，均有收錄傳統詩社「貂山吟社」，其大力推動保存漢學外，《續修臺北縣志‧藝文志》並能補充現代作家吳松明、林銓居、張堂錡、大荒（本名伍鳴皋）、汪恆祥、梁景峰、蔡碧嬋及其文學作品等。顯示二志非常用心於保存當地既有的文學，大力推動保存漢學成就。

　　此外，《臺北縣志‧文藝志》特在「詩詞」一節，設「本縣人士之詩作」收錄當地文人作品；《續修臺北縣志‧藝文志文學篇》收錄以鶯歌、新店，抑或是鹽寮、淡水等臺北縣各鄉鎮市地景的文學作品，例如：陳映真小說的場景，有不少是以鶯歌的大漢溪、鐵路、鶯歌石、鶯歌國小為素材，其〈山路〉一文，則描寫著「鶯歌石」的傳說：「鄭成功帶著他的部將在鶯石層下紮營時，總是發現每天有大量的士兵失蹤，後來，便知道了山上有巨人妖物的鶯歌，夜夜出來吐噬士兵。鄭成功一怒，用火砲打下那怪物鶯歌的頭來。鶯歌一時化為巨石」，[14] 深深映存在鶯歌鎮人記憶中；王溢嘉〈不

---

[14] 總編纂張勝彥、撰述許俊雅、洪惟仁，《續修臺北縣志‧藝文志文學篇（下）》（臺北：臺北縣政府，2008 年 3 月），頁 80。

明確的美感〉：「忽然想起鶯歌有個陶瓷展，於是又掉頭，直奔鶯歌，到了鶯歌，沒看到什麼陶瓷展，倒是在陶瓷老街買到一個很精美、別緻的小玩意兒，想送給女兒……來到鶯歌偷得浮生半日閒」，[15] 猶說明鶯歌是忙碌現代人強烈的呼喚。林文義〈最後的鹽寮〉：「很多人笑迷迷的來鹽寮海邊，用相機微笑還有喧嘩，丟給被逐漸遺忘的歷史一個莫大的嘲諷」；[16] 王昶雄日文小說〈淡水河的漣漪〉，就是以淡水河為背景；呂赫若（1914—1951）〈冬夜〉場景也在淡水河邊；王文進自述：「青春的一言一舉，早就和淡水的一景一物凝結成圖騰般的記憶。所以只要一提起淡水，時間立刻靜止，生命永遠定格在二十歲的悸動」，[17] 也是在淡水。

（三）地名區分類別創新

在《臺北縣志·文藝志》「文藝」一章中，主要有詩、詞與文，在章節架構上，訴求傳統風格，在類別安排係採傳統路線；而《續修臺北縣志·藝文志文學篇》則以林本源家花園、板橋車站等與地方代表特色的文物為題外，還收錄朱天心《想我眷村的兄弟們》、愛亞《曾經》、農晴依〈已成歷史〉、馮青〈來去社後里〉等板橋文學；隱地《漲潮日》、〈少年追想曲〉及詹錫奎〈再見·黃磚路〉，則以新莊為題，充滿工商都市的形影，其纂修手法不以作家介紹、作品著錄，而是以地名為章節，以「大漢溪流域的文化與文學」、「基隆河流域的文化與文學」、「北海岸地區文化與文學」，分述三重市、蘆洲市、五股鄉、八里鄉、新店市、永和市、中和市、深

---

[15] 《自由時報》，1999 年 6 月 4 日，第 41 版。

[16] 林文義，《塵緣》（臺北：林白出版社，1993 年 1 月），頁 120。

[17] 王文進，《豐田筆記》（臺北：九歌出版社，2000 年 7 月），頁 20。

坑鄉、石碇鄉、坪林鄉、烏來鄉、板橋市、新莊市、三峽鎮、鶯歌鎮、樹林鎮、土城市、泰山鄉、林口鄉，還有以「基隆河流域的人文生成」、「基隆河流域的文學」、「當代作家筆下的基隆河流域風情」、「關於基隆河流域的報導文學」及「作家與基隆河流域相關作品介紹」、「北海岸地區的人文生成」、「北海岸地區的傳統詩社與現代文學作家」、「文學中的北海岸」等節，以地名分類，再以各地的文學進行書寫。

新志以作家們選擇淡水等地，做為他們創作重要場域，此外，新志的內文也會拋出像板橋林本源的議題，纂述手法保留學術論文的嚴謹性，但也挑戰傳統方志述而不論的纂修方式。此外，所收錄大量文人作家，並且能有深入的介紹及專訪，可補強《續修臺北縣志‧人物志》的內容。[18] 新志以「大漢溪流域的文化與文學」、「基隆河流域的文化與文學」、「北海岸地區文化與文學」做為綱目分類，頗為創新，也是地方志文學纂修的首例。

（四）深入調查記錄褒歌

1999 年，《續修臺北縣志‧藝文志文學篇》編纂團隊在南港採錄楊闕〈挽茶責任〉、〈日頭簡會〉、〈手揎茶箶〉，表現採茶工人採茶的辛苦；採錄〈水種佇〉、〈鱸鰻本是〉等，勸人不可為惡；而採錄〈茶甌摃破〉、〈哥仔無某〉則運用比興的手法，哀嘆沒有老婆的歌。此外，在坪林採錄王進興〈有緣千里〉、〈十條蕃薯〉，林黃王菊〈送君行出〉及平溪吳蜜〈十二工廠〉等。

18　徐惠玲，〈躍動之都：《續修臺北縣志》的北縣文學書〉，《臺北文獻》209（2019年 9 月），頁 194。

2001 年，《續修臺北縣志·藝文志文學篇》編纂團隊在深坑採錄林旺〈茶仔一挽〉、三芝賴溪章唱〈兩條菜瓜〉等多達 95 首之多，其中，「閑仔歌」計有「雜歌」、「苦戀情歌」、「愛悅情歌」三類。而「雜歌」又分為：「勞動歌」、「偷閑歌」、「詠動物歌」、「詠友情歌」、「牢獄歌」、「譏諷歌」、「剉仙歌」；「苦戀情歌」又分為：「嘆單身歌」、「期待歌」、「猶豫歌」、「訴變愛之苦歌」、「怨梟心歌」、「暗戀歌」、「拒追求歌」、「被拒絕歌」、「絕情歌」、「單戀歌」、「相思歌」、「情侶吵架歌」、「怨破壞歌」、「怨偶歌」、「失戀歌」、「妒情歌」、「殉情歌」；第三類是「愛悅情歌」，計有：「慕情歌」、「追求歌」、「悅情歌」、「約會歌」、「偷吃禁果歌」、「恩愛歌」、「送別歌」、「報復歌」、「想入非非歌」、「偷情歌」、「私奔歌」、「怨破壞歌」、「怨偶歌」。至於「相褒歌」題材則可分為「慕情歌」、「拒追求歌」、「訴苦歌」、「挂仙歌」、「訣別歌」、「重逢歌」、「情火歌」等。

由於隨著留聲機、唱片、廣播、電視等電子媒體流行歌曲，「相褒」的歌手已不多見，臺北地區會「相褒」的人是鳳毛麟角，他們現在多已 80 歲以上。而《續修臺北縣志·藝文志文學篇》深入田野調查，所採集收錄的褒歌，深具有傳承、保存的重要價值。

第三節　新北市與臺南市方志之文學纂修比較

明朝天啟 4 年（1624），荷蘭人在臺南市附近登陸，置領事以掌理臺灣的政治，在安平建築熱蘭遮城（俗稱王城）——當時安平

是一個獨立的島嶼，叫做一鯤鯓，並備巨砲，以爲防守，不久又在臺南建築普羅民遮城（今稱赤崁樓），做辦理政務的所在，城外有市街，當時潮水直達赤崁捜下，臺南和安平間交通的水道叫做台江。明永曆 15 年（1661）4 月 30 日，鄭成功引兵從鹿耳門攻入，先佔領普羅民遮城，繼圍攻熱蘭遮城達 9 個月之久，荷蘭人終於翌年投降。鄭成功登陸赤崁後，就把臺南市做臺灣的首府，稱臺灣爲東都，並把普羅民遮城改稱承天府，把鯤鯓（當時安平的舊稱）改稱安平鎮，安平港則是全臺灣最繁盛的港口，港內可容納許多船舶。清廷治臺後，在臺南市設置臺灣府以統治全臺灣島，臺南市仍舊是臺灣的首府，所以在政治經濟文化各方面仍舊成爲臺灣的中心，當時有一府，二鹿，三艋舺之稱，就是說第一是臺灣府，第二是鹿港，第三是艋舺（現在的臺北萬華），可知當時臺南市是臺灣最繁華的地方，[19] 反映臺灣的產業與商業的發展，由南往北的過程。臺南，爲明清二代府治所在，中原文化首播於此，這座府城古都，格外引人矚目。日治之時，初置「臺南縣」，繼改爲廳，復改爲州，轄今臺南、嘉義、雲林，後立「臺南市役所」，民國 34 年 8 月 15 日本向聯合國投降，日人結束統治臺灣 50 年，同年 12 月 14 日成立臺南市政府。[20] 民國 99 年（2010）12 月 25 日，臺南縣、市合併後爲直轄市，成爲臺灣六都之一。

　　臺南市是臺灣最早開發的地區，歷經荷蘭、明鄭、清朝、日本統治，一直是臺灣的政治、經濟、文教中心，臺南市可說是臺灣文化的最早發祥地。即使因自然地理與交通因素等改變，工商經濟無

---

[19] 韓石麟，〈臺南市發展史略〉，《台南文化》1：1（1951 年 10 月），頁 8-10。

[20] 游醒民纂修，〈臺南市史略〉，《臺南市志·卷首》（臺南：臺南市政府，1978 年 12 月），頁 21。

法再執牛耳，但臺南的史蹟文物之富，冠於全國，歷年來無論文化資產維護、文教推廣等，均有出色成果。臺南市為臺灣文化發祥地，且為南部交通之中心，富有輝煌之歷史傳統，人文薈萃。臺南市行政區歷經過多次的改變，從戰後至改制直轄市，歷年來臺南縣、市政府曾纂修《臺南縣志稿》、《臺南縣志》、《續修臺南縣志》、《臺南市志稿》、《臺南市志》、《續修臺南市志》，惟載至目前為止，臺南市尚未有市轄市志的纂修。

一、臺南各縣市志纂修經過

（一）《臺南縣志稿》

民國 41 年 11 月，臺南縣開始著手編纂地方志，[21] 時任臺南縣長高文瑞擔任主任委員，主持修志之務。洪波浪、陳正祥、石暘睢、林金莖、曾迺敦、謝嵩林、王天燧、郭水潭、廖漢臣、吳新榮等人，分典編纂。[22] 志稿以民國 40 年為斷限，立凡例 12 條綱目 10 項。《臺南縣志稿》做為「最初之專志」，[23] 由於前無文獻可徵，纂修之初，常常遭遇許多困難，例如監修者、主修者、纂修者應用什麼字眼或名稱，而其人應列到什麼程度或什麼人數等，[24] 加上尋覓撰稿人不易。民國 46 年（1957），終於時任臺南縣長胡龍寶任內，包括〈卷

---

21 高文瑞，〈序〉，收於盧嘉興、洪波浪、吳新榮纂修，《臺南縣志・卷首》（臺南：臺南縣政府，1980 年 6 月），頁 5。

22 吳三連，〈序〉，收於盧嘉興、洪波浪、吳新榮纂修，《臺南縣志・卷首》（臺南：臺南縣政府，1980 年 6 月），頁 11。

23 吳新榮，〈臺南志稿修後記〉，《南瀛文獻》4：2（1958 年 6 月），頁 84。

24 吳新榮，〈臺南志稿修後記〉，頁 84。

首〉、〈自然志〉、〈人民志〉、〈政制志〉、〈經濟志〉、〈文化志〉、〈教育志〉、〈人物志〉、〈雜志〉及〈附錄〉等，志稿陸續完成刊印，全志 160 萬字。《臺南縣志稿》各部志稿刊印出版後，發現甚多錯字或誤植，為彌補《臺南縣志稿》各部志稿的錯字或誤植之憾，臺南縣文獻委員會利用其刊物《南瀛文獻》，陸續多次刊登〈臺南縣志稿勘誤表〉。[25]

（二）《臺南縣志》

臺南縣文獻委員會編修的《臺南縣志稿》終以告成，志稿舉凡疆域沿革、典章制度、藝林掌故等入篇。但志稿發行後，絕版多時，未見流傳，因此，時任臺南縣長楊寶發任內指示補闕，寬籌經費，釐訂重刊臺南縣志計畫。[26]《臺南縣志》從 1980 年起，陸續刊行，而全志仍同志稿一樣，以民國 40 年做為斷限。1980 年出版卷首（纂修盧嘉興、洪波浪、吳新榮）、〈自然志（上）〉（纂修盧嘉興、吳新榮）、〈人民志〉（纂修石暘睢、江家錦、莊松林、賴建銘、盧嘉興）、〈政制志（上）〉（纂修林金莖、吳定葉、楊寶發）、〈經濟志〉（纂修謝嵩林）、〈文化志〉（纂修郭水潭、莊松林、賴建銘）、〈教育志〉（纂修曾迺超）、〈人物志〉（纂修廖漢臣、沈耀初）、〈雜志〉（纂修吳萱草、吳新榮）、〈附錄〉（纂修石暘睢、莊松林、江家錦、廖漢臣、吳新榮）。另外，在 1983 年出版〈自然志（下）〉（纂修江家錦）；1985 年出版卷三之二〈政制志（中）〉（纂修林金莖、吳定葉、楊寶

---

25 臺南縣文獻委員會，〈臺南縣志稿勘誤表〉，《南瀛文獻》4：2（1958 年 6 月），頁 86-98。

26 楊寶發，〈重刊臺南志序〉，收於盧嘉興、洪波浪、吳新榮纂修，《臺南縣志‧卷首》（臺南：臺南縣政府，1980 年 6 月）。

發、林清輝）、卷四〈政制志（下）〉（纂修曾迺敦、毛一波）。[27] 地志猶國史，縣之有志，猶國之有史，係為地方重要大事。

（三）《續修臺南縣志》

繼《臺南縣志稿》、《臺南縣志》之後，應中央相關修志的規定及當地政府近 30 年的成果未能及時記載，因此，臺南縣政府乃啟動續修縣志的計畫，惟續修期間，適逢各縣市文獻委員會裁併改制文獻課，續修縣志的工作幾近停頓，最後僅重新校印四部縣志付梓，[28] 其中，《續修臺南縣志‧教育志》（纂修廖福本）、《續修臺南縣志‧人物志》（纂修張治華）、《續修臺南縣志‧雜志》（纂修戚啟勳、周建勛）於 1977 年出版；《續修臺南縣志‧政事志》（纂修司馬綱）於 1985 年出版。[29]

（四）《臺南市志稿》

民國 41 年（1952），臺南市文獻委員會推選石暘睢、莊松林、林咏榮、連景初、黃典權五委員為《臺南市志稿》志目研擬小組，專負草擬《臺南市志稿》之責；由林委員咏榮執筆起草，先後於民國 42 年 5 月 18 日及 6 月 2 日兩次小組會議，詳加研討，細事增刪，始行提付全體委員會議，復加參酌釐訂，乃定凡例 6 條，區志目為 7，附卷首卷尾各一。惟發凡草志，網羅一市大事於無遺，則綱舉目張，厥為至要，訂定市志凡例與綱要。[30] 民國 43 年，時任臺南

---

[27] 南瀛人文研究中心， https://www.nanyingresearch.org.tw/，2021 年 7 月 7 日。

[28] 楊寶發，〈序〉，收於司馬綱纂修，《續修臺南縣志‧政事志》（臺南：臺南縣政府，1985 年 5 月），頁 3。

[29] 南瀛人文研究中心，https://www.nanyingresearch.org.tw/，2021 年 7 月 7 日。

[30] 臺南市文獻委員會，〈臺南市志凡例綱目〉，《台南文化》3：1（1953 年 6

市長楊請（1906－1971）接兼該會主任委員，即令該會訂擬三年計畫，民國 44 年 12 月纂修志書定案，該會完成「臺南市志編印計畫書」、「臺南市志稿分篇撰述注意事項」、「臺南市志稿分篇撰述特約編纂一覽表」等。[31]《臺南市志稿》計畫纂修：〈卷首〉、〈地理志〉、〈住民志〉、〈政事志〉、〈經濟志〉、〈文教志〉、〈人物志〉、〈革命志〉及〈卷末〉大事年表索引。

　　惟臺南新政府啟動市志纂修工程，《臺南市志稿》最後並未刊行，但臺南市是臺灣最早開發的地區，一直是臺灣的政治、經濟、文教中心，《臺南市志稿》的纂修籌備，實具有開創性意義。

（五）《臺南市志》

　　民國 41 年 6 月，臺南市獻委員會訂定「臺南市志凡例與綱目」，[32] 民國 47 年（1958），臺南市政府完成《臺南市志稿》數篇，惜未及時提報內政部核審。[33] 民國 64 年時任臺南市長張麗堂，積極規劃進行《臺南市志》修纂工作，令文獻課著手編纂《臺南市志》，[34] 擬定「臺南市志編纂計畫」，研擬綱目、凡例，民國 66 年 5 月 13 日經內政部准予備查，即著手編列預算核定後於民國 67 年開始纂修全志計分十一卷 16 冊。[35] 而在此之前，因應各地展開修志熱潮，

月），頁 72-74。

[31] 臺南縣文獻委員會，〈臺南市志稿編纂之計畫〉，《台南文化》5：2（1956 年 7 月），頁 167-172。

[32] 臺南市文獻員會，〈臺南市志稿編纂之計畫〉，頁 167-172。

[33] 張麗堂，〈臺南市志序〉，收於游醒民纂修，《臺南市志・卷首》（臺南：臺南市政府，1978 年 12 月），頁 5。

[34] 文獻課，〈台南市志稿編纂之計畫與經過〉，《台南文化》新 4 期（1977 年 11 月），頁 152。

[35] 游醒民，〈臺南市志纂及出版概況〉，《台南文化》，新 8 期（1980 年 1 月）。

民國 65 年，張麗堂恢復《台南文化》之刊行，以《台南文化》做
為修訂市志的張本。[36]

　　《臺南市志》分類紀事，茲增其補敘，積其後記，總合各卷，
都為一集，[37] 時間斷限，上起明代，下迄民國 60 年止；而民國 67
年至 69 年之間，分期分卷進行編修。從民國 67 年（1978）12 月開
始，陸續刊行《臺南市志》〈卷首〉、〈地理志〉、〈政事志〉、〈經濟
志〉、〈教育志〉、〈學藝志〉、〈人物志〉、〈革命志〉、〈選舉志〉等。

　　其中，〈學藝志文學篇〉已於民國 74 年（1985）6 月出版，但
〈學藝志‧藝術篇〉則遲至民國 83 年（1994）6 月出版，雖屬同一
部志書，但二篇的出版時間竟相隔 9 年之久；另外，〈教育志‧教
育設施篇〉已於民國 68 年（1979）完成，但同志〈教育志‧教育
行政篇〉則遲至民國 80 年（1991）才出版，《臺南市志》前後歷經
20 年終告完成。從上可見地方志書的纂修工程浩大，十分不易，方
志編纂，非集眾人之智，經多年努力，無以意其功。

（六）《續修臺南市志》

　　民國 72 年（1983）內政部修正「地方志書纂修辦法」，規定以
10 年為期，纂修地方志書一次。翌年，臺南市政府向內政部提出「臺
南市志中華民國 70 年代纂修計畫」，惟經審查修正補充，該計畫延
多年未能實現。民國 80 年（1991）8 月，臺南市政府向內政部提出
「續修台南市志纂修計畫」，以民國 61 年至 80 年為斷代，並報經
內政部核准。民國 81 年 10 月，《續修臺南市志》邀集近史所、成

---

[36] 游醒民纂修，〈臺南市史略〉，《臺南市志‧卷首》（臺南：臺南市政府，1978
年 12 月），頁 5。

[37] 蘇南成，〈臺南市志序〉，收於游醒民纂修，《臺南市志‧卷首》，頁 8。

功大學及臺南師範大學及文獻委員會共 11 人組成編纂委員會，[38] 2 年內計畫完成卷首、卷尾、〈土地志〉、〈人民志〉、〈政事志〉、〈經濟志〉、〈教育志〉、〈學藝志〉、〈選舉志〉等，新增「氏族篇」，則是前修市志所無。民國 83 年底，《續修臺南市志》纂修小組開始陸續交稿，至民國 85 年（1996）5 月，初稿全數完成，共計一百七十萬言。續修市志稿經內政部審定，再經撰稿人修正，民國 85 年 6 月起，由市府刊印出版，但未見〈學藝志〉。

二、臺南縣市志之文學纂修內容

凡收錄臺南縣市文學且刊行的地方志計有：[39]《臺南縣志稿‧文化志學藝篇》「文藝章」[40]（1957）、《臺南縣志‧文化志學藝篇》「文藝章」[41]（1980 年）及《臺南市志‧學藝志文學篇》，[42] 而各志稿收錄的文學內容如下：

（一）《臺南縣志稿‧文化志學藝篇》「文藝章」

---

[38] 施治明，〈市長序〉，收於總纂謝國興，《續修臺南市志‧卷首》（臺南：臺南市政府，1997 年 12 月），頁 1-2。

[39] 有關《臺南市志稿‧學藝志文學篇》、《續修臺南市志‧學藝志文學篇》及《續修臺南縣志》收錄文學乙事，經查閱各大圖書館查無資料，且經臺南市政府文化局文化研究科業務承辦方小姐等人協助搜尋，並於 2021 年 7 月 23 日聯絡，確認《續修臺南市志‧學藝志文學篇》未刊行，《續修臺南縣志》則無收錄文學，本文對於業務單位熱心協助，特此表示謝忱。

[40] 郭水潭、莊松林、賴建銘纂修，《臺南縣志稿‧文化志》（臺南：臺南縣文獻委員會，1957 年 9 月）。

[41] 郭水潭、莊松林、賴建銘纂修，《臺南縣志‧文化志》（臺南：臺南縣文獻委員會，1980 年 6 月）。

[42] 賴建銘纂修，《臺南市志‧學藝志文學篇》（臺南：臺南市政府，1985 年 6 月）。

　　《臺南縣志稿・文化志》計有「勝蹟」、「寺廟」、「文化事業」、「學藝」4 篇，收錄許多當地寓賢作家則置於「學藝篇」。「學藝篇」又細分為「概說」、「文藝」、「藝術」、「科學」4 章，在《臺南縣志稿・文化志學藝篇》「文藝章」下設「序說」、「明清時代之文學」、「日據時代之文學」、「歌謠」、「文學團體」5 節。其中，在「明清時代之文學」一節，則收沈光文等 24 人及節選作品；在「日據時代之文學」一節，介紹來臺日人槐南、袖海等人對漢文學的成就，另有中文文藝作家王則修等 22 人及其作品；此外，還有日文文藝作家郭水潭、吳新榮、王登山、林精鏐、莊培初、林永修等 6 人及其作品；在「歌謠」一節，以「古代歌謠」收錄與臺南有關的番曲歌名〈新港社別婦歌〉、〈蕭壠社種稻歌〉、〈麻豆社思春歌〉、〈哆囉嘓社麻達遞送公文歌〉、〈大武壠社耕捕會飲歌〉5 首，歌詞卻錄在《臺南縣志稿・雜錄》（卷九），另一首〈四社平埔祭祖歌〉則錄在《臺南縣志稿・人民志》（卷二），與原住民謠有關的內容，分見於《臺南縣志稿》〈文化志〉、〈雜錄〉、〈人民志〉三志，以互補、互見、不重覆之原則，這都是需要各部負責纂修人員，在纂修時不斷充分協調、溝通，同心協力，始能完成。

（二）《臺南縣志・文化志學藝篇》「文藝章」

　　由於《臺南縣志》是以《臺南縣志稿》原稿進行刊印，除了封面的志稿名稱和版權頁的出版年份不同外，其志書內文的內容、頁碼、篇幅長短，完全一模一樣。

　　也就是說，《臺南縣志・文化志學藝篇》「文藝章」與《臺南縣志稿・文化志學藝篇》「文藝章」除志名少了一個「稿」字外，二志的內文，實則相同。

（三）《臺南市志・學藝志文學篇》

《臺南市志》〈學藝志文學篇〉共設「散文」、「詩詞」2 章，其中，「散文」有「明鄭時代之散文」、「清領時代之散文」、「日據時代之散文」、「光復後（民國 34 年至 60 年）之散文」4 節。其中，「明鄭時代之散文」一節收鄭成功〈報父書〉、陳永華〈夢蝶園記〉2 人作品；「清領時代之散文」一節收施琅等 17 人作品；「日據時代之新詩」一節收蔡國琳等 18 人之作品。「光復後（民國 34 年至 60 年）之詩」一節，則收程元藩等 12 人作品。

在「詩詞」一章，則有「明鄭時代之詩」、「清領時代之詩」、「日據時代之詩」、「日據時代之新詩」、「光復後（民國 34 年至 60 年）之詩」5 節。其中，在「明鄭時代之詩」一節收錄鄭成功、鄭經、朱術桂、沈光文、徐孚遠、盧若騰、王忠孝等 7 人之作；「清領時代之詩」一節收錄齊體物等 52 人之作；在「日據時代之詩」一節收連橫等 28 人之作；「日據時代之新詩」一節收赤嵌生等 11 人之作；在「光復後（民國 34 年至 60 年）之詩」一節收羅家倫等 15 人之作。臺南詩學獨盛，所存之詩，各體皆有。

三、新北與臺南市方志之文學纂修比較

新北市與臺南市方志中，所收錄的文學記述，分述如下：

（一）收錄文學志名不同

新北市改制前原為臺北縣，除臺北縣收錄文學志名相異；而臺南市則由臺南縣市政府合併，歷年來所纂修各部臺南縣、市的志稿

中，有關臺南縣、市的文學，計有《臺南縣志稿・文化志學藝篇》
「文藝章」、《臺南縣志・文化志學藝篇》「文藝章」、《臺南市志・
學藝志文學篇》及未刊行的《續修臺南市志・學藝志文學篇》。臺
南縣收錄文學的方志，皆為〈文化志・學藝篇〉；臺南市收錄文學
的方志，則為〈學藝志・文學篇〉。惟臺南縣志在文學篇下，再設
「文藝章」，設置收錄文學的章節非常細膩。

（二）註釋方式與時俱進

　　《臺南縣志稿・文化志學藝篇》「文藝章」採當頁註，以沈光
文〈感懷〉一詩為例：「按：『感懷』八首觀之，即出而組織所謂東
吟社，當於此時也，故詩有『同調字和氣』句，而其周圍文士漸集，
故詩有『時賢重典型』句：時賢者，指詩之清官也。詩云『敝盧依
大武』，大武即今玉井，清初玉井設有大武壠理蕃司，而目加溜灣
社設有大武壠分司，其跡尚存。」[43] 此外，《臺南縣志稿》、《臺南
縣志》收錄文學作家勞之辨〈臺灣雜詠〉：「按：西瓜、椰子、檳榔
等均為臺南的特產，荷花又為風物之一。」、[44] 季麒光〈題天妃宮〉：
「註：妃、莆田人，宋巡檢林愿之女，幼時能知休咎，有神女之稱。
常坐席以濟流，厥後人見衣朱衣飛騰海上，因建廟祀之。」[45] 孫
元衡〈野望〉：「按：詩寄懷又寫景，文章天成，妙手偶得者也。田
田甘蔗綠為南瀛之偉大風光。」[46] 此外，陳夢林咏〈橪圃〉：「按：
少年修志即在橪圃，設有纂修局，起自丙申秋八月，越明年丁酉仲

---

[43] 郭水潭、莊松林、賴建銘纂修，《臺南縣志稿・文化志學藝篇》「文藝章」，
　　頁 65。
[44] 同上註，頁 67。
[45] 同上註，頁 67。
[46] 同上註，頁 70。

春而脫稿，為志十二卷，世稱善本。」[47]《臺南縣志稿》、《臺南縣志》採「按」法，解釋說明。另《臺南縣志稿・文化志學藝篇》「文藝章」及《臺南縣志・文化志學藝篇》「文藝章」收范咸〈七月一日宴七里香花下作〉「難覓吹簫紫鳳車」，下有小字「張文昌玉葵花詩五色雲中，紫鳳請車尋仙來洞仙家」；[48]〈焚虎〉「精誠大府慰三農」下有小字「首中祈雨周撫軍學健命，以虎骨投龍潭中果得雨」，[49] 以上採用古籍註釋方式，於內文後面，以二行小字直接說明。

在近代歌謠：「初一早，初二早，初三睏較飽……初十有食喰，十一請子婿，十二查某子轉來來食泔糜仔配芥菜……。」亦以「註：『食喰』讀者（Chia si）『查某子』指出嫁之女兒也。『泔糜子』讀若 Am moe a 稀粥也。」[50] 另收錄民歌「白衫穿來白蒼蒼，蝦仔落鼎遍身紅，娘子思欲嫁好尪，父母主婚限定人。一個戒指來過定，叫我捧茶出大廳，那是賣我做嫺也著行。」[51] 也以「註：『戒指』讀若（Chiu chi）『過定』定婚之意。『做嫺』即女婢也。」[52] 以「註」做為加強說明、輔助解釋。《臺南市志・學藝志文學篇》除有「按」、「註」外，也有以直接解釋方式，例如：鄭成功〈出師討滿夷自瓜州至金陵〉：「縞素臨江誓滅胡，雄師十萬氣吞吳……。」，在詩中「氣吞吳」下面直譯「模擬並復吳會州縣。成功督師北上，攻至南京城外。」[53] 又齊體物〈抵澎湖嶼〉：「海外遙聞一島孤，好風經宿

---

47 同上註，頁 71。
48 同上註，頁 75。
49 同上註，頁 75。
50 同上註，頁 86。
51 同上註，頁 87。
52 同上註，頁 87。
53 賴建銘纂修，《臺南市志・學藝志文學篇》，頁 115。

到澎湖……」則在文下直譯：「體物，正黃旗人，清康熙 15 年進士。30 年（1691）任臺灣海防同知……能詩，至康熙 36 年卸，在任 6 年。」[54] 再者，余文儀〈安平晚渡〉：「風撼長竿捲大旗，安平渡口夕陽時……。」文後則直譯「余文儀……乾隆 25 年（1760）任臺灣知府，27 年攝海防同知，29 年陞臺灣道，在任中續修《臺灣府志》。」[55]

《臺南市志・學藝志》在夏之芳〈臺灣紀巡詩〉等多篇詩作後，於文字下分以「註一」、「註二」、「註三」等註序，然後再文末後，再以「註一」、「註二」、「註三」等註下，　註序進行不同的解釋。而編者用心採註，惟行文用字之間，仍頻頻出現錯字，例如「註：『食唅』讀者（Chia si）」，其中，「讀者」應該誤植，正確應該「讀音」。對此，雖然臺南獻文獻委員會在《臺南縣志稿》刊行後，曾對錯字部分，特別以〈臺南縣志稿勘誤表〉[56] 一文，以多達 13 頁的篇幅公開進行更正，但還是有漏網之魚，實美中不足的憾事。

新北、臺南市志的方志發展，到了《續修臺北縣志・藝文志文學篇》已採用學術專註，詳明資料來源，包括作者、書名、篇名、出版地、出版社、出版年及頁碼，使用註解方式符合學術論文的引註方式，大大提升學術價值。新北市雖無臺南市多次大動作修訂錯誤之舉，但《續修臺北縣志・藝文志文學篇》仍有少許錯字誤植，[57] 顯得美中不足，但文學記述仍具有臺北縣的文學特色，獨有文學書寫特色，備受矚目。

---

[54] 同上註，頁 129。

[55] 同上註，頁 150。

[56] 臺南縣文獻委員會，〈臺南縣志稿勘誤表〉，《南瀛文獻》4：2（1958 年 6 月），頁 86-98。

[57] 徐惠玲，〈躍動之都：《續修臺北縣志》的北縣文學書寫〉，頁 194。

（三）收錄大量詠史詩作

　　詩作歷史源遠流長，在臺灣的詩社熱烈蓬勃，詩作是古今文壇的異數，也是中國文學發展史上少有之事。[58] 臺北縣方志文學篇收錄不少詩作，例如，《續修臺北縣志・藝文志文學篇》收錄傳統詩社，有蘆洲「鷺洲吟社」，創立於 1928 年（日本昭和 3 年），為北縣大社之一，相關作者有王竹友〈經史田〉[59]、竹塹詩人林占梅侄子林知義作〈諸葛廬〉[60]、余光中〈碧潭〉[61] 等。

　　1662 年，鄭成功驅離荷蘭人之後，以臺灣做為生聚教訓之地，當時就有一些漢人孤臣宿儒，或飽學之士相繼移民來臺灣，這些移民來臺的文人，包括沈光文、王忠孝、辜朝薦、沈佺期、李茂春、張灝、張瀛等人，助長當時漢族文化的發展。[62] 而《臺南縣志稿・文化志學藝篇》「文藝章」、《臺南縣志・文化志學藝篇》「文藝章」、《臺南市志・學藝志文學篇》收錄文類，都是以詩詞數量居冠，由於臺南文學始於沈光文，因此收錄大量沈光文詩作，臺南縣、市合併成大臺南市之前，臺南縣立文化中心視為臺南之寶，對於南瀛大地擁有這一位難得的文學大師，特邀請學者龔顯宗等人，全力進行田野調查、考據、翻譯注釋和彙整類編，於 1998 年完成《沈光文全集及其研究資料彙編》，[63] 為地方「南瀛學」重要文獻。

---

[58] 黃美娥，《古典臺灣：文學史・詩社・作家論》（臺北：國立編譯館，2007 年 7 月），頁 183。

[59] 總編纂張勝彥、撰述許俊雅、洪惟仁，《續修臺北縣志・藝文志文學篇（上）》，頁 87-88。

[60] 同上註，頁 101。

[61] 同上註，頁 141-143。

[62] 黃秀政，張勝彥、吳文星，《臺灣史》（臺北：五南圖書出版公司，2002），頁 58。

[63] 龔顯宗編，《沈光文全集及其研究資料彙編》（臺南：臺南縣立文化中心，1998

　　《臺南市志‧學藝志文學篇》收施士洁〈戒煙〉、[64] 蔡國琳〈秋日謁延平郡王祠〉等。[65] 其中，施士洁和其父親施瓊芳，兩人是臺灣科舉史上，唯一的父子檔進士，也是臺灣文壇罕見的詩、詞、文作家。施士洁曾先後任教彰化白沙書院、臺南崇文、道學、海東書院，與丘逢甲、許南英並稱為清季三大詩人。當時臺灣兵備道唐景崧因仰慕其才，曾再三敦請施士洁參與政事，兩人因此成為文字交。唐景崧任臺灣巡撫，又招其入幕，以諮詢政務並切磋文藝。乙未割臺，施氏內渡寓居於福建省晉江西岑，和林爾嘉、鄭毓臣等臺灣內渡文士，流連詩酒，其古體詩雄深雅健似蘇、歐，近體則取法范、陸。而蔡國琳三世儒學，世居臺灣府仁厚境街（今臺南市開山路 151 巷），清光緒 8 年（1882）舉人，曾任澎湖文石、臺南蓬壺兩書院教諭、蓬壺書院山長，與許南英等人共組浪吟詩社、與連橫創南社，著有《叢桂齋詩鈔》，其女蔡碧吟克紹箕裘，有「赤嵌女史」之稱。[66] 此外，連城璧〈嵌城秋望〉、[67] 楊鵬搏〈過竹滬弔寧靖王〉、[68] 趙鍾麒〈安平懷古〉、[69] 黃拱五〈過大成坊〉，[70] 詩作以臺南當地或人物為題材，史家能史，詩人也能讀史，詠史詩作豐盛。

（四）突顯獨有在地文學

年 12 月）。
[64] 施士洁，〈戒煙〉，《臺南市志‧學藝志文學篇》，頁 198。
[65] 蔡國琳，〈秋日謁延平郡王祠〉，《臺南市志‧學藝志文學篇》，頁 200-201。
[66] 臺南研究資料庫，
https://trd.tnc.gov.tw/cgi-bin/gs32/gsweb.cgi/ccd=wLQJaH/record?r1=4&h1=0，
2022 年 2 月 28 日。
[67] 連城璧，〈嵌城秋望〉，《臺南市志‧學藝志文學篇》，頁 222。
[68] 楊鵬搏，〈過竹滬弔寧靖王〉，《臺南市志‧學藝志文學篇》，頁 228。
[69] 趙鍾麒，〈安平懷古〉，《臺南市志‧學藝志文學篇》，頁 234。
[70] 黃拱五，〈過大成坊〉，《臺南市志‧學藝志文學篇》，頁 248。

　　《臺北縣志・文藝志》、《續修臺北縣志・藝文志文學篇》收錄以鶯歌、新店，抑或是鹽寮、淡水等臺北縣各鄉鎮市地景的文學作品，皆是當地在地文學。

　　《臺南縣志稿・文化志學藝篇》「文藝章」、《臺南縣志・文化志學藝篇》「文藝章」，二志皆同時收錄臺南「鹽份地帶派」，[71] 並且以「鹽份地帶社」一目介紹。在臺灣文學史，「鹽分地帶」主要是指臺南市佳里區、學甲區、將軍區、七股區、西港區、北門區等6個行政區，因產鹽及土地貧瘠而得名，日治時期，該地就有創作群，文學藝術獨樹一格。解嚴以後，臺灣媒體自由開放，地方刊物如雨後春筍般滋長，臺南《鹽分地帶文學》[72] 雙月刊，從臺南市政府創刊至今，後由聯經出版事業公司《聯合文學》雜誌團隊接手執行，以「臺灣第一本風土文學誌」為號召，持續傳承「鹽分地帶文學」。時至今日，該地除了持續舉辦文學營等活動外，臺南市政府並從民國110年（2021）投入「鹽分地帶文化中心」興建計畫，帶動地方文化發展，[73]「在地」的文學議題，普遍受到各地重視。

　　近年來，臺南市政府文化局架設「南瀛人文研究中心」及臺南文史網頁，[74] 成立「歷史場域」、「臺南文獻」、「文學小百科」、「歷

---

[71] 郭水潭、莊松林、賴建銘纂修，《臺南縣志稿・文化志學藝篇》「文藝章」，頁62。

[72] 〈【鹽分地帶文學】在地編輯培力──Wu Talk！臺南在地誌〉，https://www.unitas.me/?p=22601，2021年7月10日。

[73] 臺南市政府，〈黃偉哲場勘「鹽分地帶文化中心」佳里預定地　盼平衡區域藝文發展〉，https://www.tainan.gov.tw/news_content.aspx?n=13370&s=7709473；自由時報新聞網，〈台南鹽分地帶文化中心選址　下半年確定〉，https://news.ltn.com.tw/news/life/paper/1494912，2022年8月14日。

[74] 臺南市政府文化局「臺南文史」，https://culture.tainan.gov.tw/form/index?Parser=2,6,96,47，2021年3月3日。

史名人資料庫」、「名人故居」、「文化活動」、「文史叢書」、「女姓歷史名人」、「老照片」、「王育德紀念館」等豐富的電子史料，提供大眾隨時可以上網查詢。臺南縣市合併後，目前尚未纂修直轄市志，但持續出版「大臺南文化叢書」與《臺南文獻》，其中，「大臺南文化叢書」已出版 60 冊，每一叢書主題，都邀請不同領域的學者專家調查研究，[75] 以「地景文化」、「信仰文化」、「公路文化」、「工藝文化」、「城鄉風貌」、「戲曲文化專輯」及「生命禮俗專輯」專題，描繪在地文化，帶領讀者進入大臺南文化歷史現場。[76] 此外，臺南市政府文化局在「臺南文學」網站，[77] 收入「臺南文學家」、「臺南作家作品集」、「臺南 sing 時代之歌原創音樂競賽」、「南寧文學家」、「文學叢書出版」、「葉石濤文學館」，並設置「臺南研究博碩士論文獎學金」及學術研討會等，臺南市政府文化局持續邀集在地文史工作者蒐集、研究文獻史料等，不斷為「臺南學」持續積累豐富的文史與文化涵養。臺南擁有豐富多元的文化風貌。臺南縣、市合併而成的大臺南，為推廣臺南研究、蒐編文獻資源，臺南市政府文化局自 2012 年起以邀稿及徵稿方式出版《臺南文獻》專刊，該專刊係為臺南相關文獻之研究，舉凡與臺南有關之人文、史地、社會、文化等論述、史料、田調、訪談等，皆蒐羅其中，除保存珍貴文獻

---

[75] 葉澤山，〈局長序‧留下生命禮俗的運作軌跡〉，收於張耘書、鄭佩雯合著，《大臺南文化叢書第 7 輯——大臺南生命禮俗專輯：臺南嫁娶禮俗研究》（臺南：臺南市政府文化局，2019 年 9 月），頁 2-3。

[76] 曹婷婷，〈為臺南學奠基 大台南文化叢書 9 年出版 60 套〉，https://www.chinatimes.com/realtimenews/20190918003123-260405?chdtv，2022 年 3 月 3 日。

[77] 臺南市政府文化局「臺南文學」https://culture.tainan.gov.tw/form/Details?Parser=28,6,101,45,,,123，2022 年 3 月 3 日。

資源，亦為研究臺南市文史的公開園地及重要文獻專刊，[78] 以專題方式深化在地研究。

　　2010 年 12 月 25 日，臺北縣、臺南市同時升格為直轄市，臺北縣改稱為「新北市」，臺南市則由原臺南縣、臺南市合併，分別成為六都之一。其中，臺北縣，乃為新北市之前身，其開發甚早，發展迅速，為北臺灣重要之地，新北市改制之前，臺北縣已編纂《臺北縣志稿》、《臺北縣志》、《續修臺北縣志》，記述臺北縣的歷史發展變革，保存重要文獻資料，而專收臺北縣文學作家及其作品，則計有《臺北縣志稿・文藝志》、《臺北縣志・文藝志》、《續修臺北縣志・藝文志》，觀察臺北縣志文學纂修的轉變有：「收錄文學志名相異」、「收錄在地文學作品」、「地名區分類別創新」、「深入調查記錄褒歌」；而臺南市是臺灣最早開發的地區，史蹟文物之富，冠於全國，歷年來無論文化資產維護、文教推廣等，均有出色成果，從荷蘭時期，歷經明鄭、清朝、日本統治，臺南市一直是臺灣的政治、經濟、文教中心。二地纂修方志文學之異同則有：「收錄文學志名不同」、「註釋方式與時俱進」、「收錄大量詠史詩作」、「突顯獨有在地文學」。新北、臺南市迄今均尚未啟動纂修直轄市志，但臺南市積極推動「臺南學」，且有可觀成績，已累積豐富文史養料和文史智庫。

---

[78] 《臺南文獻》，https://culture.tainan.gov.tw/content/index?Parser=1,6,97,47，2022 年 3 月 3 日。

第五章　國門之都：桃園市方志之文學纂修

　　桃園市，境內有桃園國際機場、擁有的外籍移工人數號稱全臺第一、有全臺最多的埤塘、土地公廟密度為全臺之冠、有全臺最大且生長完整的藻礁地形，物產富饒。在臺灣六都（直轄市）中，桃園市雖是最後一個升格直轄市，但卻是一座發展潛力無窮的城市。加以文學上，有一位被公認為臺灣文學大師鍾肇政（1925－2020），因此，戰後臺灣方志的文學纂修脈絡與文類演變，桃園市乃成為本文主要考察對象；高雄，俗稱「港都」，工廠林立，商業繁盛，原為臺灣省所轄之省轄市的高雄市，民國 68 年（1979）7 月 1 日改制為行政院直轄市，民國 99 年（2010）12 月 25 日，高雄市又與高雄縣合併成為高雄市，合併後的高雄市仍為直轄市，轄區增加，因其為臺灣南部之重鎮，國際重要港都。本文乃一探桃園市與高雄市的方志，析究國門之都與國際之都的方志文學纂修之演變。

第一節　各版桃園縣志纂修背景
與纂修團隊

　　盱衡桃園市從民國 103 年（2014）12 月 25 日升格直轄市至今，尚未啟動直轄市志的纂修，所以本文乃梳理民國 103 年以前，即桃園市改制升格前的三部桃園縣志：首纂《桃園縣志》、重修《桃園縣志》、《新修桃園縣志》分述如下：[1]

一、首纂《桃園縣志》

　　戰後臺灣各地積極展開方志纂修工作，桃園縣志始於民國 39 年（1950）9 月設置桃園縣之後。民國 40 年（1951），桃園縣政府設置「桃園縣文獻委員會」，民國 41 年，草擬「《桃園縣志稿》凡例綱目」，纂修工作由會內人員郭薰風、諶化文、唐銘新等人負責外，並聘特約編纂石璋如、周法高、金惠、周念行等 9 人，按所訂篇目分篇纂稿。民國 44 年 4 月，志稿全部完成初校，45 年 1 月，完成校正繕印《桃園縣志稿》油印本 10 冊，志稿並未對外發行；

---

[1] 本文依拙作〈戰後臺灣縣（市）志的纂修研究——以《新修桃園縣志》為例〉，《臺北文獻》177（2011 年 9 月）、〈《新修嘉義縣志》、《新修桃園縣志》之比較究——以藝文方志為例〉（臺北：花木蘭文化出版社，2014 年 3 月）、〈論桃園市改制前三部縣志「文學篇」的編纂〉，《臺灣文獻》72：3（2021 年 9 月）等初稿進行修訂增補。由於桃園縣第一次、第二次纂修的縣志名稱都叫《桃園縣志》，為俾利行文和閱讀之便，本文乃以第一次纂修的縣志稱為「首纂《桃園縣志》」、第二次纂修的縣志稱為「重修《桃園縣志》」，合先敘明。

民國45年（1956）5月，出版《桃園縣志總目錄》一冊，將《桃園縣志稿》各志目錄加以統整，並詳述縣志纂修經過、縣志修輯職名、各志纂修人員一覽表等；翌年，《桃園縣志稿》送至內政部審查，獲審通過後，改稱《桃園縣志》。

　　首纂《桃園縣志》自明永曆15年（1661年、清順治18年）鄭成功在臺灣北部設置天興縣起，迄民國41年（1952）12月底止，[2] 纂修經費共計新臺幣18萬7165元，[3] 自民國51年起，至民國58年止，先後出版〈卷首〉、卷二〈人民志〉、卷三〈政事志〉、卷四〈經濟志〉、卷五〈文教志〉、卷六〈人物志〉、卷末〈志餘〉。

二、重修《桃園縣志》

　　首部桃園縣志完成後，短短 20 年之間，桃園境內農地重劃、社區建設、設立工業區、闢建國際機場、高速公路完工通車等建設，促使桃園縣建設突飛猛進，社會結構與地方建設變化殊大，且按內政部規定，地方志每隔十年應補修一次，[4] 因此，民國65年（1976）6 月，時任桃園縣政府民政局局長廖本洋與專家學者提出《桃園縣志重修總綱目》，[5] 展開重修縣志工作。重修《桃園縣志》收錄範圍自明永曆15年（1661年，清順治18年）起，迄中華民國60年（1971）

2　郭薰風主修、石璋如纂修，首纂《桃園縣志・卷首》（桃園：桃園縣文獻委員會，1962 年 9 月），頁 1-2。

3　許中庸，重修《桃園縣志・文教志藝文篇》（桃園：桃園縣政府，1988 年 6 月），頁 561。

4　桃園縣政府，《桃園縣志重修總綱目》（桃園：桃園縣政府，1976 年 6 月），頁 3。

5　桃園縣政府，《桃園縣志重修總綱目》，頁 1-3。

止，惟大事記因前總統蔣中正安厝慈湖，而延至民國 64 年（1975）。重修《桃園縣志》僅出版卷四〈經濟志〉、[6] 卷五〈文教志〉二志。

三、《新修桃園縣志》

　　由於桃園發展快速，先前纂修兩部《桃園縣志》已無法滿足時代的需求，桃園縣政府乃於民國 93 年初公開徵求編纂團隊，最後由賴澤涵組成的編纂團隊，於民國 93 年 4 月 12 日縣府簽約，訂於民國 95 年（2006）12 月 31 日要完成纂修〈志首〉、〈地理志〉、〈開闢志〉、〈住民志〉、〈社會志〉、〈行政志〉、〈地方自治志〉、〈經濟志〉、〈交通志〉、〈教育志〉、〈人物志〉、〈藝文志〉、〈勝蹟志〉、〈宗教禮俗志〉、〈賸錄志〉15 志，每志一冊，計有六百萬字。新修縣志編纂自民國 42 年終至民國 93 年底，凡民國 41 年前既有縣志之缺漏，加以增補修訂，使舊志與新修縣志得以結合。縣府另成立審查委員會，務使各志錯誤減至最低，縣志編纂工作嚴謹。但因縣志資料蒐集與撰寫費時，又〈教育志〉、〈人物志〉、〈社會志〉、〈住民志〉等志編纂主持人中途易人，以致受託單位未能履約標的，直至民國 99 年（2010）9 月才終於順利完成出版。

　　首纂《桃園縣志》、重修《桃園縣志》，纂修工作均由當時桃園縣文獻委員會負責，《新修桃園縣志》則是交由學術單位，但是新修縣志的纂修過程一波三折，惟出版前，文化局特邀請黃秀政、吳文星二位學者擔任全套 15 志的審查委員，依學術規範嚴格把關，藉以提高該部志書的學術水準，新修縣志雖為官修，但縣府尊重編

---

[6] 連文安，《桃園縣志・經濟志》（桃園：桃園縣政府，1973 年 10 月）。

纂團隊和編纂委員會。

第二節　各版桃園縣志文學記述特色與轉變

一、各版桃園縣志文學記述內容與特色

(一)首纂《桃園縣志》的文學記述內容與特色

首纂《桃園縣志》有關文學，都收錄於〈文教志〉，[7]〈文教志〉共有「教育制度」、「教育設施」、「社會教育」、「藝文」4 篇，與文學有關者，則收於「藝文篇」。篇下分為「概說」、「詩社與詩稿」、「文苑」、「民間藝術」、「書畫碑匾」五章，下設 14 節 19 目。首先，在「詩社與詩稿」一章，介紹清代諸生吳少青於民國 11 年在中壢（今中壢區）創立「以文吟社」；另有「桃園吟社」、「陶社」、「崁津吟社」、「東興吟社與復旦詩社」等，顯示臺灣光復後，擊缽催詩，盛極一時。另透過楊阿珍〈八十自序〉詩稿，一覽時代的變遷；而收錄呂傳琪〈古梅〉等作品寄情於詩中，或以桃園地名吟詠詩。

而於「文苑」一章，設有「政事」、「散文」、「傳記」、「哲學」、「隨筆」5 節。其中，「政事」僅收時任桃園縣長徐崇德（1911－1985）作〈為政二年〉一文；另在「散文」則節選民國 25 年發行的彰化

---

[7] 主修郭薰風、纂修周念行，〈凡例〉，收於首纂《桃園縣志‧文教志藝文篇》（桃園：桃園縣文獻委員會，1967 年 3 月）。

崇文社二十週年紀念詩文集的古道興、楊興亭、古炳文、古宗蕃四人作品外，還有呂傳琪於日本大正年間，在報紙上抨擊日政設施偏差與建言等；在「傳記」則節錄古道興之作〈節烈汪劉氏媳余氏劉滿姑朱魯氏朱群姑楊顏氏黃江氏康吳氏合傳〉、〈孝子蕭明燦、侯瑞徵、吳拔英合傳〉、〈孝女施劍翹為父復仇、林劍華女士捍賊護夫並論〉三則，內文以儒家精神，強調道德與氣節之重要性；在「哲學」則錄劉金標《人生之目的與佛教》的佛學理論與內容；在「隨筆」則節錄梁盛文所著《耐園隨筆》有關世教記述，及楊梅楊星亭、中壢古炳文、楊梅古道興等詩人的詩作、傳記，收錄對象為桃園本地文人等。

　　另在「民間藝術」一章，則設「歌謠」、「樂曲」、「戲劇」、「民族舞蹈」四節。其中，「歌謠」分為「體式與字音」、「聲韻與內容」二目，體式分為「七字仔」、「雜念仔」二種，前者每首四句，每句七字，多用於情歌或故事；後者「雜念仔」，則各首句數長短不一，歌謠的歌詞有詠愛情、詠植物、詠動物等。至於最後一章「書畫碑匾」共分書法、碑匾、繪畫 3 節，其中，書法一節收錄桃園境內清代進士陳登元，舉人李騰芳、余春錦、余紹賡，廩生呂鷹揚、廖希珍、呂傳琪、呂傳命的作品，另有呂鐵生的畫作、四幅碑匾。

　　1952 年，時任縣長徐崇德召開首次籌議修志工作，首纂《桃園縣志》成為戰後桃園設縣，首部官修方志，而「藝文篇」成為第一部專篇收錄有關桃園當地作家及文學作品。首纂縣志「藝文篇」，收錄時間是 1952 年底，收錄作品「倒挽狂瀾同有責，振興吾道賴群賢。詩傳正氣河山莊，吟幟高飄社運綿。」、[8]「奪國籌謀為閫閫，

---

[8] 邱子敬，〈錦福〉，首纂《桃園縣志・文教志藝文篇》，頁 141。

生平義俠總堪譽。一朝受惠將身報，不似荊卿劍術疎。」、[9]「憑高西向神州望，烽火年年感不堪。」、[10]「曳杖回來上嶺南，秋風浙浙拂征驂，可憐極目傷心處，破碎河山感不堪。」[11]、「西風瑟瑟戰秋酣，韻事龍山此日參。絕頂登高增感慨，異鄉有客望江南。」、[12]「……建設新桃園以為建設臺灣，復國建國的基礎……使反攻大陸、復國建國的國策，早日達到……要每個人從內在做起，抱定取義成仁的決心，不中途氣餒，不中途妥協，然後反共大業才可以成功……」，[13] 充滿對神州的嚮往、濃濃的懷鄉情愁、復國建國等情懷，實乃戰後臺灣內外動亂甫定，在「反共復國」國策的政治背景下，以國族主義為中心，首纂縣志編纂的時空背景，適值反共戰鬥的意識型態籠罩全臺，文學創作附屬於政治權力之下，以當時大環境的時空背景，反共文學作品成為作家寫作的主要題材，首纂縣志「藝文篇」所收錄反共懷鄉的文學作品，適以說明當時的文學潮流。

　　而在「文苑」一章，設「政事」一節，僅收錄時任縣長徐崇德所作〈為政二年〉一文，分以「前言」、「競選政見與施政計畫」、「府會一家，黨政一體」、「地方自治基礎粗具」、「改造教育變化氣質」、「經濟建設，農林為先」、「水利建設，促建石門水庫」、「淡水養魚，甚可樂觀」、「修橋鋪路，便利交通」、「衛生設施，普及鄉村」、「循序漸進，實現耕者有其田」、「維護治安，厲行便民」、「結論」，文長 14 頁。「政事」係指政論著作，首纂縣志「政事」一節，僅收時任縣長一人一篇作品，此若非首長授意，否則就是纂修者揣摩上

---

[9] 劉永清，〈專諸〉，首纂《桃園縣志・文教志藝文篇》，頁 146。
[10] 江上鵬，〈登高〉，首纂《桃園縣志・文教志藝文篇》，頁 149。
[11] 簡欣哲，〈登高〉，首纂《桃園縣志・文教志藝文篇》，頁 149-150。
[12] 李傳亮，〈登高〉，首纂《桃園縣志・文教志藝文篇》，頁 150。
[13] 徐崇德，〈為政二年〉，頁 169-170。

意，據此呼應時代巨變而發展出來的主流意識，所產生的文學形態
與方式。首纂縣志展現桃園首部專篇、反共文學盛行、首長政績特
色。

（二）重修《桃園縣志》的文學記述內容與特色

重修《桃園縣志》〈文教志〉[14] 有「教育」、「藝文」、「武術技
擊」3 篇，其中，與文學有關都在「藝文篇」6 章 22 節 8 目。「藝
文篇」分為「方志」、「著述」、「文苑」、「歌謠、戲劇、舞蹈、書畫」、
「雕塑」及「雜藝」6 章。首先，在「方志」章雖細分四節，但在
「明鄭時代」一節僅列《台灣輿圖考》、《從征實錄》二書名；在「清
代」一節則簡介《諸羅縣志》、《淡水廳志初稿》、《淡水廳志》、《新
竹縣采訪冊》的作者、凡例；「日據時代」一節簡介《新竹沿革史》、
《桃園街要覽》、《大園庄要覽》、《桃園廳志》、《新竹縣志初稿》的
作者或章節；在「光復以後」一節則略提首纂《桃園縣志》的編纂
經費及各卷志名稱等。其次，「著述」一章有四節：在「序」節，
僅錄清高拱乾纂修《重修臺灣府志》〈捐修諸羅縣學宮序〉及時任
桃園縣長徐崇德〈首纂桃園縣志序〉二文；在「奏疏、公移、政事、
訓事」節，節選清劉良璧（1684—1764）《臺灣府志》〈題請會試額
中部覆疏〉、清周昌〈詳請開科改試文〉及徐崇德〈為政二年〉、民
國 54 年時任縣長陳長壽的「國民學校畢業生畢業典禮縣長訓詞」；
在「文徵」節，則錄〈明志書院碑記〉、〈莊規禁約〉；在「傳、記」
節，則節選袁弘仁〈藏書記〉、古興道（1875—1941）〈孝子蕭明燦、
侯瑞徵、吳拔英合傳〉、黃叔璥（1682—1758）《臺灣史槎錄》、清

---

14 許中庸，重修《桃園縣志‧文教志》（桃園：桃園縣政府，1988 年 6 月）。

朱景英《海東札記》。而「文苑」一章，有「文藝類」、「論說類」、「詩社及詩稿」三節。其中，「文藝類」節以「明鄭時代」、「清代」、「日據時代」及「光復以後」分別收錄沈光文〈臺灣賦〉等人書目名稱；「論說類」、「詩社及詩稿」二節，除收錄李春生《主津新集》等人書目名稱及林占梅等詩人及詩集名稱外，再從首纂縣志「藝文篇」節選劉金標《人生之目的與佛教》及楊星亭〈涉趣園詩藁〉等詩稿作品；至於「歌謠、戲劇、舞蹈、書畫」一章則分成四節。

「桃園文學」是屬於「桃園學」的一環，[15] 惟各縣市文學史對於空間、作者作品的界定，並未有一共識的標準，學界尚未取得統一的看法。[16] 而明鄭時期，桃園隸屬於承天府天興縣，並未有相關文學創作，清康熙 22 年（1683）正式將臺灣納入版圖，設福建省臺灣府，桃園屬諸羅管轄，且開始有書寫桃園的宦遊之作。但這些作者並不是桃園人，若以地方文學的歸屬，創作者僅短暫停留桃園時創作，或以桃園為主題創作，即歸納為寬鬆條件下的桃園文學。[17] 因此，重修縣志出現收錄李春生、林占梅等非桃園在地人的作品，說明纂修選樣係採寬鬆的標準。

在「歌謠、戲劇、舞蹈、書畫」一章則分成四節，其中，「歌謠」一節的目次、內容，全部取自首纂縣志「藝文篇」的「歌謠」一節；而「樂曲」一節所收錄「國樂」一目，也同首纂縣志「藝文

---

[15] 許雪姬演講，楊朝傑彙整，〈臺灣學・地方學、桃園學〉，《桃園文獻》2（2019年 9 月），頁 10；許雪姬，〈桃園研究的建立與實踐〉，收於李力庸主編，《經緯桃園：2018 桃園學》（桃園：桃園市政府文化局，2019 年 7 月），頁 19-33。

[16] 許俊雅，〈建構與新變／敞開與遮蔽──台灣區域文學史的意義與省思〉，《台灣文學研究學報》18（2014 年 4 月），頁 16。

[17] 顧敏耀，〈地方文學〉，文化部：臺灣大百科全書 http://nrch.culture.tw/TWPEDIA.ASPX?id=4660，2021 年 5 月 29 日。

篇」的「歌曲」一節;「書畫碑匾」一節,則同首纂縣志「書畫碑匾」一章,只不過,將其「書法」、「碑匾」、「繪畫」3節改為3目,內容也是多依據首纂縣志「藝文篇」的內文。在「文苑」一章三節中,「文藝類」一節以同前「方志」章的四期分法,僅收錄作者及其書目名稱,另在「明鄭時代」收錄沈光文〈臺灣賦〉、徐孚遠(1600—1665)〈釣璜堂集〉;「清代」有楊廷理(1747—1813)〈臺陽試讀〉、王克捷〈通虛齋集〉、鄭用錫(1788—1858)《北郭園全集》、陳維英(1811—1869)《偷閒錄》、彭培桂《竹裡館詩文集》、彭廷選《榜榕小築詩文稿》、陳朝龍《癖齋詩文集》;「日據時代」有王友竹《滄海遺民賸稿》、鄭毓臣《師友風義錄》、劉頑椿翻譯《岳飛》及大溪人李獻璋(1914—2006)輯《台灣民間文學集》;「光復以後」則收鍾肇政等十三人及其書目名稱。在「論說類」一節,則收李春生、劉金標及許義宗等人書目名稱外,並從首纂縣志節選劉金標《人生之目的與佛教》及〈孔教重興論〉、古道興〈祝彰化崇文社二十週年紀念文〉、楊星亭〈崇文社紀念文及馮安德先生立信說〉及〈耐園隨筆序〉、呂傳琪〈抨擊日政設施文〉等內文;此外,在「詩社及詩稿」一節,前半部收林占梅等詩人及詩集名稱外,後半部則節選126位詩人、144首詩作。

　　重修縣志「藝文篇」採用史學分法,分別以「明鄭時代」、「清代」、「日據時代」及「光復以後」進行收錄,章節層次顯得更加清析。其中,以「光復以後」一目,新增作家鍾肇政、林鍾隆、傅林統、羅枝土、徐正平、曾信雄、謝新福、鄧博敦、馮輝岳、張新金、邱晞傑、鄭石棟、廖明進及其作品名稱入志。以鍾肇政為例:

　　　　《江山萬里》、《流雲》、《大壩》、《沉淪》、《插天山之歌》、《滄

溟行》、《望春風》等長篇小說，及中、短篇小說集《殘照》、《輪迴》、《中元的構圖》、《濁流》等廿餘部。《砂丘之女》、《水壁》曾獲得中國文藝協會獎章等四種文藝獎。著作者鍾肇政係本邑龍潭人，民國 34 年畢業於彰化青年師範學院，任教龍潭國民小學。[18]

重修縣志「藝文篇」以短短 139 個字介紹文學大老鍾肇政，當時雖未能見到鍾肇政的作品內文，但上述作家及其作品，在重修縣志中，卻是首次出現。纂修的特色承襲前志內容、書目節選兼收，增加光復後作品。

（三）《新修桃園縣志》的文學記述內容與特色

《新修桃園縣志·藝文志》[19] 共有「藝文行政」、「美術」、「舞蹈」、「戲劇」、「工藝」、「音樂」、「文學」。凡文學主要收於「文學篇」，篇下計分為「臺灣傳統文學」、「俗文學」、「臺灣文學」、「兒童文學」、「桃園文藝作獎」5 章 12 節。其中，「臺灣傳統文學」一章，內容多同於首纂縣志「藝文篇」之「詩社與詩稿」、「文苑」二章的內容；另外，「俗文學」有「漢民族文學」、「原住民文學」二節，前節收錄 11 則口說文學與 10 則傳說的名稱與內容；後節收錄 18 則口說文學的名稱與內容。在「臺灣文學」章下有「中華文藝」、「臺灣鄉土文學」2 節，前者收錄前總統蔣經國〈梅臺思親〉及謝冰瑩〈慈湖謁靈記〉、張曉風〈西紗〉共 3 篇，作品的主題都與前

---

[18] 許中庸，重修《桃園縣志·文教志藝文篇》，頁 578。
[19] 賴澤涵總纂、編纂謝艾潔，《新修桃園縣志·藝文志》（桃園：桃園縣政府，2010 年 9 月）。

總統蔣中正有關;「臺灣鄉土文學」一節,則收錄鍾肇政、黃娟二人及其作品的名稱;在「兒童文學」章,設有 3 節,其中,「桃園兒童文學作家與作品」一節收錄林鍾隆、傅林統、羅枝土、徐正平、曾信雄、謝新福、馮輝岳、邱晞傑、廖明進、吳家勳、范姜春枝、黃登漢等 12 人書目名稱,並節選其作品內文。最後一章「桃園文藝作獎」則以二個頁面,用表格呈現歷屆桃園縣文藝創作獎的得獎名單。

新修縣志「文學篇」不少內容取自首纂縣志「藝文篇」,且有錯字,例如在〈孝女施劍翹為父復仇、林劍華女士捍賊護夫並論〉一文,目錄與內文標題,都將「林劍華」誤植為「林建華」,不過,對於光復後所收作家名單則略異,例如:重修縣志「藝文篇」收錄鍾肇政、林鍾隆、傅林統、羅枝土、徐正平、曾信雄、謝新福、鄧博敦、馮輝岳、張新金、邱晞傑、鄭石棟、廖明進 13 人;新修縣志「文學篇」則將鍾肇政移置「臺灣鄉土文學」一節,張新金、鄧博敦、鄭石棟三人刪除,改收吳家勳、范姜春枝、黃登漢 3 人,其他 8 人續收。

新修縣志「文學篇」所設「臺灣文學」一章,與二次大戰後,桃園地區移入大批撤退來臺的軍民,1970 年兩蔣靈寢設於桃園慈湖,因此,出現大量中華文藝作品息息相關。至於介紹鍾肇政的著作目錄,新修縣志的著作目錄的作品數量多且細,不過,部分當代的在地作家與作品介紹,則被置於「兒童文學」章節,作品僅介紹書名、或收錄全文等,表現方式不同。另在「臺灣傳統文學」一章,內容僅是將原於首纂、重修縣志「詩社與詩稿」等章名,改為節名,內容實同於首纂縣志「藝文篇」的「詩社與詩稿」、「文苑」。至於「臺灣文學」章二節,「中華文藝」一節共 14 頁,收錄〈梅臺思親〉

等文；在「臺灣鄉土文學」一節則以 5 頁篇幅，收錄鍾肇政、黃娟二位在地作家的生平與作品名稱。民間文學最早在重修縣志「藝文篇」的「民間傳說故事」一節已出現，但僅收錄李獻璋所編〈過年緣起〉[20] 一則故事而已；及至新修縣志「文學篇」，其在「俗文學」一章收錄漢民族口說文學 11 則、傳說 10 則與原住民口說文學 18則，每一則同時有故事、傳說題名與內文。有鑑於民間文學的重要性，桃園縣政府委外深入桃園各地採集作品數量豐富，[21] 惟新修縣志所收〈打虎大將軍〉等 10 則，作品全部取自龜山單一區域，縣志取材分布性稍嫌不足。

　　戰後臺灣作家仍以中國白話文寫作，直到民國 80 年以後，才逐漸出現臺語文學，甚至有《泰雅腳蹤》泰雅語小說出現。[22] 新修縣志文學篇收錄閩南語故事，例如：〈注死〉（即註定死亡）、〈囡仔公〉（「囡仔」是指小朋友、小孩）、〈阿媽的咒詛〉（「咒詛」意同詛咒的意思）；[23] 原住民傳說則有泰雅部落大家耳熟能詳的哈路斯的故事等。新修縣志「文學篇」收錄漢民族與原住民口說文學，雖因篇幅限制所錄有限，但卻在桃園縣志中，第一次入志。總結新修縣志的文學纂修，具有首見臺灣文學一詞、擁有大量民間文學及首錄閩南、原住民語等特色。

二、各版桃園縣志之文學纂修的轉變

---

[20] 許中庸，重修《桃園縣志・文教志藝文志》，頁 659-661。
[21] 胡萬川總編輯，《桃園縣民間文學集》（桃園：桃園縣文化局，2002 年 11 月）。
[22] 葉石濤，《展望臺灣文學》（臺北：九歌出版社，1994 年 8 月），頁 23-24。
[23] 賴澤涵總纂、編纂謝艾潔，《新修桃園縣志・藝文志文學篇》，頁 546-547。

　　學者江寶釵〈方志，區域文學史的另類書寫從《嘉義市志文學篇》的編纂說起〉[24] 及筆者〈評述《嘉義縣志》四部收錄藝文的方志〉，[25] 皆是討論方志中的文學編纂。近年來，有以桃園為題專書有林央敏《桃園文學的前世今生》、[26] 謝鴻文《桃園文學的星空》[27] 及鄭雯芳〈桃園文學概述〉，[28] 雖以桃園文學為主題，但觸及討論方志內容有限。故以方志做為文學書寫考察，實有待更多的研究。以下就各版桃園縣志文學纂修的轉變，[29] 茲分述如下：

（一）反映當代文學風貌

　　清治臺灣，纂修府志有「宸翰」一類，其係指古代帝王的辭文，此一文類實多為歌功頌德的作品。清末周鍾瑄纂修《諸羅縣志》在凡例第四條「學宮勒御製至聖先師贊、四賢贊，『郡志』列諸『藝文』，似屬非體。」[30]，認為御撰「宸翰」入〈藝文志〉有缺失，自此，許多〈藝文志〉乃採周氏建議，取消「宸翰」文類。不過，在桃園市改制前的首纂、重修縣志「藝文篇」，仍見有類似「宸翰」文類。其中，首纂縣志「藝文篇」，收錄徐崇德〈為政二年〉一文的篇幅比重，佔了「藝文篇」的六分之一，重修縣志「藝文篇」，也以「政事」收錄徐崇德〈為政二年〉的前言及結論，雖重修縣志

---

[24] 江寶釵，〈方志，區域文學史的另類書寫從《嘉義市志文學篇》的編纂說起〉，《文學臺灣》40（2001 年 10 月），頁 46-52。

[25] 徐惠玲，〈評述《嘉義縣志》四部收錄藝文的方志〉，《嘉義大學通識學報》11（2014 年 11 月），頁 135-152。

[26] 林央敏，《桃園文學的前世今生》（臺北：草根出版公司，2019 年 11 月）。

[27] 謝鴻文，《桃園文學的星空》（桃園：SHOW 影劇團，2015 年 12 月）。

[28] 鄭雯芳，〈桃園文學概述〉，《桃園文獻》10（2020 年 10 月），頁 7-14。

[29] 徐惠玲，〈論桃園市改制前三部縣志「文學篇」的編纂〉，頁 119-154。

[30] 清·周鍾瑄，《諸羅縣志》（南投：臺灣省文獻委員會，1993 年 6 月），頁 7。

「藝文篇」的篇幅已經縮小，但仍以強調首長政績意味仍濃。

戰後，國共鬥爭漸次激化，1948 年 4 月國民大會制定「動員戡亂時期臨時條款」，根據臨時條款，先後製定一百四十餘種與動員戡亂有關的法規與行政命令。因勘亂剿共軍事節節失利，中央政府以臺灣做為反共復國基地，翌年，蔣中正視事之日，發表文告，重申反共及光復大陸等方針。[31] 當時臺灣的政治、社會與文化，係處於威權體制的環境中，文化行政基本上是以貫徹政府的政策為主要考量，戰後初期的「去日本化」、「再中國化」，使得當時文學發展深受政府戒嚴時期「反共復國」、「復興中華文化」政策，[32] 反共文學為當時特有的文學型態。

首纂桃園縣志「藝文篇」所收錄〈錦福〉、〈登高〉等文，係以家國情懷、鄉愁情思的作品，內容多停留在反共文學思潮中，此乃與首纂縣志「藝文篇」出版之際，適逢國民政府撤退臺灣，移入大批撤臺軍民，臺灣實施戒嚴時期，加上兩蔣陵寢設於慈湖，使桃園縣文壇常見反共文學。而此纂修的文學風格，說明戰後臺灣文學處於發展「反共文學」，[33] 首纂與重修二部桃園縣志，在威權體制時空下出版，內容受到限制與壓縮，文學發展實與大時代環境有非常密切的關係。解嚴後，政治環境與社會呈現巨大變化，新修縣志「文學篇」收錄閩南語、原住民語等故事為例：[34]

---

[31] 黃秀政、張勝彥、吳文星合著，《臺灣史》（臺北：五南圖書出版公司，2002 年 2 月），頁 257-258。

[32] 黃秀政總纂，〈總論〉《臺灣全志·文化志》，頁 2。

[33] 陳萬益，〈臺灣文學是什麼？〉，收於文訊雜誌社主編，《臺灣文學中的社會——50 年來臺灣文學研討會論文集》（臺北：行政院文化建設委員會，1996 年 6 月），頁 17。

[34] 賴澤涵總纂、編纂謝艾潔，《新修桃園縣志·藝文志文學篇》，頁 546-547、548、558-559、561-562，及胡萬川總編輯，《桃園縣民間文學集 13 龜山鄉閩南語故

……講：「啥人若有調彼隻猛虎呼，卜共伊升做安呢真大安
呢啦。」啊這個拾柴的就得想啦，想講：「欸，拍虎？！哪
有法度？！彼虎赫歹！哪有法度？」〈打虎大將軍〉

……講：「爸！你三更半暝轉來，你袂驚哦？！」「驚啥
貨？！」伊就知影彼條線路，伊就去半路共截啦，假鬼卜驚
兩老父就著啦！兩老父講，乎～唸咒語、唸符、唸啥貨，毋
走就是毋走。若彼款的若催符落去……落尾手請五雷共摃
死！摃死才知影兩子。〈老爸打死子〉

Nanu sqo, raral. Maki qotux yaba balay nabtunux ma. Ki'a
hmswa, si pts'ka ma ro, mhtuw kya sajing mlikuy ro, qotux
kneil ma hlahuy ro si giway qsinuw nyux msbjich hlahuy ma ro,
"ah,mqiang saku maki yan qani hija la muci mro, wayal mijup
sqo nwahan nya pinsbkan loji ma." (〈Pinsbkan na Tayal（泰雅
族群的發祥）〉)

Nyux qotux pinqijwan kai na raral. Jwaw na mnwah smka'wagi.
〈Kai na mnwah smka'wagi （〈射日分日夜的故事〉）〉

按原志書收錄及解說其意：以上第一則〈打虎大將軍〉係描寫英勇
的柴夫打老虎；第二則〈老爸打死子〉則講述一位父親誤將兒子打
死；第三則節選原住民口說文學〈泰雅族群的發祥〉，係描述「很
久很久以前，有一塊巨石，不知為何，突然從中裂開，縫隙中走出
二個人，其中一個男人見到眼前竟是叢林及野獸，說了一句：唉！

事（一）》（桃園：桃園縣文化局，2002年11月），頁100-106。

生活在這種環境，真無聊啊！說完，就走回巨石裂縫中」；第四則
〈射日分日夜的故事〉傳說是把太陽分成二半的故事。

　　以上收錄的第三則〈泰雅族群的發祥〉，原文經修訂與翻譯應
為：「Kya hmswa, si ptska ma ru mhtuw kya sazing mlikuy ru qutux
kneril ma」中文翻譯為「不知何時，大石頭　突然裂開，並走出兩男
一女」、「"ah,ki"ay maku maki yan qani hiya la. muci mru」中文翻譯為
「說：我們就住在像這樣的地方」及最後一句「wayal miyup squ
nwahan nya pinsbkan lozi ma.」中文翻譯為「又再次進入山洞裡」；
另第四則「nyux qutux pinqzywan kay na raral. zyuwaw na mnwah
smka wagi.」中文翻譯為「有一射日傳說的故事」。[35] 而與原文書寫
有不同之處，係可能收錄過程發生書寫筆誤。

　　綜上所述，首纂、重修縣志「藝文篇」的「政事」，同於現行
政首長的施政報告，提供主政者展現政績，編纂者為符合官修方志
的目的，收錄作品往往蘊含政治意識，以穩固其「正典（Canon）」
[36] 的地位，實同於舊時「宸翰」文類。而方志為政治服務、作家為
政治吶喊，此實與當時纂修年代，仍處於戒嚴時期的背景有密切關

---

[35] 據國立臺北大學兼任講師古文進（泰雅族文史工作者、專研泰雅賽考利克語）
協助翻譯，並修正原文如下：
　1.nanu squ raral ga maki qutux yaba balay na btunux ma　（從前，有一顆大石頭。）
　2.Kya hmswa, si ptska ma ru mhtuw kya sazing mlikuy ru qutux kneril ma　（不知何
　　時，大石頭　突然裂開，並走出兩男一女）
　3.hlahuy ru giway qsinuw nyux msbzih hlahuy mru（縱橫林，以狩獵維生）
　4."ah,ki"ay maku maki yan qani hiya la. muci mru（說:我們就住在像這樣的地方）
　5.wayal miyup squ nwahan nya pinsbkan lozi ma（又再次進入山洞裡）
　6.nyux qutux pinqzywan kay na raral. zyuwaw na mnwah smka wagi（有一射日傳說
　　的故事）

[36] 蔡振興，〈典律／權力／知識〉，收於陳東榮、陳長房主編，《典律與文學教
學》（臺北：書林出版公司，1995 年 4 月），頁 55。

係。及至新修縣志「文學篇」，乃意圖打破中國傳統文學研究框架，收錄閩南語、原住民語等故事，跳脫過去舊志反共鄉土文學思維，以臺灣文學一詞，收錄鍾肇政等人入志，係依循時代及社會現況的演變，藉以充分反映當時當地的文學風貌，與前二部舊志出現許多差異。

（二）文學比重不斷提升

按首纂《桃園縣志・文教志・藝文篇》凡例：「藝文一門，舊志多立專卷；本縣歷史較短，資料不豐，並於文教志中設篇志」，[37] 說明「文學篇」纂修方式，最初是以單篇進行。惟隨著時代演進，民間文學近代受到學界與文化界的重視，加以中央政府下令臺灣各地展開采集、整理工作，1999 年，桃園縣立文化中心（現桃園市政府文化局前身）辦理「桃園縣民間文學採集整理人員培訓工作說明會」；2000 年，推出「桃園縣民間文學採訪專案委外」，使得原以口耳相傳的民間文學被看見，且民間文學有散文形式、韻文形式，包括神話（myth）、傳說（legend）、民間故事（folktale），[38] 成為民間文化的重要內涵。2002 年 6 月採得出版 56 集民間文學，[39] 藉由採訪地方耆老，保留當地大量的文化資產，而豐富的資料，成為新修縣志纂修「文學篇」收錄的重要文獻。

桃園市政府文化局出版的桃園縣民間文學，其中，蘆竹鄉閩南語歌謠有 7 集、新屋鄉客語歌謠謎語有一集、桃園市閩南語歌謠有 6 集、蘆竹鄉閩南語故事有 2 集、大園閩南語歌謠有一集、龍潭鄉

---

[37] 郭薰風主修、纂修周念行，首纂《桃園縣志・文教志藝文篇》凡例。
[38] 鹿憶鹿，《台灣民間文學》（臺北：里仁書局，2009 年 9 月）， 頁 1。
[39] 胡萬川總編輯，《桃園縣民間文學集》，頁 1-2。

客語歌謠有專輯有 3 集、龍潭鄉客語故事有一集、中壢市閩南語歌謠有一集、中壢市客語歌謠有 3 集、桃園市閩南語故事 3 集、楊梅鎮客語歌謠有 5 集、龜山鄉閩南語歌謠有五集、龜山鄉閩南語故事有 2 集、蘆竹鄉閩南語諺語謎語有一集、楊梅鎮客家故事集一集、復興鄉泰雅族故事 2 集、桃園市閩南語諺語謎語 2 集、八德市閩南語歌謠 4 集、大溪鎮閩南語歌謠 3 集、觀音鄉客語歌謠 2 集、平鎮市客語歌謠一集，在文化傳承上實深具重要意義。

從舊志「藝文篇」，到新修縣志「文學篇」，皆有收錄詩稿，其中，首纂縣志「藝文篇」收錄 129 首、重修縣志「藝文篇」有 138 首、新修縣志「文學篇」持續增加為 183 首。另統計現代文學的篇幅，首纂縣志「藝文篇」計有 17 頁、重修縣志「藝文篇」有 29 頁、新修縣志「文學篇」有 159 頁，據此，首纂、重纂縣志「藝文篇」所收錄現代文學的篇幅，呈現後志多於前志。至於新修縣志「文學篇」收錄詩稿、現代文學，篇幅都有不斷增加的現象，其中，現代文學的篇幅甚至有五倍之多；至於文學比重，則以後志多於前志，文學篇幅呈現愈來愈多的趨勢。

原以「本縣歷史較短，資料不豐，並於文教志中設篇志中」為由，早期首纂、重修縣志只設「藝文篇」，單篇收錄作家及文學作品，而隨著後來文學篇幅逐漸增加，纂修陣容專業化，新修縣志乃將舊志「藝文篇」修訂為〈藝文志〉，收錄文學的方志，增設專志〈藝文志〉，原在「藝文篇」則獨立出來成為「文學篇」，為方志學產生新的面貌。

（三）入志人數持續增加

「臺灣文學」一詞，學者葉石濤（1925－2008）認為「從日據

時代新文學運動以來，台灣的作家們一向把自己所建立的文學稱為台灣文學」，[40] 其並主張「進入民國八０年初期，台灣作家終於成功地為台灣文學正名，公開提倡台灣地區的文學為『台灣文學』。[41] 而桃園縣志，從重修縣志「藝文篇」開始收錄光復臺灣以後的作家及著作，直到新修縣志「文學篇」，始出現「臺灣文學」一詞，且收錄光復臺灣以後的作家，入志人數更多。統計桃園三部縣志的入志人數：首纂縣志「藝文篇」共計收錄詩人 136 人、散文及其他藝文作家 8 人；重修縣志「藝文篇」收錄作家 32 人、詩人 159 人；新修縣志〈藝文志〉收錄詩人 159 人、散文作家 8 人、兒童文學作家廖明進等 70 人，加上志末有歷屆桃園文藝創作獎清單 117 位，入志人數更多達 361 人，入志人數不斷遞增，呈現後志多於前志的現象。

　　析言之，新志纂修，係以前志資料做為纂修基礎，因此第三部新修縣志的〈藝文志〉，出現入志人數，為三志之最。地方志的纂修工作是薪傳歷史，饒富意義。

（四）文體分類與時俱進

　　著作，是創造性的文章。有關收錄著作的方式，因漢成帝見藏書散落遺佚，而下詔派劉向（前 77－前 6 年）、任宏、尹咸、李柱國分別校閱諸子詩賦、兵書、數術、方技等書籍，漢班固《漢書‧藝文志》編成總目錄，記述學術之流變與系統，[42] 成為現存最早的

---

[40] 葉石濤，《台灣文學史綱》（高雄：文學界雜誌社，1996 年 9 月），頁 170。
[41] 葉石濤，《台灣文學史綱》，頁 172。
[42] 漢‧班固撰，唐‧顏師古注，《漢書》北宋景祐刊本（臺北：臺灣商務印書館，1937 年），頁 02444。引《漢書》：「至成帝時，以書頗散亡，使謁陳農求遺書於天下。詔光祿大夫劉向校經傳諸子詩賦，步兵校尉任宏校兵書、太史令尹

一部書目，也是目錄學之祖。而重修縣志「藝文篇」收錄李春生《主津新集》、湯如修《生與死》、古道興《孔教重興論》、與劉金標《法音拔粹》、《般若波羅蜜多心經註解》、《人生之目的與佛教》僅介紹作者、卷數；又方志一章，收錄明鄭時期到光復以後的方志，包括《台灣輿圖考》、《從征實錄》、《諸羅縣志》、《淡水廳志初稿》、《淡水廳志》、《新竹采訪冊》、《新竹州沿革史》、《桃園街要覽》、《大園庄要覽》、《桃園廳志》、《新竹縣志初稿》、《桃園縣志》部分史志註明作者、出版者、卷數、章節架構，有模仿正史〈藝文志〉。而收錄劉金標《人生之目的與佛教》、梁盛文《耐園隨筆》則節選內文，統計三部縣志收錄著作方式為「只提作者、書名（篇名）」、「收錄全文、節選」二種。方志對於著作的收錄方式，因時而異。

就文學文體方面，南朝梁劉勰（約 465—？）《文心雕龍》對中國文學的文體分成「詩、樂府、賦、頌讚、祝盟、銘箴、誄碑、哀弔、雜文、諧隱、史傳、諸子、論說、詔策、檄移、封禪、章表、奏啟、議對、書記」共 20 類；清代桐城派姚鼐（1732－1815）《古文辭類纂》則將文體分為「論辯、序跋、奏議、書說、贈序、詔令、傳狀、碑誌、雜記、箴銘、頌贊、辭賦、哀祭」共 13 類。清治臺灣〈藝文志〉文類，其中，《續修臺灣府志》有「奏疏、文移、序、記、祭文、賦、駢體、詩」8 類；《重修臺灣府志》有「奏疏、公移、文、序、記、賦、詩」7 類；桃園三部縣志收錄文學的文類， 首纂縣志「藝文篇」有「詩、文苑（含政事、散文、傳記、哲學、隨筆）、

咸校數術、待醫李柱國校方技，每一書已，輒條其篇目，撮其旨意，錄而奏之。會向卒，哀帝復使向子俟中奉車都尉歆卒父業。歆於是總群書，而奏其《七略》、故有《輯略》，有《六藝略》，有《諸子略》，有《詩賦略》，有《兵書略》，有《術數略》，有《方技略》。今刪其要，以備篇籍。」

歌謠、碑文」4 類；重修縣志「藝文篇」有「方志、著述（序、奏疏、公移、政事、訓示）、文徵、傳記、文苑（文藝、論說、詩社及詩稿）、歌謠、 碑文」7 類；新修縣志「文學篇」有「臺灣傳統文學、俗文學、臺灣文學、兒童文學、桃園文藝創作獎」5 類，綜上除了歷來廣為方志所採用的散文及詩，散見於三志外，各志類目不一，分法並無定律。

此外，「奏疏」亦稱「奏章」、「奏議」，它是古代臣子向君王進奏的章疏；「公移」則是指各種公文。在首纂、重修縣志「藝文篇」的「政事」、「奏疏」、「公移」文類，形同清領時期〈藝文志〉的「宸翰」、「公文」。新修縣志「文學篇」則不再續設「政事」、「奏疏」、「公移」文類，而以「傳說」、「俗文學」等取而代之。析言之，隨著時代遞變，三部縣志所收錄的文類劃分標準，乃隨著不同時代而產生不同的文類，文學文體分類並無定律章法，且隨著纂修手法而不斷推進、改變。

第三節　桃園市與高雄市方志之文學纂修比較

高雄，俗稱「港都」，為臺灣南部之重鎮，國際重要港都，清朝統治時期，高雄市原為鳳山縣治及其附郭所在地；在高雄州時代（1920－1950）與臺南州、臺中州、新竹州和臺北州同為臺灣五大地方行政組織，管轄今日的高高屏地區，後雖歷經高高屏縣市的分

合，高雄始終是南臺灣新興力量的象徵。這股力量匯集自南臺灣住民及各階段移民的智慧結晶，並結合優越的山、海、河、港地理條件，大大促進高雄飛躍性的發展。[43] 清領時期，高雄地區是鳳山縣轄域，清代鳳山縣官方修志有《鳳山縣志》、《重修鳳山縣志》，而鳳山縣在臺灣南部，為臺灣早期開發區，且以臺人為纂修團隊，奠定修志良好基礎。高雄，不僅有詩人余光中（1928—2017）曾經定居，文學大師葉石濤（1925—2008）也曾居住左營；近年來，更有無數的文學工作者，從四面八方匯聚而來，為高雄注入新的文學氣息。為此，本文則以 2010 年高雄市升格之前，舉凡高雄縣政府纂修的《高雄縣志稿》及高雄市政府編纂的《高雄市志》、《重修高雄市志》、《續修高雄市志》4 部方志，其所收錄有關高雄文學的方志，包括：《高雄縣志稿・藝文志》、[44] 《高雄市志・藝文篇》、[45] 重修《高雄市志・文物志藝文篇》、[46] 《續修高雄市志・文化志藝文篇》、[47] 《續修高雄市志・文化志文獻篇》，[48] 一一進行爬梳其與桃園市方志文學之異同。

一、高雄各版縣市志纂修經過

[43] 王御風，〈《高雄文獻》發刊詞〉，http://www.kaohsiunghistoriography.tw/index.php?PA=intro，2022 年 3 月 3 日。

[44] 陳子波，《高雄縣志稿・藝文志》（高雄：高雄縣文獻委員會，1960 年 5 月）。

[45] 許成章、王隆遜、潘廷幹編纂，《高雄市志・藝文篇》（高雄：高雄市文獻委員會，1968 年 1 月）。

[46] 許成章、黃興斌纂修，重修《高雄市志・文物志藝文篇》（高雄：高雄市文獻委員會，1986 年 12 月）。

[47] 總纂黃耀能，編纂曾玉昆、葉振輝，《續修高雄市志・文化志藝文篇》（高雄：高雄市文獻委員，1999 年 3 月）。

[48] 蔡忠益、曾玉昆編纂，《續修高雄市志・文化志文獻篇》（高雄：高雄市文獻委員會，1997 年 5 月）。

　　高雄縣市在合併改制直轄市之前，其中，高雄縣曾有高雄縣文獻委員會纂修《高雄縣志稿》，而後未再纂修高雄縣志，改以《高雄縣文獻叢書》取而代之；高雄市則由高雄市文獻委員會主導纂修《高雄市志》、《重修高雄市志》、《續修高雄市志》。

（一）《高雄縣志稿》

　　民國 34 年（1945），日本投降之初，秩序紊亂，高雄縣士紳陳皆興、朱漢耀等熱心人士，組織保安團，負責維持地方治安，為地方清除瓦礫，勸導農民出售糧米，禁止民眾對日人施予報復，直至警察機構成立時，保安團始予撤銷。[49] 12 月 25 日臺灣正式光復，臺灣省行政長官公署治臺接收，各州暫設接管委員會，由謝東閔擔任該會主任委員；民國 35 年 1 月成立高雄縣政府，在高雄中學辦公，4 月 1 日縣府遷回鳳山鎮，並官派謝東閔為首任高雄縣長；民國 36 年臺灣省行政長官公署撤銷，改設臺灣省政府，民國 38 年推行地方自治，高雄縣合屏東市分為高雄、屏東二縣。1949 年臺灣省通志館改組為臺灣省文獻委員會，啟動各地設立縣（市）文獻委員會推行全面修志，省文獻委員會則編印《修志通訊》（後改為《方志通訊》），做為全面修志的聯繫工具。[50] 而由高雄縣文獻委員會所完成編纂的《高雄縣志稿》計有〈沿革志〉、〈人物志〉、〈藝文志〉、〈教育志〉、〈政事志〉，並於民國 47—50 年（1958—1961）陸續刊行。民國 80 年（1991），高雄縣政府為規避「縣志必需要送內政部

[49] 陳子波，《高雄縣志稿‧沿革志》（高雄：高雄縣文獻委員會，1958 年 5 月），頁 72-76。

[50] 謝嘉樑，〈由行政主管談當前方志纂修面臨的問題〉，收於許雪姬、林玉茹主編，《五十年來臺灣方志成果評估與未來發展學術研討會論文集》（臺北：中央研究院臺灣史研究所，1999 年 5 月），頁 381-385。

審查」之規定，改以出版「高雄縣文獻叢書」，從此未再纂修高雄縣志。

（二）《高雄市志》

臺灣光復以後，民國 45 年（1956），高雄市志書纂修工作乃由臺灣省文獻委員會負責編修工作，民國 45 年完成《高雄市・概述篇》（毛一波、曾廼碩、杜賢達編纂）；民國 47 年完成《高雄市志・港灣篇》（由趙性源、易慶良、萬琮、李健四人編纂）；民國 48、49 年完成《高雄市志・民政篇上、中、下》（趙性源、王世慶、劉楚楓、尹德民編纂）；民國 50 年（1961）完成《高雄市志・教育篇（上）》（趙性源、王世慶、吳芳生、王定華四人編纂）；民國 51 年完成《高雄市志・教育篇（下）》（靈子光、駱毅編纂）；民國 52 年完成《高雄市志・財政篇（上）》（趙性源、王世慶編纂）；民國 54 年完成《高雄市志・財政篇（下）》（秦榮棠、沈鴻志編纂）；民國 55 年完成《高雄市志・地政篇》（趙性源、王世慶、李盛章、江榮傳四人編纂）；民國 57 年完成《高雄市志・概述篇》（呂伯璘編纂）、《高雄市志・大事年表》（呂伯璘編纂）；民國 62 年完成《高雄市志・自治篇》（尹德民編纂）、《高雄市志・衛生篇》（林炳德編纂）。[51] 最後，於民國 63 年（1974）高雄市政府民政局具名出版《高雄市志・地理篇》（杜永藩編纂）、《高雄市志・地政篇》（江榮傳編纂），首纂《高雄市志》前、後總計歷時長達 18 年之久，終告竣工。

（三）重修《高雄市志》

---

[51] 總纂黃耀能、編纂曾玉昆，《續修高雄市志・卷尾》（高雄：高雄市文獻委員會，1999 年 3 月），頁 1-2。

　　民國 68 年，高雄市改制為直轄市，高雄市文獻委員會改隸高雄市政府民政局，主任委員由民政局長兼任。鑑於省轄市時期所修市志不全，斷代時間不一，極不統一。故從民國 70 年 4 月開始規劃，再參考省轄市時期，高雄市政府民政局文獻課舊存資料與前臺灣省高雄市文獻委員會已撰就志稿為基礎，開始進行「重修高雄市志」的規劃，並獲內政部核准重修市志。民國 74 年 3 月，首先刊印《重修高雄市志・卷首》（何樣、陳秀鳳編纂）、《重修高雄市志・卷一地理志》（黃興斌、郭振芳編纂）、《重修高雄市志・卷六衛生志》（胡于登編纂）、《重修高雄市志・卷九交通志》（謝文喜、鄒麟、劉必迅、吳景煌 4 人編纂）、《重修高雄市志・卷十司法志》（宋偉凡、郭文、陳漢亨編纂）；同年 5 月完成《重修高雄市志・卷三教育志（上）（下）》（陳榮華編纂）、《重修高雄市志・卷七工務志》（謝家林編纂）；民國 75 年完成《重修高雄市志・卷八經濟志》（馮元吉編纂）、《重修高雄市志卷十一警衛志》（黃厚忠編纂）、《重修高雄市志・卷三文物志》（許成章編纂）；民國 78 年完成《重修高雄市志・卷四財政志（上）（下）》（陳劍城編纂）；民國 79 年完成《重修高雄市志・卷二民政志（上）（下）》（尹德民、李沛生編纂）；民國 82 年完成《重修高雄市志・卷十二人物志（上）（下）》（蔡景軾、尹德民編纂）、《重修高雄市志・卷尾》（黃興斌、謝龍駿編纂）。《重修高雄市志》從民國 70 年規劃，民國 74 年刊行，至民國 82 年底，共計七個階段才告完成，前後費時約 12 年之久。

　　民國 72 年 4 月，內政部頒布〈地方志書纂修辦法〉，其中一條「市縣志十年纂修一次」，故在重修市志期間，於民國 76 年另延請時任成功大學歷史系教授黃耀能擔任總編纂，先行規劃續修高雄市志的凡例、綱目等，為續修市志預做準備。

（四）《續修高雄市志》

正當《重修高雄市志》進行纂修之際，高雄市文獻委員會也同時於民國 79 年（1990）啟動《續修高雄市志》雙軌纂修工程。依據「續修高雄市志實施計畫草案」擬定第一個 5 年纂修作業時間，從民國 79 年 7 月至 80 年 6 月為準備期，民國 80 年 6 月至 84 年 5 月為撰稿期，民國 87 年 6 月前完稿。《續修高雄市志》卷數共有 12 卷，除了卷首及卷尾外，其餘十志為《卷一自然志》、《卷二政事志》、《卷三財政志》、《卷四經濟志》、《卷五交通志》、《卷六工務志》、《卷七教育志》、《卷八社會志》、《卷九文化志》、《卷十人物志》，其內容自民國 68 年 7 月 1 日至 80 年 12 月底止，但為彌補舊志、重修時的缺失，故還包括舊志、重修所遺漏的篇章與文獻。[52] 民國 88 年，刊印《卷尾》，續修市志作業前後費時近 10 年之久。

而在纂修過程中，包括人口篇、藝文篇、文化事業篇、人物志宦績篇及賢德篇等，因有些撰稿人由於臨時有事等因素，需中途解約易人，所幸都能圓滿完成纂修工作。

高雄市在改制為行政院直轄市之後，《高雄市志》仍為高雄市文獻委員會負責編纂作業，該會完成修纂《高雄市志》共有二部，第一部是鑑於省轄時期所修的《高雄市志》不全，1981 年重修市志，1993 年完成《續修高雄市志》。其中，《續修高雄市志》是邀請國立成功大學歷史學系教授黃耀能總纂，1998 年 6 月完成纂修。

高雄市與臺北市一樣，到民國 99 年（2010）改制直轄市截止，二地均出版二種版本的市志，此與二個直轄市，在省轄市時期已累積相當豐富的修志基礎，且兩地直轄市都有文獻會的編制有關。民

---

[52] 總纂黃耀能、編纂曾玉昆，《續修高雄市志・卷尾》，頁 3-7。

國 103（2014）年 12 月，高雄市歷史博物館所成立「高雄文獻中心」，[53] 則是一個專門收藏高雄與臺灣歷史資料的圖書室，可提供各界研究高雄的文史資料庫。

二、高雄各縣市志之文學纂修內容

（一）《高雄縣志稿・藝文志》

《高雄縣志稿・藝文志》共有「藝術」、「文徵」、「詩乘」三篇，其中，以「文徵」、「詩乘」二篇主要收輯當地的文藝作品。而在「文徵」篇，計有「序記」、「詞賦」、「聯語」、「歌謠」、「碑碣」五章，在「序記」章，主要收清代臺灣知府王珍等 4 人為鳳山縣志作序等，「詞賦」章錄朱仕〈夾竹桃〉等人之作 9 首、「聯語」章收 24 人 70 幅對聯、「歌謠」章自《鳳山縣志》轉錄 10 首錄番社山地歌謠及多首美濃客家歌謠、「碑碣」章則收近百座碑碣的名稱、內容、尺寸、碑材等。在「詩乘」篇，分「古風」、「五絕」、「七絕」、「五律」、「七律」、「八景」六章。其中，「古風」章收 4 人 5 首作品、「五絕」章收 11 人及其 29 首作品、「七絕」章收 51 人及其 91 首作品、「五律」章收錄 64 人及其 92 首作品、「七律」章收錄 117 人及其 185 首作品、「八景」章收錄 96 人 145 首作品。

（二）《高雄市志・藝文篇》

---

53 溫蘭魁，〈高雄文獻中心開幕珍貴臺灣歷史文獻〉，
https://tw.news.yahoo.com/%E9%AB%98%E9%9B%84%E6%96%87%E7%8D%BB%E4%B8%AD%E5%BF%83%E9%96%8B%E5%B9%95-%E7%8F%8D%E8%B2%B4%E5%8F%B0%E7%81%A3%E6%AD%B7%E5%8F%B2%E6%96%87%E7%8D%BB-073328503.html，2022 年 3 月 2 日。

　　《高雄市志・藝文篇》收錄高雄市之文學，全篇計有「緒論」、「狉獉時期（先史時期至宋元）」、「傳說故事時期（荷蘭人據有前至鄭成功復臺後）」、「俚謠、隱語、俗諺時期（鄭成功復臺後至清代初中葉）」、「八股文、試帖詩時期（清代中葉至末葉）」、「應徵文、擊缽詩時期（日據初期至中期）」、「採茶歌、歌仔戲等時期（日據中期）」、「新文學、方言學、民俗學期（日據末期）」、「光復後之藝文」、「結論」共 10 章。

　　其中，在「狉獉時期（先史時期至宋元）」章，計有「地質、地文」、「化石」、「石器、陶器等出土遺物」、「原住民之原始生活」、「原住民之語言文字」5 節；在「傳說故事時期（荷蘭人據有前至鄭成功復臺後）」章計有「神話傳說」、「歷史傳說」、「地理傳說」、「倫理故事」、「教育做事」、「社會故事」6 節；在「俚謠、隱語、俗諺時期（鄭成功復臺後至清代初中葉）」章計有「民謠」、「童謠」、「謠曲」、「謎語」、「歇後語」、「俗諺」6 節；在「八股文、試帖詩時期（清代中葉至末葉）」章計有「八股文」、「試帖詩」、「性情詩（前期）」、「采風詩（前期）」4 節。

　　在「應徵文、擊缽詩時期（日據初期至中期）」章計有「報社、文社」、「應徵文」、「擊缽吟與詩社」、「性情詩（後期）」、「采風詩（後期）」、「性情詩（尾聲）」6 節；在「採茶歌、歌仔戲等時期（日據中期）」章計有「歌子戲等戲劇及歌仔簿」、「流行歌」3 節；在「新文學、方言學、民俗學期（日據末期）」章計有「臺灣民報時期」、「文藝雜誌全盛時期」、「民俗臺灣、臺灣文學時期」3 節；在「光復後之藝文」章計有「舊體詩」、「現代詩」2 節。

（三）重修《高雄市志・文物志藝文篇》

　　目前各地館藏《高雄市志・文物志藝文篇》，實是重修市志時，乃以藝文篇做為重修高雄市志〈文物志〉的資料，「修訂整理，補充資料（本藝術價值及愛國情操之原則精選為宜）」。[54] 由於首纂高雄市志有〈藝文篇〉，而《高雄市志・文物志》是重修版，因此本文乃在《高雄市志・文物志》之前加上「重修」二字，強調《高雄市志・文物志》是屬於重修市志時期所纂修的志書，以避免讀書混淆。

　　重修《高雄市志・文物志藝文篇》計有「論著」、「文辭」、「詩賦」、「藝術」4 章，前 3 章係收錄高雄市之文學者，而「論著」章有「明清兩代之著作」、「民國以來之著作」2 節；「文辭」章有「八股文」、「應徵文」2 節；「詩賦」章有「采風詩」、「試帖詩」、「抒情詩」、「擊缽詩」、「現代詩」、「律賦」、「對聯」7 節。其中，「論著」章下「明清兩代之著作」一節，只錄沈光文及其著作名稱；「民國以來之著作」一節則錄鍾理和等 43 人及其著作書名稱外，還介紹《高雄市志》各篇纂修的名單；「文辭」章中的「八股文」一節則收清代貢生蕭聯魁等人及 8 篇八股作品，「應徵文」則該市詩人陳錫如、林維朝 2 人 4 篇作品；「詩賦」章的「采風詩」一節，收藍鼎元等 50 人共 71 首詩作、「試帖詩」一節收蕭聯魁等 2 人 3 首詩作、「抒情詩」一節收陳壽棋等 47 人共 65 首詩作、「擊缽詩」一節收陳春林等 3 人共 8 首詩作、「現代詩」一節收簡誠等 5 人共 6 首詩作、「律賦」一節收朱仕玠等 4 人共 4 首詩作、「對聯」一節收該市 15 個宮廟共 23 首對聯。為避免與《鳳山縣志》等志內容重覆，《高雄市志・藝文篇》以先民原始生活、語言、文字、神話、傳說

---

[54] 編纂黃興斌、謝龍駿，《重修高雄市志・卷尾》，頁 6。

故事、俚謠、隱語、八股文、試帖詩、應徵文、擊缽詩、採茶山歌、歌子戲、新文學、方言學、民俗學，廣徵博采。

（四）《續修高雄市志‧文化志》〈藝文篇〉及〈文獻篇〉

高雄市《續修高雄市志》中，文學主要收錄於《續修高雄市志‧文化志文獻篇》及《續修高雄市志‧文化志藝文篇》。其中，《續修高雄市志‧文化志文獻篇》以「明清時期」、「日據時期」、「省轄市時期」、「直轄市時期」4 章，分別收錄各期的報紙、史料、市志、公報、期刊、照片圖說等；《續修高雄市志‧文化志藝文篇》則分「文學」、「藝術」、「文藝季」、「推展文藝、輔導藝文社團」4 章，而除「藝術」章外，餘者 3 章與文學有關，其中，「文學」章分以「作家與作品」、「碑文」、「對聯」、「燈謎」、「匾額」5 節，在「作家與作品」節設 3 目，其中，「清治時期市籍作家與作品」一目，分別收高雄籍作家卓夢采、卓夢華與子卓肇昌一門三傑等人及其作品；在「日據時期的作家與作品」一目，則收徐坤泉（筆名阿 Q 之弟）、李憲章、蔡德音等作家及旗津吟社等詩社；在「臺灣光復後的作家與作品」一目，則收史鳳儒等 78 位作家及其作品名稱；在「碑文」節，則分以「石碑的價值」、「石碑的用途」2 目，並舉「鳳山縣舊城第一古蹟鎮福社」等 7 個碑文為例；在「對聯」節，則以「牌坊之楹聯」、「名勝之楹聯」、「寺廟之楹聯」及「春聯」4 目；在「燈謎」節，分以「燈謎溯源」、「謎格」、「謎目」、「市井間常見謎語彙錄」4 目；在「匾額」節，則有「古厝之匾額」、「廟宇之匾額」、「寺堂之匾額」3 目。

綜上所述，《高雄市志》、《重修高雄市志》的藝文相關內容重

整合，雖在目綱目上符合時代潮流的演變，但究其內容仍不脫傳統藝文志的編纂型態，即著重在藝文與文獻、勝蹟的記載。[55] 而《續修高雄市志・文化志文獻篇》是微型的文學文獻，可提供文學發展訊息。高雄縣市在合併升格直轄市後，即未再繼續纂修地方志，但在高雄縣政府在合併升格直轄市之前，已積極刊行「高雄縣文獻叢書」，[56] 而「高雄縣文獻叢書」主要是要規避當時「縣志必需要送內政部審查」之規定，「高雄縣文獻叢書」不但打破官修方志體例，且由官方縣政紀錄改為傾向人民與土地為主體的保存地方文獻方式面世，「高雄縣文獻叢書」揭示地方意識的興起，與人民主體性的發展。[57] 升格大高雄市之後，則有改由高雄市立歷史博物館主編

---

[55] 郭佳玲，〈從「藝文志」到「文化志」：論《臺灣全志・文化志》纂修的時代意義〉，《臺灣文獻》72：3（2021 年 9 月），頁 87。

[56] 林美容總編纂，〈「高雄縣文獻叢書」編纂緣起〉，收於謝繼昌等作，《高雄縣原住民社會與文化》（高雄：高雄縣文化局，2002 年 10 月），頁 1-5。按「高雄縣文獻叢書」在高雄市改制直轄市前，高雄縣政府原邀請張炎憲進行高雄縣志編纂工作，民國 80（1991）年 6 月初，張炎憲帶著高雄縣政府機要室秘書簡炯仁前往中央研究院，轉而遊說在中研院服務的林美容擔任總編纂，當時，張、林二人建議打破舊有官修縣志體例，不編縣志，而以南投縣文獻叢輯為藍本，把纂修的方志，改編成高雄縣文獻叢書。同年 6 月 21 日，編纂團隊提出調查編纂計畫及撰寫大綱，7 月 16 日召開第一次編纂會議，擬定計畫書、體例，「高雄縣文獻叢書」原訂出版：《高雄縣自然生態》、《高雄地區史前歷史與遺址》、《高雄縣簡史・人物志》、《高雄縣南島語言》、《高雄縣原住民社會與文化》、《高雄縣平埔族史》、《高雄縣客家社會與文化》、《高雄縣土地開墾史》、《高雄縣閩南語方言》、《高雄縣產業》、《高雄縣聚落發展》、《高雄縣民間信仰》、《高雄縣教派宗教》、《高雄縣基督教傳教史》、《高雄縣佛教發展史》、《高雄縣政治發展》、《高雄縣藝文誌》等 18 冊。惟至 1994 年 2 月，合約到期之際，尚有《高雄縣佛教發展史》、《高雄縣藝文誌》、《高雄縣原住民社會與文化》未能完稿，一直到 1997 至 2002 年始陸續補齊。

[57] 林美容總編纂，〈「高雄縣文獻叢書」編纂緣起〉，《高雄縣原住民社會與文化》，頁 6。

的《高雄文獻》，[58] 以「立足南臺灣、放眼新海洋」為發刊的精神
指標，並傳承原《高市文獻》、《高縣文獻》以保存地方文獻、推動
高雄歷史研究為旨趣，兼顧學術論著和文獻蒐集的功能外，更擴大
刊登文稿的種類，包括：論述、口述歷史訪談、譯著、史料文獻評
介、高雄展演評介、影評、文評與書評等，使《高雄文獻》成為充
分發揮文獻蒐集、學術論述與展演評論的討論平台，讓高雄相關的
各類知識在此聲氣相通。此外，高雄市政府文化局自 2003 年開始，
每兩年舉辦一次「打狗文學獎」，已成為南臺灣的文學盛事。縣市
合併後，結合原高雄縣「鳳邑文學獎」，並延續「青年文學徵稿」，
提高年輕創作者的能見度，擴大辦理「打狗鳳邑文學獎」，讓文學
種籽在大高雄生根發芽，[59] 從山林到海濱，處處皆有優美的文學謳
歌，挖掘默默耕耘的文學創作者，從「打狗鳳邑文學獎」百納不同
題材、族群對文學的思考與呈現，作為臺灣文學獎重要指標。[60] 高

---

[58] 王文翠，〈發刊辭〉，《高雄文獻》1：1（2011 年 6 月），頁 3-4。按 2010 年
12 月 25 日高雄縣市合併，新高雄市誕生，這是繼 1920 年臺灣總督府設置「高
雄州」後，近百年來臺灣地方政治組織的一大變革，高雄市立歷史博物館亦在
此重要變遷時刻，接手原高雄縣市文獻會編纂《高雄文獻》的業務，傳承高雄
歷史研究任務。《高雄文獻》的內容分為專題、論述與歷史現場等三項。其中，
專題與論述都是學術性論文，是刊物的重心，訂定專題是為了凝聚論述的焦
點，從而提煉新知識、打開新視野；歷史現場，是以敘述性、評介性筆調為基
底，結合影像與報導，展現刊物對更廣大讀者的親近性，期能提高閱讀的普及
性。該刊物強調以原創性論述為核心，以提昇有關高雄研究的能量，同時傳承
保存地方文獻的優良傳統，並注入各界的相關評論。而《高雄文獻》自第 9 卷
第 1 期開始，由每年 3 期調整為每年 2 期。

[59] 打狗鳳邑文學獎，
https://tfliterature.khcc.gov.tw/Winning/Details?Parser=99,5,15,,,,,,,,,3，2022 年 3 月
3 日。

[60] 2020 打狗鳳邑文學獎得獎作品集，
https://www.khcc.gov.tw/rwd_home04.aspx?ID=$0063&IDK=2&DATA=57402&E
XEC=D&AP=$0063_HISTORY-0^$0063_PN-1，2022 年 3 月 3 日。

雄文學發展雖然非在主流浪頭上，卻從未在臺灣文學的歷史進程上缺席，打狗鳳邑文學獎鼓勵文學創作風氣，發掘優秀作品，成為高雄的文學創作能量。

三、桃園與高雄市方志之文學纂修比較

桃園市、高雄市方志文學纂修之異同如下：

（一）文學方志名稱有別

桃園縣志收錄文學的方志名稱，分別為首纂《桃園縣志・文教志》「藝文篇」、重修《桃園縣志・文教志》「藝文篇」、《新修桃園縣志・藝文志》「文學篇」；首纂、重修二部縣志收錄文學的志別，主要都收於「藝文篇」，且二部的卷別都同為「第五卷」、志名都同名為「文教志」、篇名也都同名為「藝文篇」；在內容方面，重修縣志「藝文篇」承襲保留不少首纂縣志的作品，例如「詩社及詩稿」一節幾乎同於首纂縣志「詩社詩稿」一節；又楊星亭〈涉趣園詩薈〉等人的詩稿作品節選資料，也都是源自首纂縣志「詩社及詩稿」一章。不管從志名、篇名及收錄有關文學的內容，首纂、重修二部縣志同篇名「藝文篇」、同卷名「第五卷」、同志名「文教志」；重修縣志「藝文篇」的內容，不但未捨去，還保留不少首纂縣志的作品。

而高雄市則主要收於改制前四部方志：《高雄縣志稿・藝文志》、《高雄市志・藝文篇》、重修《高雄市志・文物志藝文篇》、《續修高雄市志・文化志藝文篇》收錄當地的文學。其中，《高雄縣志稿・藝文志》是唯一單獨以志為名者，而《高雄市志・藝文篇》、重修《高雄市志・文物志藝文篇》、《續修高雄市志・文化志藝文篇》

三志，則係於志名下分設「藝文篇」。此外，《高雄市志・藝文篇》、重修《高雄市志・文物志藝文篇》、《續修高雄市志・文化志藝文篇》的志名，從《高雄市志・藝文篇》、重修《高雄市志・文物志》、《續修高雄市志・文化志》也有所不同，收錄藝文的志名，分別有：〈藝文篇〉、〈文物志〉、〈文化志〉，名稱不一。

　　收錄文學的方志名稱，從志名、篇名、章名觀察，層次顯得有所不同，由此突顯纂修者的不同纂修風格外，另與各地纂修經費的多寡，決定投入纂修團隊的專業、纂修的成員數量等，實有密切關係。

（二）收錄文類各具特色

　　前述各版桃園縣志纂修展現：首部《桃園縣志》反映反共文學盛行、展現首長政績特色；重修《桃園縣志》則承襲前志內容、書目節選兼收及增光復後作品；《新修桃園縣志》則首見臺灣文學一詞、擁有大量民間文學及首錄閩南、原住民語等特色。在首纂、重修縣志「藝文篇」的「政事」、「奏疏」、「公移」文類，形同清領時期〈藝文志〉的「宸翰」、「公文」；新修縣志「文學篇」則不再續設「政事」、「奏疏」、「公移」文類，而以「傳說」、「俗文學」等取而代之。

　　劉勰在《文心雕龍》有專章〈誄碑〉，碑之用途類似青銅器上的銘文，所記之事蹟必為值得傳之久遠，為後代子孫銘記。[61] 碑碣經過歲月的考驗，不只寫下歷史，也留下滄桑，撫碑讀史，碑碣可

---

61 陳昭瑛，《臺灣儒學：起源、發展與轉化》（臺北：國立臺灣大學出版中心，2008 年 4 月），頁 134。

說是名符其實「臺灣歷史的里程碑」,[62] 係為認識臺灣歷史的入門之一。而《高雄縣志稿・藝文志》、《續修高雄市志・文化志藝文篇》都設「碑碣」文類,以碑文昭告世人,流傳千古。其中,《高雄縣志稿・藝文志》設「碑碣」一章,收錄臺灣各寺廟、名山勝景、歷史古蹟等近百座碑碣,並將其名稱、內容、尺寸、碑材、碑址等一一進行註記;而《續修高雄市志・文化志藝文篇》也設「碑文」一節則分以「石碑的價值」、「石碑的用途」2 目,舉「鳳山縣舊城第一古蹟鎮福社」等 7 個碑文,屬「紀事碑」。

　　豐富的碑碣內容,可提供豐富的史料文獻,碑碣雖可保存千百年之久,但因天災人禍等因素,往往容易成毀損,因此,在《高雄縣志稿・藝文志》所收錄的碑碣,例如〈新建明倫堂碑記〉、[63]〈重建龍山寺碑記〉、[64]〈公道可風碑〉,[65] 碑碣文字都有出現□□□,以示文字模糊、無法辨識。《高雄縣志稿・藝文志》收錄近百個碑碣,其中,〈奉憲禁胥役勒索紳衿碑記〉、[66]〈奉邑主示禁〉、[67]〈嚴示呆錢碑〉、[68]〈禁私宰耕牛碑〉、[69]〈禁牛墟陋規碑〉、[70]〈丁撫憲禁碑〉[71] 禁碑琳瑯滿目,都是臺灣自入清版圖後,官府為遏阻不法情事發生,紛紛將告示鐫刻於石碑上,用以提醒大眾,猶如社會

---

[62] 曾國棟,《台灣的碑碣》(臺北:遠足文化事業有限公司,2003 年 8 月),頁 4。

[63] 纂修陳子波,《高雄縣志稿・藝文志》,頁 22。

[64] 同上註,頁 71。

[65] 同上註,頁 73。

[66] 同上註,頁 79。

[67] 同上註,頁 98。

[68] 同上註,頁 100。

[69] 同上註,頁 106。

[70] 同上註,頁 111。

[71] 同上註,頁 112。

檔案。

　　此外，《高雄縣志稿・藝文志》以「文徵」、「詩乘」二篇收輯當地的文學作品，並以「序記」、「詞賦」、「聯語」、「歌謠」、「碑碣」；《高雄市志・藝文篇》有「神話」、「傳說」、「民謠」、「童謠」、「謠曲」、「謎語」、「歇後語」、「俗諺」、「八股文」、「試帖詩」、「性情詩」、「采風詩」；重修《高雄市志・文物志藝文篇》計有「論著」、「八股文」、「應徵文」，「詩賦」有「采風詩」、「試帖詩」、「抒情詩」、「擊缽詩」、「現代詩」、「律賦」、「對聯」；《續修高雄市志・文化志・藝文篇》則以「文學」一章，分以「作家與作品」、「碑文」、「對聯」、「燈謎」、「匾額」，各志都有豐富、多樣的文體。以詩體為例，《高雄縣志稿・藝文志》在「詩乘」篇，分以「古風」、「五絕」、「七絕」、「五律」、「七律」、「八景」六章，共收 343 人 547 首作品內容；《高雄市志・藝文篇》設有「試帖詩」、「性情詩」（前期）、「采風詩（前期）」、「擊缽吟與詩社」、「性情詩（後期）」、「采風詩（後期）」、「性情詩（尾聲）」、「舊體詩」、「現代詩」等節；重修《高雄市志・文物志・藝文篇》設「詩賦」章，分以「采風詩」、「試帖詩」、「抒情詩」、「擊缽詩」、「現代詩」等節；《續修高雄市志・文化志藝文篇》收旗津吟社等詩社，以表格方式，呈現作者名字、作品種類、作品名稱或題目，並未有節選詩作內容。

　　《高雄市志・藝文篇》、重修《高雄市志・文物志藝文篇》都設有「八股文」一節，由於清廷繼明遺制，以科舉取士，八股文之試題，通常以四書之一句或一段、一章，乃至前後兩章相連之截，間亦以某一句中之一短語或一字為題，以難倒考生為能事。[72] 被收

---

[72] 許成章、黃興斌纂修，重修《高雄市志・文物志藝文篇》，頁 12。

入志的八股文，有蕭聯魁〈丕顯哉文王謨丕承哉武王烈佑啟我後人〉、〈子路問曰，何如斯可謂之士矣。子曰，切切偲偲怡怡如也，可謂斯也〉，及蕭雲鏞〈聖之時者也，孔子之謂集大成〉、陳精華〈徒取諸彼以與此然且仁者不為〉四文。蕭聯魁是清朝時的貢生、蕭雲鏞是秀才，二人雖出生臺南，但久住高雄。從收錄的八股文，可以看到文末有批語：「理解清真，二提此尚須斟酌」、[73]「筆力開展」，[74] 文中還有出現「ㆍ」號，即是表示段落，係指八股之股及其他起承轉結。而〈徒取諸彼以與此然且仁者不為〉則是清代書院每個月考試用的考卷，這些都是在地方志中難得一見的文本。而被視為益智的雅俗文學活動「燈謎」，《續修高雄市志‧文化志藝文篇》特以「燈謎」一節，分以「燈謎溯源」、「謎格」、「謎目」、「市井間常見謎語彙錄」4 目予以收錄，甚至指出燈謎有會意格、梨花格、玉帶格、鴛鴦格等 24 格，[75] 還有一字謎、四書謎、五經謎、成語謎、各式各樣的謎類，內容說明非常翔實清楚。

　　清治臺灣所修方志的體例，基本都是從大陸移植而來，[76] 傳統方志纂修不足為新方志所用，學者詳其常而略其變，大量援引社會科學方法修志，方志體例詳略不一。方志體例除了能夠繼承正史，隨著方志內容變化，尚能突破創新，展現方志多元發展，說明隨著時代推進與社會的進步，方志文類走向多樣性。

（三）展現在地文學風格

---

[73] 許成章、黃興斌纂修，重修《高雄市志‧文物志藝文篇》，頁 14。
[74] 同上註，頁 15。
[75] 總纂黃耀能，編纂曾玉昆、葉振輝，《續修高雄市志‧文化志藝文篇》，頁 66-69。
[76] 巴兆祥，《方志學新論》（中國上海：學林出版社，2004 年 6 月），頁 260。

　　從上述首纂、重修、新修桃園縣志文學轉變，具體說明桃園有大量民間文學，方志所錄閩南語、原住民語口傳文學等；《高雄縣志稿‧藝文志》設「聯語」一章收 24 人 70 幅對聯、重修《高雄市志‧文物志藝文篇》在「對聯」一節收該市 15 個宮廟共 23 首對聯；《續修高雄市志‧文化志藝文篇》則設「對聯」一節，分以「牌坊之楹聯」、「名勝之楹聯」、「寺廟之楹聯」及「春聯」4 目，廣收寫於柱壁上、刻於木石等對聯。各志收錄的對聯，例如：「殉國殉夫三綱克振；盡忠盡節千古同欽」、[77]　「日月同光毅然師表；乾坤永載大哉聖人。(孔廟)」、[78]　「褒譽永高，功存桑梓；忠懷長式，氣壯山河。(褒忠亭)」、[79]　「三時不害頌豐年可期富國；山斗同高瞻碩堅堪仰賢王。(鹽城三山國王廟，主祀三山國王)」、[80] 可狀物敘事、抒情言志、明哲達理，可誌慶、詠文物、頌名勝，最後一首則從每句的第一個字和最末一字，四字合起來則是該廟主祀「三山國王」。由於對聯要求上、下聯的每個詞語都要相互對仗，深具古典文學的意涵。而《續修高雄市志‧文化志‧藝文篇》所設「春聯」一目，則見有高雄各姓氏常用春聯，及高雄十大姓氏堂號春聯，如陳姓堂號「汝南」、堂號春聯「迎郊東日，高汝南風」、林姓堂號「西河」、堂號春聯「日行東陸，風仰西河」、楊姓堂號「弘農」、堂號春聯「弘農集慶，新穀迎祥」，[81] 宅第春聯，因受到生活環境的影響，內容簡明踏實，用字遣詞深具草根性。

---

[77] 纂修陳子波，《高雄縣志稿‧藝文志》，頁 49。

[78] 許成章、黃興斌纂修，重修《高雄市志‧文物志藝文篇》，頁 100-101。

[79] 許成章、黃興斌纂修，重修《高雄市志‧文物志藝文篇》，頁 102。

[80] 總纂黃耀能，編纂曾玉昆、葉振輝，《續修高雄市志‧文化志藝文篇》，頁 47。

[81] 總纂黃耀能，編纂曾玉昆、葉振輝，《續修高雄市志‧文化志藝文篇》，頁 62-63。

　　儘管志書有前志可循，例如高雄縣、市志之前，與高雄有關的地方志有《鳳山縣志》、[82] 《重修鳳山縣志》，[83] 前者〈藝文志〉設有「傳」、「記」、「賦」、「詩」文體，後者〈藝文志〉亦設有「奏疏」、「文移（附稟札）」、「序記」、「詩賦」文體，但各階段的志書纂修，對其所纂修地方志品質，十分堅持與重視。例如《高雄縣志稿·藝文志》指出：「鳳山舊志雖載藝文如奏疏、文移、稟札之類，乃總論全臺，在昔宜列府志，今則應入省志，為免重複，本志一概不錄」，[84] 該志纂修之時，適值中央纂修《臺灣省通志》，後則纂修《臺灣全志》，纂修範圍皆是為全臺，而該志堅持收錄高雄當地宮廟等的對聯，讓中華文化獨有的聯語，寥寥數字卻勝過一篇洋洋大觀之文。

（四）編纂兼顧傳統創新

　　桃園縣志纂修的演變，從反映當代文學風貌、文學比重不斷提升、入志人數持續增加、文體分類與時俱進等，展現其編纂不斷突破與創新；高雄縣市的方志文學纂修也力求改變，例如《高雄縣志稿·藝文志》收錄的鄭坤五〈苦熱〉、李丕煜〈半屏山〉詩作及重修《高雄市志·文物志藝文篇》：

一失凌空射赤鳥。[85] 該詩作於日據時期隱打倒日本之鳥

宋永清 萊陽人清康熙四 [86] 十三年鳳山知縣

---

[82] 清·陳文達，《鳳山縣志》（臺北：臺灣銀行經濟研究室，臺灣文獻叢刊第 124 種，1961 年 10 月），頁 137-156。

[83] 清·王瑛曾，《重修鳳山縣志》（臺北：臺灣銀行經濟研究室，臺灣文獻叢刊第 146 種，1962 年 12 月），頁 329-500。

[84] 纂修陳子波，《高雄縣志稿·藝文志》。

[85] 陳子波，《高雄縣志稿·藝文志》，頁 165。

從上引文，對於需做說明、解釋的人名、地名、名詞，乃按傳統編輯方式，直接在該名詞下面，以二行小字進行說明、解釋。而在《續修高雄市志・文化志藝文篇》中，會看到許多文字下出現（註⑫），[87] 藉由括弧內，以「註」字加「阿拉伯數字」的型態，做為說明、解釋的方式出現。從《高雄縣志稿・藝文志》、《高雄市志・藝文篇》、重修《高雄市志・文物志藝文篇》，均是分由二縣市的高雄縣、市文獻委員會負責纂修，而只有《續修高雄市志・文化志藝文篇》延請時任成功大學歷史系教授黃耀能擔任總編纂，續修各分志纂修亦是學術專業人士，纂修的組成團隊對象並不同。從高雄市第一部市志，到最新一部的市志，前後纂修的時間相差 31 年之久，這在半甲子的歲月中，同一地的地方志纂修，除了內容相異外，纂修方式則因纂修的團隊不同，而纂修手法開始出現的不同之處，其學術引註就是其中之一。纂修手法雖因時代的推進而有所轉變，而良好的纂修手法，則仍會被持續沿用，例如《史記》表體，迄今仍受地方志纂修所採用，重修《高雄市志・文物志藝文篇》在「論著」一章，就明清兩代的著作、民國以來的著作，將作者與其著作名稱，全部以製表的方式呈現，清清楚楚，一目瞭然；《續修高雄市志・文化志藝文篇》取前志之優點，不但繼續保持「表體」的纂修模式，甚至還運於其他章節，標示演變成果，避免文字繁冗。

　　2010 年 12 月 25 日、2014 年 12 月 25 日，高雄、桃園二地分別升格改制直轄市，成為六都之一。桃園市在改制前，已首纂《桃園縣志・文教志藝文篇》、重修《桃園縣志・文教志藝文篇》和《新

---

[86] 許成章、黃興斌纂修，重修《高雄市志・文物志藝文篇》，頁 32。
[87] 總纂黃耀能，編纂曾玉昆、葉振輝，《續修高雄市志・文化志藝文篇》，頁 14。

修桃園縣志‧藝文志文學篇》，專收桃園當地文學作家及其作品。
從舊志到新志纂修不斷推進，以「反映當代文學風貌」、「文學比重
持續提升」、「入志人數不斷增加」、「文體分類時俱進」，說明文學
演變軌跡，桃園改制直轄市後，文化局發行《桃園文獻》，提供重
要文史研究資料，深化文史知識的推廣；高雄為臺灣南部之重鎮，
有國際重要港都和機場，析論桃園、高雄二地方志文學纂修異同，
包括：「文學方志名稱有別」、「收錄文類各具特色」、「展現在地文
學風格」、「編纂兼顧傳統創新」。高雄縣政府在合併升格直轄市之
前，已積極刊行「高雄縣文獻叢書」、另有《高雄文獻》及舉辦「打
狗鳳邑文學獎」等，提供寫作環境，成為高雄文學創作能量。桃園、
高雄二直轄市升格後，到目前為止尚未纂修直轄市志，惟桃園市長
鄭文燦已提出分區纂修的藍圖出現，纂修直轄市志指日可待。

第六章　戰後臺灣方志之文學纂修：從〈藝文志〉到〈文化志〉

　　1981 年，行政院成立文化建設委員會，做為統籌規畫國家文化建設施政最高機關，推動全國文化發展工作。1993 年，臺灣文化政策進入轉型期，開始推動「社區總體營造」，透過空間建築、產業文化與藝文活動等議題，提升地方社區公民與共同體的自主意識；2002 年起，文建會提出「文化創意產業」發展計畫；2003 年規劃設置創意文化園區。2012 年該會改制文化部，除涵蓋原文建會現有之文化資產、文學、社區營造、文化設施、表演藝術、視覺藝術、文化創意產業、文化交流業務外，再納入行政院新聞局出版事業、流行音樂產業、電影產業、廣播電視事業，及教育部轄下 5 個文化類館所（包括國立歷史博物館、國立國父紀念館、國立中正紀念堂管理處、國立臺灣史前文化博物館、國立中正文化中心）；2017 年再納入蒙藏委員會蒙藏文化相關業務，展現臺灣豐富多元文化內涵。[1]

　　古籍經典《周易・上經》〈賁卦象辭〉記載：「觀乎天文，以察

---

[1] 〈中華民國文化部成立沿革〉，https://www.moc.gov.tw/content_246.html，2022 年 6 月 28 日。

時變，觀乎人文，以化成天下。」[2] 雖並未直接有「文化」一詞，但已使用「文」、「化」，「人文化成」簡稱為「文化」，具有「文化」的概念；而西漢劉向《說苑·指武》云：

> 聖人之治天下也，先文德而後武力。凡武之興，為不服也，文化不改，然後加誅。夫下愚不移，純德之所不能化，而後武力加焉。[3]

「文化」的概念，早在先秦時期的《易經》已經出現，係以期勉主政者當以詩書禮樂、典章政教等人文規範，來教化天下人，藉以提高人民的生活品質與品德，讓社會變得有秩序；至於「文化」一詞，則首先見於西漢劉向《說苑·指武》，意味統治管理要採用和平的方法。而現今論及「文化」，乃將「culture」一詞，以漢字翻譯為「文化」，從人類學觀點：「文化是人類生活方式的總合」；從社會學觀點：「文化是群體所共享的信仰、價值、行為和物質的組合」；從藝術美學觀點：「文化是指藝術與美學的相關創作」。而「文化」範疇包括人文科學、社會科學和表演藝術等，隨著時空環境變化而有不同的解釋。[4] 中國古代「文化」的概念是一切文治教化的總和，文化經由人類生活的創造與積累，不同的族群擁有不同的文化特色。

　　臺灣方志自清領時期開始，承續中國編纂地方志的傳統，但中國傳統修志並無〈文化志〉的編纂；戰後臺灣各地展開纂修地方志，

---

[2] 傅隸樸，《周易理解》（臺北：臺灣商務印書館，1996 年 10 月），頁 186。

[3] 西漢·劉向，《說苑》（臺北：臺灣商務印書館，1965 年 10 月），頁 8。

[4] 藍麗春等編著，《文化事業概論》（臺北：新文京開發出版公司，2010 年 5 月），頁 2-15；蘇明如，《文化觀光》（臺北：五南圖書出版公司，2014 年 9 月），頁 10-11；總纂張永楨，王惠姬、張加佳、陳亮州合著，《續修南投縣志·文化志》（南投：南投縣政府文化局，2019 年 10 月）。

受到傳統修志影響，多採〈藝文志〉的編纂方式，收錄區域內的相關文學資料。而正當臺灣各地積極推動文化工作之際，本土意識等逐漸抬頭，〈藝文志〉綱目不再受到侷限，收錄的志書名稱、纂修的內容與型態，逐漸轉型為〈文化志〉，而異於傳統方志〈藝文志〉的編纂模式，成為當代地方志纂修的重大改變之一，此在方志發展史上，應格外備受關注。

　　為此，本書除了梳理前述臺灣六都的文學方志外，本文再以廢省前的臺灣省政府，其所主導纂修的《臺灣省通志稿・學藝志》、《臺灣省通志・學藝志》、《重修臺灣省通志・藝文志》，還有國史館臺灣文獻館主修的《臺灣全志・文化志》，及臺灣各地縣（市）、鄉鎮（區市）所出版的〈文化志／篇〉，一探從史志〈藝文志〉到當代〈文化志〉的轉變。

第一節　史志〈藝文志〉

　　〈藝文志〉之名，最早起源於西漢班固所著《漢書》中，史書〈藝文志〉和方志〈藝文志〉收錄有別，茲說明如下：

一、正史〈藝文志〉

　　西漢成帝見藏書散落遺佚，乃下詔派光祿大夫劉向等人，分別校閱諸子詩賦、兵書、數術、方技等書籍，然後編成總目錄，記述學術之流變與系統，《別錄》、《七略》就此問世。而班固《漢書・藝文志》係採劉歆（？—23）《七略》為藍本，首章為總序，說明

編纂緣起，次為書目，按學術系統分為「六藝」、「諸子」、「詩賦」、「兵書」、「數術」、「方技」六略，每略再分若干類，記書名、撰人、篇卷數，其下小註有關撰人生平、學術、書籍內容等。每類收錄典籍後，再總結全類家數、篇數，例如：書類之總結云：「凡書九家，四百一十二篇」，總結後又有小序；每略結束，又總結全略之類數、家數、篇數，例如：六藝略之總結云：「凡六藝一百三家，三千一百二十三篇。入三家百五十九篇，出重十一篇」，其後有綜論全略之學術流變；全書終結，再總結六略之總數、家數、卷數等，例如「大凡書六略三十八種，五百九十六家，萬二千二百六十九卷。入三家五十篇，省兵十家。」[5]《漢書・藝文志》在書目部分載典籍書名、撰人和篇卷數，論述學術系統；敘述部分則包括總敘、小序、書名下的小註，說明學術流變。

　　後世史家承續《漢書・藝文志》編纂方式，例如：有《隋書》、《舊唐書》、《新唐書》、《宋史》、《明史》等，不過，《隋書》、《舊唐書》並不稱〈藝文志〉，而是以〈經籍志〉之名，取代〈藝文志〉。在《隋書》、《舊唐書》〈經籍志〉的內容中，也收錄經、史、子、集，編纂的內容也有小序、註撰人姓氏及卷軸數，〈經籍志〉雖然志名不稱為〈藝文志〉，但實質內容卻等同〈藝文志〉。

　　而自《漢書》設〈藝文志〉之後，《隋書》設〈經籍志〉等，史書所設立的「藝文」，幾成常見的通例。

二、方志〈藝文志〉

---

[5] 漢・班固撰，唐・顏師古注，《漢書》北宋景祐刊本，頁 02445、02449、02461。

　　〈藝文志〉始於班固《漢書》，正史以〈藝文志〉為著錄書目，《漢書‧藝文志》是對先秦及秦漢典籍的總結，為中國最早總結文藝的百科全書，因其集結先秦時期諸家之藝文系統，可以說是目錄學之祖。其中，「藝」收錄《書》、《詩》、《易》、《春秋》、《禮》、《樂》「六經」；「文」收錄含蓋中國歷史古書和諸子之書，而〈藝文志〉之名，也為後世方志襲用。有關方志〈藝文志〉之纂修，劉知幾以北齊《關東風俗傳》中的〈墳籍志〉為最早：

> 近者宋孝王《關東風俗傳》亦有〈墳籍志〉，其所錄皆鄴下文儒之士，讎校之司。所列書名，唯取當時撰者。……。語曰：「雖有絲麻，無棄菅蒯。」於宋生得之矣。[6]

另據姚松、朱恒夫譯注《史通》云：「北齊宋孝王所著《關東風俗傳》中，也有《墳籍志》，其中所記錄的，都是北齊都城鄴下的文人儒士，校勘圖書機構；所列出的書名，只取代當地人所撰寫的。以它作為學習楷模的遵守準則，也許可以免受譏笑。諺語：『雖有絲麻，無棄菅蒯』，用在宋孝王身上，是很恰當的。」[7] 從《史通》史籍記載，早在北齊之際，〈墳籍志〉對於入志者不分等級、貴賤，所錄作品、作者則限當地人為主，〈墳籍志〉開方志藝文之先河，惟未受人矚目；直至《太平寰宇記》增益記述藝文、人物等內容，且《四庫全書總目提要》肯定方志藝文體例始於《太平寰宇記》，此外，學者宋晞指出：「《太平寰宇記》間錄名士題詠詩文，為方志

---

[6] 唐‧劉知幾著，姚松、朱恒夫譯注，《史通》（臺北：臺灣古籍出版公司，2002年2月），頁116-117。

[7] 唐‧劉知幾著，姚松、朱恒夫譯注，《史通》，頁117。

藝文之濫觴」,[8] 此外,洪亮吉等多位後世史家咸推《太平寰宇記》為方志載錄藝文作品的濫觴。據此,方志所載藝文,雛形始於北齊宋孝王所著《關東風俗傳》中的〈墳籍志〉、定型則是北宋《太平寰宇記》。

　　綜上所述,正史和方志皆有〈藝文志〉,正史〈藝文志〉採收著錄書目,以論述學術系統、說明學術流變,對研究歷代圖書文獻、考訂學術源流,極具學術參考價值;而方志〈藝文志〉則採錄詩文作品,係於表彰當地的文采,以登錄藝文作品為主,雖方志〈藝文志〉採集不及正史〈藝文志〉,惟後世仍然可藉由方志〈藝文志〉中,挖掘大量史料遺珠,可彌補正史〈藝文志〉。

三、臺灣首部〈藝文志〉

　　臺灣方志以〈藝文志〉之名,始於清康熙高拱乾纂修《臺灣府志》,[9] 臺灣各地收錄文學的方志之名,雖各地不一,但迄今仍設有〈藝文志〉,高拱乾纂修《臺灣府志》〈外志〉「古蹟」,收錄拱乾、齊體物、王善宗、王璋、林慶旺五人所作〈臺灣八景〉(計有「安平晚渡」、「沙鯤漁火」、「鹿耳春潮」、「雞籠積雪」、「東溟曉日」、「西嶼落霞」、「澄臺觀海」與「斐亭聽濤」),「臺灣八景」詩作,成為臺灣最早的八景。此外,高拱乾在《臺灣府志·藝文志》所作〈臺灣賦〉,以當時纂修的職責與立場,其政治意識應高於本土意識,其作〈臺灣賦〉的目的,與文學應無直接關係;但〈臺灣賦〉,廣為後世纂修地方志所收錄,俾使〈臺灣賦〉一文能夠流傳至今,說

---

[8] 宋晞,《方志學研究論叢》(臺北:臺灣商務印書館,1990 年 9 月),頁 3。
[9] 清·高拱乾,《臺灣府志》(臺北:臺灣銀行經濟研究室點校,1960 年 7 月)。

明臺灣文學曾有「賦」體古典文學存在。

　　臺灣在清領時期，官修地方志至少有 43 部以上，高拱乾纂修《臺灣府志》，設〈藝文志〉收錄作家文學作品，成為臺灣纂修〈藝文志〉嚆矢，開啟方志〈藝文志〉之名，是為臺灣方志纂修〈藝文志〉的濫觴，具有重要意義與價值。

第二節　戰後臺灣省通志〈學藝志〉到《臺灣全志》〈文化志〉的纂修

　　《臺灣省通志稿》為戰後臺灣首部纂修的省級通志，係由許多隨政府來臺的各領域學者專家及臺灣本地人士參加修志，繼通志之後，賡續纂修《臺灣全志》，其所收錄有關文學的《臺灣省通志稿·學藝志》、《臺灣省通志·學藝志》、《重修臺灣省通志·藝文志》、《臺灣全志·文化志》分述如下：

一、《臺灣省通志·學藝志》

　　戰後臺灣省通志的編纂是以臺灣省文獻委員會所纂《臺灣省通志》為主，而省有通志始於明朝，清代仍沿其成規，各省都有通志的纂修。臺灣在 1887 年（清光緒 13 年）建省，援例必需纂修通志，1892 年（清光緒 18 年），邵友濂接任臺灣巡撫，始倡修通志，設「臺灣通志總局」，延薛師轍（薛紹元）為總纂，飭各廳縣彙送采訪冊，纂成不完整的《臺灣通志稿》，旋以 1895 年（清光緒 21 年）乙未

割臺，事遂中輟。1947 年 5 月，原臺灣省行政長官公署因 228 事件，改組為臺灣省政府，1948 年 6 月，臺灣省政府設立「臺灣省通志館」，延攬臺灣耆老林獻堂擔任館長，積極纂修省通志。[10]

《臺灣省通志》前後共纂修四次，第一次是在 1949 年「臺灣省通志館」設立後，由首任館長林獻堂積極籌備，召開編纂會議，推舉楊雲萍草擬「臺灣省通志體例綱目」，通過「臺灣省通志體例綱目」共分 38 篇；翌年（1950）臺灣省通志館改組為臺灣省文獻委員會，再針對《臺灣省通志》的綱目、斷代、文體等詳加討論；邇後，臺灣省文獻委員會先後出版林熊祥總纂的《臺灣省通志稿》（1951－1965 年出版，共 60 冊）、林朝棨和王世慶主修的《臺灣省通志稿（增修版）》（1964－1967 年出版，共 25 冊）、李汝和與林衡道總纂《臺灣省通志（整修版）》（1968－1973 年出版，共 146 冊）、劉寧顏與鄧憲卿總纂《重修臺灣省通志》（1989－2001 年出版，共 70 冊）。

就綱目而言，《臺灣省通志稿》、《臺灣省通志》都設有〈學藝志〉，其中，《臺灣省通志稿・學藝志》內容包括哲學、文學、藝術等篇；《臺灣省通志・學藝志》內容則有藝文、文徵、藝術等篇；二志的〈教育志〉均設有「文化事業篇」。至於《重修臺灣省通志》則以〈藝文志〉綱目，設著述、文學、藝術等篇；在〈文教志〉則設有「文化事業篇」、「文獻篇」；《臺灣省通志・學藝志》、《重修臺

10　簡榮聰，〈臺灣省文獻委員會推動全面修志概述〉，《臺灣文獻》46：3（1995 年 9 月），頁 83；毛一波，〈蔣師轍與臺灣通志〉，收於編者，《方志新論》（臺北：正中書局，1974 年 12 月），頁 179-202；黃秀政，〈戰後臺灣方志的纂修〉，收於編者，《台灣史志新論》（臺北：五南圖書出版公司，2007 年 9 月），頁 462-464。

灣省通志・學藝志》纂修方法，與傳統方志藝文類相似。[11] 其中，林熊祥總纂《臺灣省通志稿・學藝志》的「文學篇」以時間敘述為主，計有「荒服時代」、「明鄭時代」、「滿清時代」、「清代文學續」、「日據時期」等章，其中，在「荒服時代」章，收錄原住民 24 社、歌謠 24 首；在「明鄭時代」、「滿清時代」、「清代文學續」、「日據時期」章，取傳統文章著錄的形式，共收人物 111 人、韻文 1745 首、散文 63 篇，但以新著錄法，寫日治時期之臺灣文學，在臺灣方志發展史中，係屬創舉。[12] 其後，臺灣省文獻委員會纂修《臺灣省通志》與《重修臺灣省通志》二部志書時，皆能在藝文志中兼載「著述書目」之類，以明學術發展淵源與現況。

　　1998 年 12 月 21 日，臺灣省政府被撤銷《省縣自治法》所賦予的地方自治權利，2002 年 1 月，原隸屬於臺灣省政府的臺灣省文獻委員會，改制為國史館臺灣文獻館，但仍承襲原有的業務。該館從 2003 年報請核定《臺灣全志・凡例》，纂修設限從 1945－2001 年，志篇名稱和內容有所調整，以符合時代變遷與發展。[13] 其中，《臺灣全志・文化志》因纂修規模及纂修者的纂修所需，而單獨設志，並以〈文化志〉取代原《臺灣省通志・學藝志》與《重修臺灣省通志・文教志》、《重修臺灣省通志・學藝志》。

二、《臺灣全志・文化志》

---

[11] 曾鼎甲，《論《臺灣省通志稿》之纂修》（臺北：花木蘭文化出版社，2007 年 3 月），頁 115。

[12] 曾鼎甲，《論《臺灣省通志稿》之纂修》，121-152。

[13] 黃秀政，〈論近二十年臺灣地方志的纂修：以《臺灣全志》／六都市志／縣（市）志、村史為例〉，收於許雪姬主編，《臺灣地方志研究（1999-2020）》（臺北：中央研究院臺灣史研究所，2021 年 8 月），頁 13。

　　《臺灣全志》由國史館臺灣文獻館負責纂修，其內容以「略古詳今」為原則，記載地域範圍由臺灣省擴及臺北、高雄兩院直轄市，以及福建省的金門、連江（馬祖）兩縣，為歷史作見證。[14] 其中，《臺灣全志》〈文化志〉為順應時代變遷的潮流，採「文化行政」、「文化事業」、「文化產業」、「文學」、「藝術」單獨成篇，各篇出版均一大冊，分別就戰後臺灣文化發展的不同面向加以記載，以記錄史實。各篇均列有「綜說」，略述纂修構想與各篇的章節安排；並附有「結語」，以總結各篇的重點。

　　《臺灣全志・文化志文學篇》專收有關文學，「文學篇」全冊共有 604 頁，22 萬字，「文學篇」分為「民間文學」、「古典文學」、「現代文學」，另附「戰後臺灣文學大事紀（1987—2007）」，內容主要係記載戰後的臺灣文學，主要包括民間文學、古典文學、以及現代文學等，前有「綜說」，後繫「結語」，每一章皆以「小結」作結。其中，「民間文學」分為「民間文學的採集、類型暨主要內容舉隅」、「漢人民間文學的主題與特色」、「原住民民間文學的主題與特色」3 章；「古典文學」分為「戰後古典詩活動概況」、「戰後古典詩書寫與重要詩人」2 章；「現代文學」則分為「跨越差異期（1945—1949）」、「反共復國期（1950—1969）」、「認同追尋期（1970—1986）」、「眾聲喧嘩期（1987—2005）」共計 4 章。

　　《臺灣全志・文化志文學篇》以書寫類型為主軸，收錄各個族群不同語言的作品，將一般本土文學論者忽略的眷村文學也納入；同時概括庶民文學、通俗文學與女性文學，以及文藝政策等。[15] 以

---

[14] 黃秀政，〈總論〉，收入黃秀政主持，江寶釵著，《臺灣全志・文化志文學篇》（南投：臺灣文獻館，2009 年 6 月），頁 1-2。

[15] 黃秀政，〈總論〉，收入黃秀政主持，江寶釵著，《臺灣全志・文化志文學篇》，

現代文學為主要書寫形式，分別論述戰後臺灣文學史的發展。

　　《臺灣全志・文化志》雖無法完整呈現戰後臺灣文化多元面向之全貌，但仍可看到戰後臺灣文化的發展，從早期黨國體制的運作與「反攻復國」國策的定調，到 1987 年解嚴開放，乃至 2000 年以後的政黨輪替時期，其發展的梗概與趨勢，政治力操控文化發展的痕跡。在社會經濟變遷方面，從傳統農業社會到現代工商社會，從一元逐漸走向多元，亦使文化發展呈現豐富多元的樣貌。[16] 過去臺灣各地纂修的地方志，〈文化志〉並非纂修的必要項目，但《臺灣全志・文化志》成為臺灣各級政府纂修的體例之一，不同縣市對〈文化志〉的纂修要求，各具特色。[17]《臺灣全志・文化志》成為專志的體例，此對臺灣各級政府纂修志書，起了「領頭羊」的重要角色與示範作用。

第三節　臺灣六都方志多以〈文化志〉 收錄文學

　　戰後臺灣各地纂修方志工作蓬勃發展，官修文學的地方志紛紛以專志、專篇、專章、專節等不同綱目，收錄各地文學。統計臺灣六都方志收錄文學的志名、篇名、章名：

頁 17-22。
[16] 黃秀政，〈總論〉，收入黃秀政主持，江寶釵著，《臺灣全志・文化志文學篇》，頁 16。
[17] 總纂黃秀政、主持人施懿琳，蔡明諺、薛建蓉撰稿，《新修彰化縣志・文化志行政篇》（彰化：彰化縣政府，2018 年 10 月），頁 9。

一、志名

1、〈文化志〉：計有《臺北市志稿・文化志》、重修《臺北市志・文化志》、《續修臺北市志・文化志》、續修《臺中縣志・文化志》、《臺南縣志稿・文化志》、《臺南縣志・文化志》、《續修高雄市志・文化志》，共 7 部。

2、〈文藝志〉：計有《臺北縣志稿・文藝志》、《臺北縣志・文藝志》2 部。

3、〈藝文志〉：計有《續修臺北縣志・藝文志》、《新修桃園縣志・藝文志》、《臺中縣志・藝文志》、新修《臺中市志・藝文志》、《高雄縣志稿・藝文志》，共 5 部。

4、〈文教志〉：計有《桃園縣志・文教志》、重修《桃園縣志・文教志》、《臺中市志稿・文教志》、首纂《臺中市志・文教志》，共 4 部。

5、〈學藝志〉：計有《臺南市志・學藝志》、《嘉義縣志・學藝志》、《續修嘉義縣志・學藝志》3 部。

6、〈文物志〉：計有重修《高雄市志・文物志》1 部。

二、篇名

1、「學藝篇」：計有《臺北市志稿・文化志學藝篇》、《臺南縣志稿・文化志學藝篇》、《臺南縣志・文化志學藝篇》（還有設章），共有 3 部。

2、「文徵篇」：計有《臺北市志・文化志文徵篇》、《高雄

縣志稿·藝文志文徵篇》2 部。

　　3、「文學篇」：計有重修《臺北市志·文化志文學篇》、《續修臺北市志·文化志文學篇》、《續修臺北縣志·藝文志文學篇》、《新修桃園縣志·藝文志文學篇》、《臺中縣志·藝文志文學篇》、新修《臺中市志·藝文志文學篇》、《臺南市志·學藝志文學篇》，共 7 部。

　　4、「文獻篇」：計有《續修高雄市志·文化志文獻篇》1 部。

　　5、「藝文篇」：計有《桃園縣志·文教志藝文篇》、重修《桃園縣志·文教志藝文篇》、《臺中市志稿·文教志藝文篇》、首纂《臺中市志·文教志藝文篇》、《高雄市志·藝文篇》、重修《高雄市志·文物志藝文篇》、《續修高雄市志·文化志藝文篇》，共 7 部。

　　6、「詩乘篇」：計有《高雄縣志稿·藝文志詩乘篇》1 部。

三、章名

　　無篇但設章者，計有《臺北縣志稿·文藝志》、《臺北縣志·文藝志》二志，只設「文藝章」。

　　綜上所述，首先，就收錄有關文學的志書名稱，除了只有《高雄市志·藝文篇》（無志但有立篇）；而《臺北縣志稿·文藝志》、《臺北縣志·文藝志》二志，則無篇但設「文藝章」。餘者分別以〈文化志〉、〈文藝志〉、〈藝文志〉、〈文教志〉、〈學藝志〉、〈文物志〉六種不同名稱；其次，在收錄文學的篇名方面，則分別以「學藝篇」、「文徵篇」、「文學篇」、「文獻篇」、「藝文篇」、「詩乘篇」。

　　而新北市改制之前，臺北縣舊志為〈文藝志〉，新志為〈藝文

志〉，雖都有「藝」、「文」二字，但新志名稱沿襲傳統史志〈藝文志〉之名；舊志〈文藝志〉則分為「文藝章」、「藝術章」，文學主要收錄於「文藝章」；而新志〈藝文志〉分為「文學篇」、「藝術篇」，文學主要收錄於「文學篇」，「文學篇」以下再設章節進行分述。

　　至於桃園市，在改制之前，首纂《桃園縣志》、重修《桃園縣志》則都置於〈文教志〉「藝文篇」，新修桃園縣志則將舊志「藝文篇」擴增為〈藝文志〉一部專志，下設「文學篇」。整體而言，有關文學的章節數量，呈現後志多於前志的現象。

　　就志書名稱而言，臺灣六都收錄文學的方志，係以〈文化志〉之名最多。1962 年，臺北市尚未改制直轄市之前，即出版〈文化志〉，其所纂修的《臺北市志稿・文化志》應屬最早。此外，重修《臺北市志・文化志》、《續修臺北市志・文化志》、續修《臺中縣志・文化志》、《臺南縣志稿・文化志》、《臺南縣志・文化志》、《續修高雄市志・文化志》六志，亦陸續以〈文化志〉收錄文學。簡言之，臺灣六都地方志，收錄的志書志名，係以〈文化志〉最多；其次，是〈藝文志〉，再次為〈學藝志〉、〈文藝志〉、〈文物志〉。臺灣六都所收錄文學的方志，有的仍維持以傳統〈藝文志〉之名稱者，有的則更名為〈文藝志〉、〈文教志〉、〈學藝志〉、〈文物志〉、〈文化志〉等，臺灣六都方志所纂修文學志書，因時制宜，志名多以〈文化志〉，做為收錄文學的專志、專篇，已不再僅侷限於傳統〈藝文志〉。

　　臺灣六都過去曾纂修過豐富的方志，不過，臺南、高雄二市後來則未再纂修方志，而改以叢書系列的新型態。其中，臺南縣市合併改制直轄市迄今，臺南市文化局出版大臺南叢書至少 60 冊，為「臺南學」奠定豐厚基礎，以多元文化元素詮釋臺南文化的豐富性

與多元性，不但建立在地文化特色，也讓在地人取得在地歷史解釋權；[18] 在升格前的高雄縣，曾因為要規避當時「縣志必需要送內政部審查」之規定，而改以刊行「高雄縣文獻叢書」，打破官修方志體例，而由官方縣政紀錄改為傾向人民與土地為主體的保存地方文獻方式面世；高雄縣市合併升格直轄市後，未再繼續纂修地方志，除了積極刊行有關高雄的文獻叢書外，還有高雄市立歷史博物館主編的《高雄文獻》。除此之外，高雄市政府文化局自 2003 年開始，每兩年舉辦一次的「打狗鳳邑文學獎」，已成為南臺灣的文學盛事，而「高雄青年文學獎」、「阿公店溪文學獎」、高雄文學創作及出版獎助雙計畫，提供創作文思的舞台，鼓勵寫作人才駐地創作及出版具高雄在地多元豐富特色之作品，顯現高雄市政府從培育到發芽，提供文學寫作環境，深耕文學創作能量，全力朝南方山與海文化願景前進。

第四節　戰後臺灣各縣（市）志〈文化志／篇〉的纂修

---

[18] 黃秀政，〈論近二十年臺灣地方志的纂修：以《臺灣全志》／六都市志／縣（市）志／村史為例〉，頁 21-23；另見中時新聞網，〈為臺南學奠基 大臺南文化叢書 9 年出版 60 套〉，https://www.chinatimes.com/realtimenews/20190918003123-260405?chdtv，2022年 3 月 1 日。

綜觀臺灣從戰後迄今 2022 年止，[19] 方志纂修成果豐碩，以近 5 年為例，2017 年有《北門區志》（臺南市）、《重修大埔鄉志（觀光資源章）》（嘉義縣）、《續修臺北縣志·卷尾》3 種；2018 年有《臺東縣達仁鄉鄉誌》（上）（下）、《屏東縣竹田鄉二崙村誌》、《虎尾鎮志》（上）（下）、《重修竹南鎮志》、《新修彰化縣志》、《埔里鎮志》（上、中、下冊）、《五峰鄉志》、《增修臺東縣史》、《關西鎮志》（上、中、下冊）、《林邊鄉志續編》（上、下）、《鹽埔鄉志增錄》、《新修彰化縣志》，共 12 種；2019 年，出版《田寮庄志》、《臺灣埔里鄉土志稿》（第一卷、第二卷）、《新修竹北市志》（上、下冊）、《續修南投縣志》，共 4 種；2020 年有《古坑鄉志》、《大洲里志》、《豐華里志》、《中榮里志》、《大坡村誌》、《新興村誌》、《福文村誌》、《慶豐村誌》，共 8 種；2021 年有《新竹縣志續修》（土地志、經濟志、教育志、住民志、人物志）、《海端鄉志》；2022 年則有《新竹志續修》（文化志、社會志、政事志）、《卑南鄉志》及《重修湖口鄉志》等。而歷年來各地出版縣（市）志〈文化志／篇〉中，不乏有縣市政府改以〈文化志〉專收文學相關資料，例如：1965 年《宜蘭縣志》、1978 年《澎湖縣志》、2001 年《續修金門縣志稿》、2002 年《南投縣志》、2005 年《續修澎湖縣志》、2006 年《續修花蓮縣志》、2007

---

[19] 中央研究院臺灣史研究所，《臺灣史研究文獻類目》（臺北：臺灣史研究文獻類目編輯小組編輯，2004－2020 年）；許雪姬、杜曉梅製表，〈近二十年臺灣方志纂修數量表（1999－2020）〉，收於許雪姬主編，《臺灣地方志研究（1999－2020）》，頁 603-677；郭佳玲，〈從「藝文志」到「文化志」：論《臺灣全志·文化志》纂修的時代意義〉，《臺灣文獻》72：3（2021 年 9 月），頁 106-112 及國家圖書館「臺灣鄉土文獻影像資料庫」，https://twinfo.ncl.edu.tw/local/；國立臺灣圖書館，「臺灣方志資料庫」，http://county.ntl.edu.tw/co_page/index.php；中央研究院，「中研院圖書館館藏目錄檢索系統」，https://las.sinica.edu.tw/*cht，2022 年 7 月 1 日。

年《重修苗栗縣志》、2009 年《續修金門縣志》、2010 年《南投縣志》與《續修臺中縣志》、2014 年《續修連江縣志》、2018 年《新修彰化縣志》、2019 年《續修南投縣志》，均設有〈文化志／篇〉。

　　其中，澎湖、南投、金門等縣市，則是從一開始啟動纂修方志，就一直設置〈文化志〉，進行有關文學的纂修工作。而澎湖縣雖是島嶼，但是從入清以後，保有纂修方志傳統，1978 年澎湖縣政府出版《澎湖縣志・文化志》，設「勝蹟」、「寺廟」、「戲劇」3 章；1993年，屏東縣政府出版《重修屏東縣志・文教志》，記述屏東縣重要文教發展，內含教育行政、教育設施、文化事業及藝文四大篇章，當時已收錄「文化事業」；2005 年續修《續修澎湖縣志》，仍設有〈文化志〉，且設「文化行政」、「文化事業」、「勝蹟」、「志書與文學」、「藝術」5 章，續修收錄的圖表內容更為豐富。[20] 再者，2000 年出版的《續修花蓮縣志》，由花蓮縣政府分 3 年纂修的縣志，分以「自然篇」、「族群篇」、「經濟篇」、「文化篇」等共 8 篇，其中，「文化篇」則依族群分為「漢族篇」與「原住民篇」，而「漢族篇」包括「藝術文化」、「宗教信仰」、「文化事業」、「文化資產」等四章，「文化篇」多介紹新成立的文化局等行政機關，及新增「文化事業」等，都是為因應地方特色，配合社會變遷而調整，[21] 可見「文化研究」，是當代新興學科。

　　而《續修金門縣志》設〈文化志〉，是以《金門縣志》〈藝文志〉為基礎，再以〈文化志〉設「文化行政」、「文化建設」、「文化事業」、

---

[20] 許雪姬總編纂，《續修澎湖縣志・卷首》（澎湖：澎湖縣政府，2005 年 7 月），頁 86。

[21] 康培德，〈當代學科分類下六篇體的實踐場域？以續修花蓮縣志為例〉，收於國史館臺灣文獻館編，《方志學理論與戰後方志纂修實務國際學術研討會》（南投：編印者，2008 年 5 月），頁 123-127。

「文化資產」、「藝文創作」等篇；[22]至於《新修彰化縣志》〈文化志〉則設「文化事業篇」、「文學篇」、「古蹟篇」、「歷史建築篇」4篇；[23]而2010年出版的《南投縣志》卷六〈文化志〉設有「文獻篇」、「勝蹟篇」，其中，「文獻篇」下設「文教」章，收錄「教育」、「文化」、「文學」、「藝術」等5節，「文化」一節收錄「人文」、「藝術活動」、「圖書館、文化中心」、「書院」4項，而「文學」一節收錄散文、詩歌、小說、戲劇、民間文學、兒童文學等7項。[24]而2019年出版《續修南投縣志》〈文化志〉，[25]則將《南投縣志》〈文化志〉的範疇擴增，納編「文化事業篇」、「文學篇」、「文獻篇」、「文化資產篇」，其中，第一篇文化事業敘述的內容，包括文化行政、出版事業、新聞事業、廣播事業、電影事業、文創產業等；第二篇文學敘述傳統文學詩、文等；第三篇文獻篇收該縣足以流傳的文獻目錄、檔案、方志、文牘、期刊、公報、論文等；第四篇文化資產的內容，則是凡具有歷史、文化、藝術、科學等價值，並經指定或登錄為文化資產的古蹟、歷史建築、聚落、史蹟遺址、文化景觀、傳統藝術、民俗及有關文物等。

　　隨著時空環境變換，各部方志名稱有所調整，例如嘉義縣原僅以一部〈學藝志〉收錄嘉義縣的文學和藝術，最後增益為〈文學志〉、〈藝術志〉二部專志，〈文學志〉、〈藝術志〉除承繼二部舊志的〈學藝志〉之基礎，又能從現代嚴格的學術觀點專章討論，以符合當代

---

[22] 陳延宗，《金門縣志・文化志》（金門：金門縣政府，2009年12月），頁34。

[23] 總纂黃秀政，《新修彰化縣志》（彰化：彰化縣政府，2018年10月）。

[24] 總纂黃耀能、陳哲三，撰稿人吳福助、林金田，《南投縣志》（南投：南投縣政府文化局，2010年12月），頁128-147。

[25] 總纂張永楨，王惠姬、張加佳、陳亮州合著，《續修南投縣志・文化志》（南投：南投縣政府文化局，2019年10月），頁1。

嘉義縣的文學與藝術發展最新趨勢。〈藝文志〉名稱嬗變，從〈學藝志〉到〈文學志〉、〈藝術志〉，謀篇立意，體例與正史〈藝文志〉有別。新修《嘉義縣志》〈文學志〉承繼舊志〈學藝志〉之基礎，〈文學志〉則有鑑於新文體的興起，及文學視野的開拓，不以菁英文學為主脈，而將民間文學與俗文學，都應在整編之列，因此打破傳統，首次將庶民文學、歌仔冊、流行歌詞、廟聯和現代文學等文學類型和範疇入志。各志獨有的綱目，各具不同編纂特色。適當的綱目層級，可使志書記載涓滴不漏，俾利修志者纂修，同時兼顧讀者閱讀。[26]《新修嘉義縣志》設〈文學志〉、〈藝術志〉，都成單一專志，雖篇名與傳統〈藝文志〉不同，但〈文學志〉仍以收錄有關文學為主。

　　收錄方志的志書名稱不一，各地縣（市）政府纂修的〈文化志〉，多以傳統〈藝文志〉編纂基礎，除了原有收錄的文學作品、作家外，再加上「文化行政」、「文化事業」、「文化資產」等新的纂修內容。

第五節　臺灣各鄉鎮（市區）志〈文化志／篇〉的纂修

　　臺灣從戰後迄今（2022 年）止，各鄉鎮（區市）出版的〈文化

---

[26] 徐惠玲，〈戰後嘉義縣志的纂修——以新修《嘉義縣志》為中心〉，收於《國立嘉義大學通識教育中心通識學報》9（2012 年 1 月），頁 125-158；徐惠玲，〈評述《嘉義縣志》四部收錄藝文的方志〉，收於《國立嘉義大學通識教育中心通識學報》11（2014 年 11 月），頁 135-152。

志／篇〉有：[27] 1988 年《永康鄉志》、1994 年《仁德鄉志》、1995
年《東勢鎮志》；1997 年《芳苑鄉志》、《彰化市志》、《深坑鄉志》；
1998 年《太平市誌》、《芬園鄉志》、《中和市志》、《佳里鎮志》；1999
年《柳營鄉志》、《滿州鄉志》；2000 年《南庄鄉風土誌》；2001 年
《石碇鄉志》、《樹林市志》、《通霄鎮志》、《魚池鄉誌》。

　　據《鄉鎮志撰修實務手冊》一書，針對鄉鎮志編纂提出「歷史」、
「地理」、「政治」、「經濟」、「社會」、「文化」六大學術分科，其中，
「文化篇」編纂範疇包括「教育」、「宗教」、「民俗」、「藝文」、「諺
語」、「名勝傳說」、「文物古蹟」、「觀光資源」等章目，[28] 其所提「六
篇體」，加以學科分工整合等因素，使得專以收錄文學的方志纂修，
出現變化。因此，2002 年《後龍鎮志》、《官田鄉志》、《羅東鎮志》、
《吉安鄉誌》、《壽豐鄉志》、《烈嶼鄉志》、《苑裡鎮志》、《續修頭城
鎮志》、《和美鎮志》、《增修竹山鎮志》、《南投市志》、《伸港鄉志》
陸續出版，各鄉鎮（區市）以〈文化志／篇〉數量大增。2003 年繼
有《烏日鄉志》；2004 年《名間鄉志》、《車城鄉志》；2005 年《北
埔鄉志》、《金寧鄉志》；2006 年《花壇鄉志》、《八里鄉志》、《寶山
鄉志》、《斗六鄉志》、《重修大社鄉志》、《琉球鄉志》；2008 年《仁
愛鄉志》；2009 年《石岡鄉志》、《蘆洲市志》、《三義鄉志》、《大甲
鎮志》、《鹿谷鄉志》、《仁武鄉志》、《金城鎮志》、《神岡鄉志》；2010
年出版《板橋市志三編》、《金山鄉志》、《員林鎮志》、《深坑鄉志續
編》、《重修路竹鄉志》、《林園鄉志》、《增修烈嶼鄉志》、《續修東勢

---

[27] 許雪姬、杜曉梅製表，〈近二十年臺灣方志纂修數量表（1999－2020）〉，頁
603－677；郭佳玲，〈從「藝文志」到「文化志」：論《臺灣全志‧文化志》
纂修的時代意義〉，頁 106-112。

[28] 王良行，《鄉鎮志撰修實務手冊》（臺中：國立中興大學、行政院文化建設委
員會中部辦公室，1999 年 9 月），頁 59-132。

鎮志》、《樹林市志》；2011 年《龍井百年志》、《土城市志修編》、《竹東鎮志》；2012 年《溪湖鎮志》、《國姓鄉志》、《左鎮鄉志》、《大里市史》；2013 年《淡水鎮志》、《太麻里鄉志》、《淡水鎮志》；2014 年《田中鎮志》、《平鎮市志續編》、《觀音鄉志》、《綠島鄉誌》；2015 年《新修西螺鎮志》、《長濱鄉志》；2016 年《續修蘆竹鄉志》、《東河鄉志》、《埔鹽鄉文化生活史》；2018 年《五峰鄉志》、《林邊鄉志》（續編）、《埔里鎮志》、《關西鎮志》；2020 年《古坑鄉志》等都鄉鎮（區市）也都以〈文化志／篇〉收錄文學，志書已成一方之史。

　　以上各鄉鎮（市區）〈文化志／篇〉的纂修與內容，其中，以1988 年出版的臺南縣《永康鄉志》〈文化志〉最早，其收錄「勝跡附詩詞」、「鄉土文學雜藝」、「人物」、「古文書」、「寺廟墳墓碑記」等，雖其名為〈文化志〉，但其內容仍偏重於藝文資料，未脫離傳統〈藝文志〉纂修內容。[29] 而 2010 年 11 月出版的《永康市志》[30] 即以《永康鄉志》為基礎，統計《永康市志》共有 12 篇，其中，〈藝文篇〉有「傳統文學與現代文學」、「戲曲藝陣」、「民間文學」、「古建築」、「古文物與碑誌」等章節，篇名直接以〈藝文篇〉取代〈文化篇〉。

　　《仁愛鄉志》〈文化篇〉分為「原住民民俗」、「仁愛鄉的原住民藝術」、「仁愛鄉的原住民語言文化」、「卓社群基本詞彙」等；[31] 而《金山鄉志》〈文化篇〉計有十章，其中，「藝文」、「諺語」、「傳說」、

---

[29] 郭佳玲，〈論戰後臺灣鄉鎮志「文化篇」的編纂：以《埔鹽鄉文化生活史・文化篇》為例〉，《彰化文獻》22（2018 年 4 月），頁 85-87。

[30] 靜宜大學人文暨社會科學院台灣研究中心編纂，《永康市志》（臺南：臺南縣永康市公所，2010 年 11 月）。

[31] 總編纂沈明仁，《仁愛鄉志》（南投：南投縣仁愛鄉公所，2008 年 8 月）。

「文物古蹟」均與文學有關；[32]《竹東鎮志》〈文化篇〉設「教育」、「宗教」、「民俗」、「藝文」、「諺語傳說」、「觀光資源」[33] 等，其中，「藝文」、「諺語傳說」等章，也是與竹東當地的文學有密切關係。

　　此外，《彰化市志》〈文化志〉分為「文藝」、「建築與雕塑」、「音樂與戲劇」、「民間文學」、「文物」5 章；《和美鎮志》〈文化志〉分為「文藝」、「戲曲」、「陣頭」、「歷史勝蹟」、「民間技藝」、「節慶民俗」6 章；《田中鎮志》〈文化篇〉有「文學」、「視覺藝術」、「表演藝術」、「歷史性建築物」、「古物」、「傳說諺語」、「文獻」；《平鎮市志續編》〈文化篇〉有「平鎮文化」、「美術工藝」、「戲劇音樂」、「文學」、「民間技藝」；《歡音鄉志》〈文化篇〉有「歷史文化」、「藝術文學」、「庶民文化」、「觀光資源」；《長濱鄉志》〈文化篇〉有「文學」、「碑碣」、「神話傳說」、「觀光資源與聖蹟」、「飲食旅遊產業」、「文化藝術工作者」；《埔鹽鄉文化生活史》〈文化篇〉有「文學」、「藝術」、「傳統音樂」、「民俗技藝」、「民俗文物」、「文化活動」、「出版與媒體」、「文化資源與創意」；《林邊鄉志》（續編）〈文化篇〉分為「人與自然」、「建築」、「碑碣」、「傳統飲食與老行業」、「俗諺」、「傳說與舊慣習俗」、「文藝」、「傳統技藝」、「地方文化社團與工作」；《埔里鎮志》〈文化篇〉分為「口傳文學」、「古典文學」、「新文學」、「藝術」、「文化資產」；《古坑鄉志》〈文化篇〉分為「歷史建築與歷史遺跡」、「歷史文物」、「民俗與藝文」等；《觀音鄉志》〈文化篇〉分「歷史文物」、「藝術文學」、「庶民文化」、「觀光資源」四

---

[32] 總主持人王良行，編纂李鴻謀，《金山鄉志・文化篇》（臺北：臺北縣金山鄉公所，2010 年 5 月）。

[33] 總編輯王良行，主撰黃榮洛，《竹東鎮志・文化篇》（新竹：新竹縣竹東鎮公所，2011 年 11 月）。

章，[34] 綜上各地〈文化篇〉的內容兼容並蓄，已非僅僅只限制收錄文學而已。

　　臺灣方志自清領時期起，多以〈藝文志〉傳統志書纂修，體例獨特，收錄區域內的相關文學資料，以文獻保存為第一要務，傳統修志並無〈文化志〉的編纂；戰後臺灣修志工作蓬勃發展，地方志做為一方之全書，受到本土意識等影響，〈藝文志〉綱目名稱不再受到侷限，內容依各地方情況略有不同，具有保留地方文史資料，彰顯地方文化特色的實用功能。[35] 加以網路已經突破實體疆界，以虛擬改寫地域的觀念，而國際交流密切，不僅臺灣移民人數增加，域外臺灣文學書寫出現，必須重新思索作者與居住地的關係，均擴大臺灣文學思考的視野。[36] 今日地方志纂修材料選取，撰述性質，爬梳排比，無不根據纂修者主觀斷定，賦予纂修者更大的纂修空間。

第六節　從〈藝文志〉到〈文化志〉纂修的轉衍

　　長久以來，文學以口傳或文字，扮演文化傳播的功能。方志〈藝文志〉，除了在志書名稱出現轉衍為〈文化志〉外，因應時代的進步，凡入志文類、專責纂修團隊和平臺建置等，紛紛出現轉變如下：

---

[34] 總編纂尹章義，《觀音鄉志》（桃園：桃園縣觀音鄉公所，2014 年 11 月）。

[35] 巴兆祥、王慧，〈中國大陸二輪志書「藝文志」編纂探討〉，《臺灣文獻》65：1（2014 年 1 月），頁 75。

[36] 黃秀政主持，江寶釵著，《臺灣全志・文化志文學篇》，頁 17-22。

一、入志文類多樣化

清康熙 23 年，蔣毓英纂修臺灣第一部地方志《臺灣府志》，述明鄭遺裔，保存諸多明鄭史料，充分表現傳統中國史家的風範，該志雖無設〈藝文志〉，但其記述文體計有表、章、詩、詞、賦、記六種，及神話、傳說等；清康熙 33 年，高拱乾新闢〈藝文志〉，收錄神話、傳說等民間文學記述外，又收錄作家文學作品；其後，清周元文纂修〈藝文志〉不斷增補，數量總計多達 68 篇。

戰後，臺灣各地方志收錄的文類，其中，新北市在改制直轄市之前，以《臺北縣志·文藝志》收錄詩詞等類別，走向傳統風格，而《續修臺北縣志·藝文志文學篇》則分以「淡水河流域的文化與文學」、「新店溪流域的文化與文學」、「大漢溪流域的文化與文學」、「基隆河流域的文化與文學」、「北海岸地區文化與文學」等創新分類方式，所收錄報導文學、民間文學、褒歌、譜例及許俊雅、楊渡、楊翠分別採訪秦賢次、陳映真、蘇建和等人的採訪稿等。

而《臺中縣志·藝文志文學篇》設有「詩鐘」；《臺中縣志·藝文志文學篇》、《臺中市志稿·文教志藝文篇》、《臺中市志·文教志藝文篇》皆設「碑文」；續修《臺中縣志·文化志文學與文獻篇》、新修《臺中市志·藝文志文學篇》則收各時期重要文學作家的姓名、字號、籍貫、職稱、出生年、學經歷及其作品名稱、內容等，纂修的手法近似〈人物志〉，惟〈人物志〉以生人不立傳為原則，而文學篇則收錄大量當時正在活動的文人及其作品，讓優異的文人及其作品，得以被人看見。

在高雄市，首先，就志書的詩體為例，在高雄縣市合併成為轄

市之前，《高雄縣志稿・藝文志》共收 343 人 547 首作品；《高雄市志・藝文篇》設有「試帖詩」、「性情詩（前期）」、「采風詩（前期）」、「擊缽吟與詩社」、「性情詩（後期）」、「采風詩（後期）」、「性情詩（尾聲）」、「舊體詩」、「現代詩」等節；重修《高雄市志・文物志藝文篇》分設「采風詩」、「試帖詩」、「抒情詩」、「擊缽詩」、「現代詩」等節；而《續修高雄市志・文化志藝文篇》則收旗津吟社等詩社。此外，《高雄市志・藝文篇》、重修《高雄市志・文物志藝文篇》收錄八股文等，是難得一見。而被視為益智的雅俗文學活動「燈謎」，在《續修高雄市志・文化志藝文篇》中，特以「燈謎溯源」、「謎格」、「謎目」、「市井間常見謎語彙錄」指出燈謎有會意格、梨花格、玉帶格、鴛鴦格、一字謎、四書謎、五經謎、成語謎等各式各樣的謎類。

　　2010 年出版《南投縣志》〈文化志〉設「文獻篇」、「勝蹟篇」，其中，在「文獻篇」下設「文教」一章，收錄「教育」、「文化」、「文學」、「藝術」等 5 節，而在「文學」一節收錄散文、詩歌、小說、戲劇、民間文學、兒童文學等；[37]《觀音鄉志》〈文化篇〉「藝術文學」一章，收錄「文學」、「歌謠諺語」、「鄉野故事」等，[38]《竹東鎮志》〈文化篇〉「藝文」收錄清代至現代的當地藝文人士及作品、諺語傳說；《金山鄉志》〈文化篇〉設「藝文」一章，收錄傑出藝文人士、詩詞、諺語與傳說等；《仁愛鄉志》〈文化篇〉收原住民的口傳文學等，與當地生活的居民為原住民部落，有密切關係。

　　然而方志纂修工程，部分地方政府則有了改變。其中，高雄縣

---

[37] 總纂黃耀能、陳哲三，撰稿人吳福助、林金田，《南投縣志》（南投：南投縣政府文化局，2010 年 12 月），頁 128-147。

[38] 總編纂尹章義，《觀音鄉志》（桃園：桃園縣觀音鄉公所，2014 年 11 月）。

政府在合併高雄市之前，於 1997 年曾出版《高雄縣文獻叢書》共
15 冊；此外，宜蘭縣政府則於 1998—2004 年間出版《宜蘭縣史》
系列，其以系列叢書的方式出版，乃係宜蘭縣、高雄縣為避免官方
帶有意識形態的審查制度有關外，而以縣史或叢刊打破方志體例，
以專業領域為主，分門別類撰寫，系統脈絡清楚，前後一貫，既能
表現專史的特色，不致發生切割、失去連續性的斷裂感，也不會流
於瑣碎，便於一般民眾閱讀。[39] 而《宜蘭縣史》與文學有關為《宜
蘭縣口傳文學》、[40] 《宜蘭縣民間信仰》，[41] 其中，《宜蘭縣口傳文
學》有宜蘭口傳文學、傳說、故事、謎猜、唸歌／唱曲、俗語，體
例不出傳統方志，但有很多過去未見的調查新資料，而這些持續進
行採錄工作的資料，仍可做為未來口傳文學的補篇。

2001 年，臺東縣政府完成《臺東縣史》〈史前篇〉、〈開拓篇〉、
〈地理篇〉、〈文教篇〉、〈產業篇〉、〈觀光篇〉、〈政事篇〉、〈大事紀
篇〉（上、下）、〈人物篇〉、〈漢族篇〉、〈阿美族篇〉、〈卑南族篇〉、
〈雅美族篇〉、〈布農族篇〉、〈排灣族與魯凱族篇〉計 15 篇，當年
編纂記事僅至民國 88 年（1999）止，凸顯增修縣史的必要性，2018
年，增修縣史《增修臺東縣史》，增修〈自治篇〉、〈教育篇〉、〈藝

---

[39] 游錫堃、張炎憲，〈宜蘭縣史系列・序〉，收於張炎憲總編纂，邱坤良、施如
芳、張秀玲、藍素婧、郝譽翔著，《宜蘭縣史系列藝術類 1：宜蘭縣口傳文學》
（宜蘭：宜蘭縣政府，2002 年 5 月），頁 3。

[40] 張炎憲總編纂，邱坤良、施如芳、張秀玲、藍素婧、郝譽翔著，《宜蘭縣史系
列藝術類 1：宜蘭縣口傳文學》（宜蘭：宜蘭縣政府，2002 年 5 月）。此外，
宜蘭縣史系列篇目尚有〈宜蘭縣史大事紀〉、〈宜蘭縣水利發展史〉、〈宜蘭
縣生活大眾史〉、〈宜蘭縣社會經濟發展史〉、〈宜蘭縣基督教傳教史〉、〈宜
蘭縣人口與社會變遷〉、〈宜蘭縣交通史〉、〈宜蘭縣學校校育〉、〈宜蘭縣
民間信仰〉、〈宜蘭縣醫療衛生史〉、〈宜蘭縣民間信仰〉。

[41] 張炎憲總編纂，游謙、施芳瓏著，《蘭縣史系列社會類：宜蘭縣民間信仰》（宜
蘭：宜蘭縣政府，2003）。

文篇〉、〈宗教篇〉、〈交通事業篇〉、〈觀光產業篇〉、〈人物篇〉、〈大事紀〉，纂修過程遇到資料佚失、人物百年或遷徙不復查考等難題。其中，《增修臺東縣史‧藝文篇》[42] 綱目計有「文學篇」、「視覺藝術篇」、「表演藝術篇」，文學文類計有清代官民詩作、戰後現代文學、在地文學書寫、古典漢詩、現代詩、散文、小說、報導文學等，還收錄書畫、西畫、陶藝與雕塑等與「視覺藝術篇」、「表演藝術篇」有關人事物，凸顯臺東文化的特殊意涵。《增修臺東縣史‧藝文篇》綱目實採〈文化志〉。

　　2018 年出版《重修竹南鎮志》共有 6 卷 30 冊，卷三〈史料卷，詩 俳句 漢詩、俳句彙編〉[43] 和正卷「文化篇」，主要都是收錄當地的文學為主，其中，〈史料卷，詩 俳句 漢詩、俳句彙編〉的綱目「漢詩」收錄陳紹熙等 18 人的生平及代表詩作；「和歌‧俚謠‧俳句」中的和歌都是日文，資料取自〈臺灣日日新報〉在日治時期曾登載的歌和，文末收錄高志彬主編臺灣先賢詩文集彙刊中的陳槐澤〈翁菴吟草〉、陳薰南〈覺齋影塵詩草〉二人詩作，其詩作主要描寫當時社會景象、民生經濟等。至於正文卷的內文分為「文化篇」等 11 篇，而「文化篇」綱目分為「文學」、「藝術」、「文化資產」和「學術」4 章，文學文類包括散文、詩作、歌謠、故事及當地難得的文人作品及台語詩集等，強調以「定義本鎮文學，建構本鎮文學史」、「中港媽祖宮石柱對聯：體現當時代本鎮文學觀與文人網路」、「本鎮和歌：挑戰台北與台南」、「本鎮的兩種國語文學與民族

---

[42] 孟祥瀚總編纂、林建成主撰，《增修臺東縣史‧藝文志》（臺東：臺東縣政府，2018 年 11 月）。

[43] 林修澈，《重修竹南鎮志‧卷三史料卷‧詩‧俳句‧漢詩、俳句彙編》（苗栗：竹南鎮公所，2018 年 10 月）。

語言文學」、「寄望：學生作文與台語文學」為重點；而「文化篇」
綱目設「文化資產」一章，分以「政府登錄公告之文化資產（行政
院文化部）」、「有潛力的有形文化資產」、「有潛力的無形文化資產」
三節。《重修竹南鎮志》強調「六卷構造、活體叢書」，[44] 頗具正史
〈藝文志〉纂修意味，兼具傳統〈人物志〉、〈藝文志〉纂修模式。

　　內政部雖於 2003 年 1 月 30 日廢止地方志書纂修辦法，各地志
書的好壞，由各地方政府自行把關，志書不用再上呈主管機關審
查，儘管如此，2014 年，《重修屏東縣志》出版仍以〈緒論篇：地
方知識建構史〉、〈人群分類與聚落村莊的發展〉、〈社會型態與社會
構成〉、〈原住民族〉、〈生態與環境變遷〉、〈文化型態與展演藝術〉、
〈產業型態與經濟生活〉、〈民間信仰〉、〈健康與醫療〉等，不採分
志，以專書論述方式，集合數十位學者專家與在地文史團隊所組成
的編修與輔導團隊，以新時代的觀點、在地化的書寫，完整呈現屏
東的地緣人文產業生活紀錄，由舊志新學與諸多跨國的檔案紀錄
中，勾勒出宏觀屏東圖像，歷時 6 年修撰完成。[45] 其中，在〈文化
型態與展演藝術〉、〈民間信仰〉分別收錄文學，而在此志之前，
1968、1993 年，屏東縣政府分別出版《屏東縣志‧教育志》、《重修
屏東縣志‧文教志》記述屏東縣重要文教發展，內含教育行政、教
育設施、文化事業及藝文，當時已收錄「文化事業」。各地所設〈文
化志／篇〉文類豐富，使得〈文化志／篇〉內容十分多樣。方志體
例改以專題論著，為方志創新與創生。

---

[44] 林修澈，《重修竹南鎮志‧卷一正文卷》，頁 10-14。
[45] 陳秋坤總纂，《重修屏東縣志》（屏東：屏東縣政府，2014 年 11 月）；張素玢，
〈傳統與創生：文化進程中的方志纂修〉，收於許雪姬主編，《臺灣地方志研
究（1999－2020）》，頁 86；另見〈自由時報電子報〉，
https://news.ltn.com.tw/news/life/breakingnews/1156057，2022 年 2 月 26 日。

二、文學纂修專業化

臺灣所修方志始於清領時期，纂修方志工作係由清廷派駐到臺灣的官員負責，傳承中國官方修志傳統，志書體式基本都是從中國大陸移植來臺，臺灣纂修方志歷史迄今三百多年。臺灣光復之際，政府忙於遷臺工作，當時臺灣省文獻會等修志機構積極輔導各縣（市）成立文獻委員會，陸續啟動展開縣（市）志纂工作，審定則是內政部。1983年，臺中縣政府委請時任東海歷史系教授張勝彥擔任《臺中縣志》總纂，張勝彥以學界人士組成編纂團隊，開啟學界人士為主的纂修團隊。[46]

爾後，《續修臺北市志》編印為臺北市立文獻館，審定則是臺北市政府，至重修、續修臺北市志的纂修團隊，從原為文獻委員會編制內的專人、約聘人員，以上網公開招標方式，改變為大學院校的跨領域的學者參與；以多次修志經驗的臺北市為例，臺北市修志態度嚴謹，設立臺北市立文獻館專責修志的專責機構，對於纂修團隊十分慎重，除重修《臺北市志》邀請學者曾迺碩等人，從臺灣修志菁英群中，聘請志書編纂豐碩的黃秀政擔任《續修臺北市志》總纂，而黃秀政所率領的編纂團隊，都是在臺灣各大學的專業領域，從事學術教學的教授群。還有，臺中縣二部縣志，皆邀請時任東海大學教授張勝彥擔任總編纂，張氏再邀集相關歷史、地理、人類、考古、法學、農經、金融、植物、動物畜牧、海洋生物等學者纂修，首開學界人士主導纂修縣市志之先例，頗具時代重要意義，奠定臺

---

[46] 許雪姬，〈近二十年來方志的纂修與檢討〉，《臺灣地方志研究（1999-2020）》，頁518。

中地方的史料庫。

　　另外，《續修臺北縣志》總編纂為張勝彥（國立臺北歷史學系教授）；《新修桃園縣志》總纂賴澤涵（時任中央大學教授）；新修《臺中市志》總主持人黃秀政（時任中興大學教授）；《續修臺南市志》總纂謝國興（中央研究院近代史研究所研究員）；《續修高雄市志》總編纂黃耀能（成功大學歷史系教授）；新修《嘉義縣志》總纂修雷家驥（時任中正大學歷史系教授），各分志纂修亦是學術專業人士，纂修團隊皆為各領域優秀學者所組成編纂團隊。

　　而纂修文學的團隊，也都是有文學專才的專業學者負責主修，例如：《臺灣全志‧文化志文學篇》撰稿江寶釵，任國立中正大學中國文學系教授兼系主任，她同時曾纂修過《嘉義縣志‧文學志》、《嘉義市志‧語言文學志》等；此外，《續修臺北縣志》總編纂為張勝彥，《續修臺北縣志‧藝文志》有戲劇、美術工藝、文學、音樂及舞蹈五篇，其中，「文學篇」撰稿許俊雅，她是國立臺灣師範大學國文系教授，其他各篇也是各大學時任教授；再者，《續修臺北市志》總纂黃秀政，而《續修臺北市志‧文化志》主持人陳登武，任教於國立臺灣師範大學歷史學系教授兼主任，〈文化志〉「文化行政篇」撰稿林淑慧，時任國立臺灣師範大學臺灣文化與語言文學研究所副教授、「文化傳播篇」撰稿陳登武、「文學篇」撰稿許俊雅，是任國立臺灣師範大學國文學系教授、「視覺藝術篇」撰稿林磐聳，時任國立臺灣師範大學視覺設計系教授兼副校長、「表演藝術篇」撰稿林淑真，時任國立臺灣師範大學表演藝術研究所兼所長／學務。

　　以上參與纂修的編纂團隊成員，他們分別在各系所擔任副教授、教授等教職外，主持人及各分志撰稿人，並且兼任各校系所的

所長、學務、副校長，具有豐富的校務行政經驗，其具有教學、行政雙重身分，對推動該志的纂修工作，具有向前加分的作用。學術團隊主導纂修方志，對於綱目層次要求嚴謹，重修、新修、續修地方志，能以當頁註等方式進行編纂，纂修手法則因纂修的團隊不同，而出現相異之處。纂修手法雖因時代的推進而有所轉變，但良好的纂修手法仍會被持續沿用，例如在西漢司馬遷所著《史記》創制的史書「表體」，迄今仍受方志纂修所採用，重修《高雄市志‧文物志藝文篇》在「論著」一章，就明清兩代的著作、民國以來的著者與其著作名稱，全部以製表的方式呈現，清清楚楚，一目瞭然；《續修高雄市志‧文化志藝文篇》取前志之優點，不但繼續保持「表體」的纂修模式，甚至還運用於其他章節，標示演變成果，避免文字繁冗。

戰後臺灣各地纂修方志，目前則普遍委由臺灣各所大學，從事學術工作的專業學者擔任，其中，王世慶、盛清沂、洪敏麟、陳運棟、尹章義、張勝彥、王良行、黃秀政、陳國川、孟祥瀚、戴寶村、張素玢、張靜宜，因他們至少曾經當過一次縣、市志總纂，或有編纂 10 個志以上經驗，且他們還有相關方志的研究論文，而被尊稱為臺灣的「修志專家」；[47] 反觀中國大陸各地對於方志的編纂修志工作，依然還是秉持中國的修志傳統，一律交由中國地方志指導小組辦公室，及各地修志辦公室的官員負責，纂修單位二者不同。

臺灣近年來，由學者組成的專業纂修團隊，在方志纂修扮演重要角色，但因方志發包受到政府採購法箝制，1995 年 5 月，政府實施採購法，讓習以被委託方式取得修志計畫的學者，難以適應，而

---

[47] 許雪姬，〈近二十年來方志的纂修與檢討〉，頁 572-580。

學者本身因有教學、研究的負擔，撰寫方志並不列為學術研究成果的影響，使得學者參纂修方志的意願並不高，團隊難以組成，加以地方單位的資料檔案保存不佳、取得困難，編纂方志過程所出現的種種困境，[48] 以上種種，則需由仰賴計畫總主持人、總纂，及地方政府等合力克服、排除，方能順利圓滿完成。

三、平臺建置數位化

方志纂修工作，是地方政府的重大工程，是地方首長展現的重大政績，但 2019 年 7 月，苗栗縣竹南鎮公所斥資千萬元，「正文卷」近 3 萬冊分送全鎮鎮民典藏，定價 500 元的全新志書，竟發生被民眾以廢紙賣不到 3 元，資源回收商看到都覺得很可惜，把這些書集中回捐給公所保存。[49] 方志內容包羅萬象，但因數量龐大的志書、政府藏書空間有限、讀者閱讀習慣改變，加以「著作權法」上路，沒有獲得著作授權的志書無法提供網上瀏覽，而方志出版後，不能從此束之高閣，方志出版的通路和運用，成為近年來最大挑戰。

而為了拓展通路，臺南縣市合併後，臺南市文化局出版大臺南叢書，多元文化元素詮釋臺南文化的豐富性與多元性，2019 年，其與出版社合作，[50] 出版「生命禮俗專輯」涵蓋出生、嫁娶、喪葬等，

---

[48] 許雪姬，〈近二十年來方志的纂修與檢討〉，頁 528；張素玢，〈傳統與創生：文化進程中的方志纂修〉，頁 89。

[49] 黃孟珍，〈《竹南鎮志》變廢紙！正文卷 500 元賤賣剩 3 元　連回收都不忍〉，ETtoday 新聞雲，
https://www.ettoday.net/news/20190723/1496389.htm#ixzz7M5zu0AoS，2022 年 2 月 27 日。

[50] 曹婷婷，〈為臺南學奠基　大臺南文化叢書 9 年出版 60 套〉，中時新聞網，https://www.chinatimes.com/realtimenews/20190918003123-260405?chdtv，2022

一改過去自編自印，期拓展通路。面臨資訊時代的來臨，方志纂修應有所因應與創新，方志的出版與發行，應同時發行光碟，建置資訊系統，提供查詢，以便利各界使用。《臺中市志》、《續修臺北市志》、《新修彰化縣志》都有出版光碟及提供網路查詢，達成文獻資源共建共享的目標。[51] 此外，近年來，各地方政府積極推動建置資料庫、知識庫等，許多資料、數據、統計都可經由電腦查詢、下載，而面對數位世代的來臨，方志的編纂與利用，融合數位科技已不可逆。

目前已出版的方志，已有不少方志結合數位科技，例如：《重修屏東縣志》、《續修臺北市志》、《續修南投縣志》、《觀音鄉志》等志書，除了發行平面紙本志書外，也同步發行光碟及全文上傳網路上；《續修澎湖縣志》在官方網站上亦可下載，方志出版突破傳統印刷，改以光碟等方式等地方志書有出版光碟、上傳電子版，提供民眾可以到縣立、各鄉鎮圖書館查閱或文化處官網，閱讀電子版縣志。學者張素玢於《北斗鎮志》、《二水鄉志》出版後，於 2003、2004 年分別進行「二水鄉古文書與老照片數位化計畫」、「北斗鎮古文書與老照片數位化計畫」，除了架設網頁，也將方志纂修過程與蒐集到的地方文書與舊照片提供至資料庫，並有詳細的資料詮釋；《新修彰化縣志‧人物志》完稿後，2017 年積極建置「臺灣歷史人物傳記資料庫」，具有搜尋、分析工具等。[52] 此外，2014 年彰化縣秀山鄉公所出版《秀山鄉志》，則為無紙化電子版方志。

年 3 月 1 日。

[51] 黃秀政，〈全球化下方志纂修的因應與創新〉，《台灣史志新論》，頁 402。

[52] 張素玢，〈由傳統到創新：《新修彰化縣志‧人物志》的編纂理念及其特色〉，《臺灣文獻》68：1（2017 年 3 月），頁 5-37。

　　而為方便民眾查詢使用,目前國立臺灣圖書館、國家教育研究院都已建置臺灣方志網網站,均有助於地方志書的傳遞與流通。方志的閱讀方式,從紙本走向電子化,甚至未來可以掃條碼等方式進行查詢,以網路介面,主動提供讀者方便查閱,讓知識傳播無遠弗屆。

　　傳統臺灣方志〈藝文志〉的纂修,早期因纂修人員主要以宦臺文學之「宸翰」、「奏議」、「公移」、「序」、「傳」、「記」、「賦」、「詩」或碑碣等。而隨著時間的推移,教育發達與學術進步,學門分工漸趨嚴密,現代學者主導修志,可以專業眼光,從學術的觀察角度,透過廣泛蒐集相關文獻,深入田野調查,編纂團隊一步一腳印,翔實記錄各地文學發展與變遷,過去曾出現過的志書名稱,例如:〈革命志〉、〈光復志〉、〈同胄志〉,因被認為不合時宜,而被〈社會運動篇〉、〈住民篇〉等取而代之。[53] 而收錄文學的專志,志書名稱、纂修方法與時俱進,臺灣各地方志文學纂修,不斷改變。時至今日,文類在方志中被細分入志,此與正史〈藝文志〉以著述目錄之不同,各志文學纂修,隨著修志實踐不斷發展,臺灣隨著社會變遷,不同學科之間的分工整合與對話交流,興起新方志修編的熱潮,官方修志容許多元論述,方志體例擺脫傳統論述與形式,各地的方志文學,猶如一部微型的文學文獻、目錄學史。而「存史」是傳統方志的重要功能之一,但面對數位時代的來臨,過去只能靜靜躺在架上的方志,被數位科技逐步導入,擴大參與和使用。

　　許雪姬統計縣、市志的方志,必修方志有八志:政事、住民志、社會志、經濟志、教育志、人物志、文化志、土地志(或自然志、

---

[53] 張素玢,〈傳統與創生:文化進程中的方志纂修〉,頁 86。

地理志、自然地理志）。[54] 藉由以上〈藝文志〉的志書名稱轉衍為〈文化志〉，及「入志文類多樣化」、「文學纂修專業化」、「平臺建置數位化」等，透露文學發展訊息。

　　臺灣方志，從清代以來，迄今仍扮演建構地方史不可或缺的重要文獻，方志作為地方百科全書，其發展備受矚目。〈藝文志〉之名，始於漢代班固《漢書・藝文志》；中國方志之編纂，直至經清代章學誠等人有系統研究整理，「方志學」始成為一門獨立學科。長久以來，文學以口傳或文字，扮演文化傳播的功能。方志〈藝文志〉，除了在志書名稱出現轉衍為〈文化志〉外，因應時代的進步，凡入志文類、專責纂修團隊和平臺建置等，紛紛出現轉變，例如：「入志文類多樣化」、「文學纂修專業化」、「平臺建置數位化」，收錄文學的地方志名以〈文化志〉數量愈來愈多，近年所出版《臺灣全志・文化志》、六都、各縣市及各鄉鎮市區志的〈文化志／文化篇〉，分別記述臺灣各項文化建設、發展、變遷與成就，各地方志編纂中，〈藝文志〉的名稱、內容與型態，轉化為〈文化志〉，應屬當代地方志的重大改變，展現社會變遷與當代文化研究新興學科的現象。

---

[54] 許雪姬，〈近二十年來方志的纂修與檢討〉，頁 542。

第七章 結 論

　　方志所記述，不外地理之沿革、疆域之擴展、政治之消長、風俗之良窳、交通之修阻與遺獻之多寡。故欲睹一縣人民活動之總成績者必於縣志是賴，欲睹一省人民活動之總成績者必於省志是賴。自縣而至省，自省而至國，然後一國文化遞嬗之跡，庶幾可以瞭然，[1] 方志所蘊蓄史料豐富，方志纂修成為中華文化特色及文化資產。1647 年，明末詩人沈光文遇颱而漂海入臺算起，華文文學在臺灣也有三百多年歷史，臺灣經歷荷治、明鄭、清領、日治，在臺中華民國等統治樣態，島上原住民及先後移居的國民，見證政治變動與政權更替，描繪在臺灣發生的文學生產活動的歷史，出現複雜、多元的現象。社會會變動，文學也會演變，故一時代有一時代的文學，而形成文學環境的事物，包括文學意識形態等。[2] 臺灣歷經多元政治、文化洗禮，騷人墨客來去之間所留下的作品，成為研究臺灣文學史者所重視的史料；有研究學者認為：「若是把藝文志編集起來的話，就是一部完整的臺灣文學發展史」，[3] 則突顯方志之文學纂修

---

[1] 朱士嘉，《中國地方誌綜錄》（臺北：新文豐出版公司，1986 年 11 月）。

[2] 張錦忠，〈「臺灣文學」一個「臺灣文學複系統方案」〉，收於黃錦樹、張錦忠編，《重寫・臺灣・文學史》（臺北：麥田出版，2007 年 9 月），頁 61-63。

[3] 何三本，講評〈後山巡禮──後山文化的回顧與前瞻〉，收於文訊雜誌社主編，《鄉土與文學：臺灣地區區域文學會議實錄》（臺北：文訊雜誌社，1994 年 3 月），頁 81。

研究，在臺灣文學發展史上，實舉足輕重，以文學做為研究方志纂修的發展與轉變，應當備受矚目。

　　本書主要探討「首善之都：臺北市方志之文學纂修」、「躍動之都：新北市方志之文學纂修」、「國門之都：桃園市方志之文學纂修」，並將臺中市、臺南市、高雄市三都方志所收錄的文學，全部納入研究外，兼論蔣毓英《臺灣府志》、鄭鵬雲《新竹縣志初稿》有關文學記述編排，觀察戰前臺灣修志官紳，為使主政者有效統治臺灣，以實行大一統帝國，纂修方志乃透過儒家倫理、道德觀念，形塑理想規範，使方志具有資治、教化價值，展現修志者在方志之文學書寫策略。

　　在「首善之都：臺北市方志之文學纂修」一章，臺灣首善之都的臺北市，自民國 42 年（1953），始纂《臺北市志稿》起，截至目前為止，臺北市已完成首纂、重修、續修共四部，其中，《續修臺北市志》則是目前全臺六都之中，唯一完成的直轄市志。臺北市從首纂的志稿，到出版最新直轄市志，新舊方志出版時間相隔一甲子之久。觀察臺北市文學纂修的轉變：首先，從收錄文學方志的名稱，最早志稿置於篇後的「文學」一節，及至《臺北市志》慢慢擴大為「文徵篇」，再到重修《臺北市志》與《續修臺北市志》二志，均置於《文化志‧文學篇》，文學從節名逐次擴大為篇名；其次，就編印單位而言，《臺北市志稿》、《臺北市志》及重修《臺北市志》三部編印都是臺北市文獻委員會，審定則是內政部。而《續修臺北市志》編印為臺北市立文獻館，審定則是臺北市政府；再次，纂修團隊從文獻委員會編制內的專人、約聘人員，擴為大學院校跨領域學者參與；最後，就出版技術方面，《續修臺北市志》突破傳統印刷，改以光碟的方式出版，實有助於地方志書的傳遞與流通，地方

志的閱讀方式，從紙本走向電子化。

臺北市是全臺首善之都，地方志的纂修，收錄臺北市的文學作品，突顯大眾文學、庶民文學、網路文學等地方文學發展，反應熱鬧而多元化的臺灣文學思潮，地方志中的文學纂修，具有引領指標。而臺北、臺中二直轄市所纂修方志文學異同性，除收錄文學的方志名稱有〈藝文志〉、〈文化志〉、〈文教志〉外，臺北市、臺中縣市政府纂修方志團隊，從早期各文獻委員會主導，爾後陸續委由學者接手，例如：重修《臺北市志》委由學者曾迺碩、《續修臺北市志》則委由黃秀政分別擔任總纂；方志文類上有為數不少的詩作，收錄在地作品在地作家，儘管〈藝文志〉對作家作傳，收錄作家與〈人物志〉重複，但卻可補〈人物志〉之闕；從收錄的作家中，以王昶雄與陳千武、張彥勳等人，前後花了數十年之久，跨越語言障礙，反映當代創作困境；從收錄文學作品留下紀錄，以文學充分反映時代，突顯在地文學書寫。

臺北、臺中二直轄市，目前僅臺北市已完成纂修直轄市志，負責纂修工作的臺北市立文獻館，仍積極每三個月出版一次《臺北文獻》，嚴格審查研究論文、史料、田野調查、口述歷史、書評、譯述、圖片等，全力推動「臺北學」資料庫；而臺中市，升格前的原臺中縣、臺中市，都已有首纂及新修縣、市志，升格直轄市之後，尚未啟動纂修直轄市志，但委請東海大學歷史系編撰《臺中市發展史──慶祝建府百週年紀念》、張勝彥編纂《臺中市史》、陳明台《臺中市文學史初編》、出版《臺中文獻》、設立臺中文學獎、成立臺中文學館等，致力於建置地方文學，積極發展「臺中學」資料庫。臺北、臺中二直轄市為地方文史的保存工作，無不全力以赴。

就「躍動之都：新北市方志之文學纂修」一章，2010 年 12 月

25 日，臺北縣、臺南市同時升格為直轄市，臺北縣改稱為「新北市」，臺南市則由原臺南縣、臺南市合併，分別成為六都之一。臺北縣，乃為新北市之前身，開發甚早，發展迅速，為北臺灣重要之地，改制前，臺北縣已編纂《臺北縣志稿》、《臺北縣志》、《續修臺北縣志》，記述臺北縣的歷史發展變革，保存重要文獻資料，而專收臺北縣文學作家及其作品，則計有《臺北縣志稿・文藝志》、《臺北縣志・文藝志》、《續修臺北縣志・藝文志》。有關收錄文學的方志名稱，舊志的文學主要收於「文藝章」，新志名稱沿襲傳統史志〈藝文志〉之名，突顯臺北文學日益重要性；《續修臺北縣志・藝文志文學篇》章節架構以「大漢溪流域的文化與文學」、「基隆河流域的文化與文學」、「北海岸地區文化與文學」做為綱目分類，頗為創新，是地方志文學纂修的首例。新北、臺南二地纂修方志文學均以收錄在地作家作品為主，但是收錄文學的志名則不統一。

　　「國門之都：桃園市方志之文學纂修」一章，桃園市在改制前，已有首纂《桃園縣志》、重修《桃園縣志》及《新修桃園縣志》，並以首纂《桃園縣志・文教志藝文篇》、重修《桃園縣志・文教志藝文篇》和《新修桃園縣志・藝文志文學篇》專收桃園當地文學作家及其作品。原二部舊志「藝文篇」都置於〈文教志〉，新修縣志則將舊志「藝文篇」擴增為〈藝文志〉一部專志，下設「文學篇」，且綱目章節數量呈現後志多於前志的現象，在在突顯文學日益重要。從舊志到新志纂修不斷推進，以「反映當代文學風貌」、「文學比重持續提升」、「入志人數不斷增加」、「文體分類時俱進」，說明文學演變軌跡，乃隨時代遞變，收錄文類劃分標準不同，反映不同歷史時期及文學發展的實際狀況，方志文類不斷推陳出新。而桃園、高雄二地收錄文學的方志名稱，也同前述臺北市、新北市、臺

中市、臺南市，收錄文學的方志名稱不同，桃園縣志收錄文學的方志名稱，首纂、重修二部縣志都在〈文教志〉「藝文篇」，重修縣志承襲保留大量首纂縣志的作品，新修縣志則志名改以〈藝文志〉，以「文學篇」進行收錄；高雄縣市收錄文學的志名有〈藝文篇〉、〈文物志〉、〈文化志〉。收錄文學的方志名稱，從志名、篇名、章名層次有所不同，突顯纂修者的纂修風格，實有密切關係。而六都之中，除了臺北市外，其他五都均尚未纂修直轄市志，但五都積極出版文獻刊物、舉辦文學獎等方式，保存各地文獻，提供寫作環境，文學創作能量及存史功能。

　　本書最後就「戰後臺灣方志之文學纂修：從〈藝文志〉到〈文化志〉」一章，說明〈藝文志〉之名，始於漢代班固《漢書·藝文志》；而臺灣方志〈藝文志〉之名，則始於清康熙高拱乾纂修《臺灣府志》。戰後《臺灣省通志稿·學藝志》、《臺灣省通志·學藝志》、《重修臺灣省通志·藝文志》、《臺灣全志·文化志》及臺灣各地縣（市）、鄉鎮（區市）所出版的〈文化志／篇〉，探究從史志〈藝文志〉到當代〈文化志〉所呈現的異同與轉變，發現有地方政府仍賡續以〈藝文志〉之名進行纂修，但也有改以〈文藝志〉、〈文學志〉、〈文徵志〉、〈文化志〉之名，其中，又以〈文化志／篇〉最多，收錄文學的志書名稱與纂修方法與時俱進，所設〈文化志／篇〉文類豐富，使得〈文化志／篇〉內容十分多樣，方志體例改以專題論著，為方志創新與創生。臺灣各地方志文學纂修不斷改變，文類在方志中被細分入志，方志文學纂修，隨著修志實踐不斷發展，臺灣社會變遷，不同學科之間的分工整合與對話交流，興起新方志修編的熱潮，官方修志容許多元論述，方志體例已能擺脫傳統論述與形式，以文學做為志書纂修，名稱從〈藝文志〉轉衍為〈文化志〉，內容

上則具有「入志文類多樣化」、「文學纂修專業化」、「平臺建置數位化」等，透露文學發展訊息。

　　文學以口傳或文字，扮演文化傳播的功能，從清領臺灣始修方志以來，隨著地方文獻保存觀念及地方意識逐漸抬頭，方志扮演建構地方不可或缺的重要文獻，而以文學做為方志書寫體例，獨樹一幟。清蔣毓英《臺灣府志》收錄臺灣文學第一人沈光文，文類兼收傳統和民間文學等；戰後，臺南縣市志仍持續收錄大量沈光文的作品，且臺北市等六都方志之文學的文類，除能保留詩作等傳統文類外，尚能依時代推進，而以「探究原住民族群」、「地名區分類別創新」、「文體分類與時俱進」等特色，纂修內容以收錄當地文學為主，呈現「在臺日籍作家作品」、「反映當代創作困境」、「透過文學見證歷史」、「為在地作家作傳」、「收錄在地文學作品」、「展現在地文學風格」、「突顯獨有在地文學」等特色；收錄文學的方志，從原為目錄性質的題解方式，到方志文選性質的引文收錄，編纂方式的嬗變，蘊含史學與文學的互動，纂修團隊突破傳統的思維模式，跳脫傳統方志〈藝文志〉的窠臼，從「文學章」擴大為「文學篇」，成為〈文化志〉，則係以專業分工進行纂修，突顯纂修風格，方志纂修體例除了繼承傳統的優點外，亦因應配合學術的發展而有所改進，新的方志學理論正不斷地形成和發展。因應時代進步，方志〈藝文志〉的名稱轉衍為〈文化志〉，收錄文學的志書名稱，漸被〈文化志〉取代。

　　清代章學誠《文史通義》稱方志有「二便」，即「地近則易覈，

時近則跡真」，[4] 說明地方志的書寫者本身由空間、時空的接近，對於史料的掌握認知，較為真實與深刻，然而志書編纂，主要緣於修志者對志書性質的認定與功能的期許、受修志者對知識體系的認知所影響，[5] 而當代社會地位，足以決定文學觀，以及創作文類在文化角力場中的競爭力，左右文學作素材的選擇，[6] 文學體制的改變，則是外在政治經濟環境變遷的結果，同時也意味著文學場域裡的結構、運作，[7] 有主張以「回歸史料」為思考點，提出從臺灣「區域文學史」向上建構新臺灣文學史的可能性，[8] 葉石濤《臺灣文學史綱》雖是臺灣文學史的里程碑，但到目前為止，仍乏一部被普遍認可的臺灣文學史，[9] 因此，書寫臺灣各區域文學史，成為提供另一個建構臺灣文學史的方向，[10] 統計目前書寫區域文學史有施懿琳、

---

[4] 清‧章學誠，《文史通義》（臺北：史學出版社，1974 年 4 月再版），頁 524。

[5] 高志彬，〈臺灣方志之纂修及其體例流變述略〉《臺灣文獻》，49：3（1998 年 9 月），頁 194-196；洪健榮，《清代臺灣方志的知識學》（臺北：五南圖書出版公司，2020 年 2 月），頁 144。

[6] 周英雄、劉紀蕙，《書寫台灣——文學史、後殖民與後現代》（臺北：麥田出版社，2000 年 4 月），頁 28。

[7] 張誦梅，〈文學史的對話——從「場域論」和「文學體制觀」談起〉，收於黃錦樹、張錦忠編，《重寫‧臺灣‧文學史》，頁 181。

[8] 解昆樺，〈他者臆度與自我盲視——台灣區域文學史的價值與可能〉，收於楊宗翰主編《台灣文學史的省思》（臺北：富春文化事業公司，2002 年 7 月），頁 26。

[9] 黃錦樹，〈無國籍華文文學〉，收於黃錦樹、張錦忠編，《重寫‧臺灣‧文學史》（臺北：麥田出版社，2007 年 9 月），頁 124、154；另據郭楓，〈請給我們一部真實的台灣文學史〉《新地文學》18（2011 年 12 月），頁 4-5。據郭楓指出，一本真實的臺灣文學史，至少應具備「作者要有獨立不倚的品格」、「著作要有兼容並包的精神」、「論評要有批判是非的客觀準則」，但當代人寫當代文學史，特別是寫臺灣文學史，對史實的編選、分析和論評的態度，無異是把自己的靈魂清展示在睽睽眾目之前。

[10] 解昆樺，〈他者臆度與自我盲觀——台灣區域文學史的價值與可能〉，頁 24、27。

楊翠合著《彰化縣文學發展史》；[11] 施懿琳、許俊雅、楊翠《台中縣文學發展史》；[12] 莫渝、王幼華《苗栗縣文學史》；[13] 陳明台《台中市文學史初編》、[14] 彭瑞金〈鳳山文學發展簡史〉、[15] 江寶釵《嘉義地區古典文學發展史》、[16] 龔顯宗《台南縣文學史》、[17] 李瑞騰等著《南投縣文學發展史》、[18] 陳青松《基隆古典文學史》、[19] 廖振富、楊翠著，《臺中文學史》，[20] 但臺灣區域文學史存在「體例的貫徹」、「通性與獨特性」、「區域社群」等書寫難題，[21] 而〈文化志〉收錄當地文學作品的總匯，其運用新史學方法分科建檔，反映當地文學發展的水平，勾勒各地文學發展歷史的完整文學圖像，提供政治、社會、文化、教育等豐富史料，方志之文學纂修，提供建構區域文學的重要史料，惟因個人能力及篇幅所限，未能深入分析。

　　本書考察以收錄文學的方志，據其纂修的體例、內容等，除說明當地文學自身變化現象外，再從比較的觀點，盡力勾勒出其文學發展及修志官紳纂修方志。隨著時代遞變，收錄文學的方志名稱、文類劃分標準不同，不管在名稱、內容或方法等，皆已異於傳統方

---

[11] 施懿琳、楊翠著，《彰化縣文學發展史》（彰化：彰化縣立文化中心，1997年5月）。

[12] 施懿琳、許俊雅、楊翠著，《臺中縣文學發展史》（臺中：臺中縣立文化中心，1995年6月）。

[13] 莫渝、王幼華著，《苗栗縣文學史》（苗栗：苗栗縣立文化中心，2000年1月）。

[14] 陳明台，《臺中市文學史初編》（臺中：臺中市立文化中心，1999年）。

[15] 彭瑞金，《高雄市文學史》（高雄：高雄市文化局，2008年6月）。

[16] 江寶釵，《嘉義地區古典文學發展史》（嘉義：嘉義市立文化中心，1998年6月）。

[17] 龔顯宗，《台南縣文學史》上編（臺南：臺南縣政府，2006年12月）。

[18] 李瑞騰等著，《南投縣文學發展史》上卷（南投：南投縣文化局，2009年12月）。

[19] 陳青松，《基隆古典文學史》（基隆：基隆市文化局，2010年12月）。

[20] 廖振富、楊翠著，《臺中文學史》（臺中：臺中市文化局，2015年9月）。

[21] 解昆樺，〈他者臆度與自我盲視──台灣區域文學史的價值與可能〉，頁26。

志的編纂模式，反映不同歷史時期及文學發展的實際狀況，舉凡近年出版的《臺灣全志・文化志》、六都、各縣市及各鄉鎮市區志的〈文化志／文化篇〉，分別記述臺灣各項文化建設、發展、變遷與成就，〈藝文志〉的名稱、內容與型態，轉化為〈文化志〉，此一新型態的纂修方式，係建立在既有的〈藝文志〉纂修基礎上，充分展現社會變遷與新興學科的現象，以文學做為方志書寫轉衍的研究，期待未來有更多的研究。

引用書目

一、基本史料

漢・史馬遷

　　1985　《史記》。臺灣臺北：新象書局。

漢・班固撰，唐・顏師古注

　　1937　《漢書・藝文志》北宋景祐刊本。臺灣臺北：臺灣商務印
　　　　　書館。

漢・劉　向

　　1965　《說苑》。臺灣臺北：臺灣商務印書館。

清・季麒光

　　2006　《蓉洲詩文稿選輯》。中國香港：香港人民出版社。

清・蔣毓英纂修、黃美娥點校

　　2004　《臺灣府志》。臺灣臺北：臺灣史料集成編輯委員會編輯、
　　　　　行政院文化建設委員會出版。

清・蔣毓英撰、陳碧笙校注

　　1985　《臺灣府志校注》。中國廈門：廈門大學出版社。

清・蔣毓英

　　1993　《臺灣府志》。臺灣南投：臺灣省文獻委員會影印出版。

清・高拱乾

　　1960　《臺灣府志‧藝文志》。臺灣臺北：臺灣銀行經濟研究室點校，編印者。

清‧周元文
　　1960　《重修臺灣府志》。臺灣臺北：臺灣銀行經濟研究室點校，編印者。

清‧藍鼎元
　　1958　《東征集》。臺灣臺北：臺灣銀行經濟研究室點校，編印者。

清‧鄧傳安著，臺灣銀行經濟研究室編
　　1958　《蠡測彙鈔》。臺灣臺北：臺灣銀行經濟研究室點校，編印者。

清‧朱景英
　　1958　《海東札記》。臺灣臺北：臺灣銀行經濟研究室點校，編印者。

王詩琅
　　1962　《臺北市志稿》。臺灣臺北：臺北市文獻委員會。

王國璠
　　1979　《臺北市志‧文化志文徵篇》。臺灣臺北：臺北市文獻委員會。
　　1984　《臺北市志‧卷首》。臺灣臺北：臺北市文獻委員會。

毛一波
　　1961　《臺北市志稿‧文化志學藝篇》。臺灣臺北：臺北市文獻委員會。

杜學知、顏水龍、王白淵、王世明、吳瀛濤
　　1958　《臺灣省通志稿》。臺灣臺北：臺灣省文獻委員會。

林　豪

　　1998　《澎湖廳志稿・藝文志》。臺灣南投：臺灣省文獻委員會。

林天蔚

　　1995　《方志學與地方史研究》。臺灣臺北：南天書局。

　　2006　《地方文獻研究與分論》。中國北京：北京圖書館出版社。

孟祥瀚總編纂、林建成主撰

　　2018　《增修臺東縣史・藝文志》。臺灣臺東：臺東縣政府。

陳君玉、郭海鳴、謝建南纂修

　　1962　《臺北市志・雜錄文徵篇》。臺灣臺北：臺北市政府。

陳啟英

　　1975　《桃園縣志・氏族篇》。臺灣桃園：桃園縣政府。

陳子波

　　1958　《高雄縣志稿・沿革志》。臺灣高雄：高雄縣文獻委員會。

　　1960　《高雄縣志稿・藝文志》。臺灣高雄：高雄縣文獻委員會。

陳延宗

　　2009　《金門縣志・文化志》。臺灣金門：金門縣政府。

莫渝、王幼華

　　2000　《苗栗縣文學史》。臺灣苗栗：苗栗縣立文化中心。

郭薰風主修、童裕昌纂修

　　1967　《桃園縣志・文教志藝文篇》。臺灣桃園：桃園縣文獻委員
　　　　　會。

　　1956　《桃園縣志總目錄》。臺灣桃園：桃園縣文獻委員會。

郭水潭、莊松林、賴建銘纂修

　　1957　《臺南縣志稿・文化志》。臺灣臺南：臺南縣文獻委員會。

　　1980　《臺南縣志・文化志》。臺灣臺南：臺南縣文獻委員會。

郭海鳴

1962 《臺北市志‧雜錄文徵篇》。臺灣臺北：臺北市文獻委員會。

許中庸

1988 重修《桃園縣志‧文教志》。臺灣桃園：桃園縣政府。

許成章、王隆遜、潘廷幹編纂

1968 《高雄市志‧藝文篇》。臺灣高雄：高雄市文獻委員會。

許成章、黃興斌

1986 重修《高雄市志‧文物志藝文篇》。臺灣高雄：高雄市文獻委員會。

黃旺成

1976 《新竹縣志‧人物志》。臺灣新竹：新竹縣文獻委員會。

黃典權

1993 《重修屏東縣志‧文教志》。臺灣屏東：屏東縣政府。

黃典權等人編纂

1998 《重修臺灣省通志‧人物志》。臺灣臺北：臺灣省文獻委員會。

張世賢

2009 《晚清治臺政策 1874－1895（同治 13 年至光緒 21 年）》。臺灣臺北：海峽學術出版社。

游醒民

1978 《臺南市志‧卷首》。臺灣臺南：臺南市政府。

詹雅能

2002 《明志書院沿革志》。臺灣新竹：新竹市政府。

彭瑞金

2008 《高雄市文學史》。臺灣高雄：高雄市文化局。

賴建銘

　　1985　《臺南市志・學藝志文學篇》。臺灣臺南：臺南市政府。

潘朝陽
　　2008　《臺灣儒學的傳統與現代》。臺灣臺北：國立臺灣大學出版中心。

鄭鵬雲、曾逢辰纂輯，詹雅能點校
　　2011　《新竹縣志初稿》。臺灣臺南：國立臺灣歷史博物館。

盧嘉與、洪波浪、吳新榮纂修
　　1980　《臺南縣志・卷首》。臺灣臺南：臺南縣政府。

計畫主持人黃秀政，江寶釵著
　　2009　《臺灣全志・文化志文學篇》。臺灣南投：國史館臺灣文獻館。

總主持人黃秀政、編纂蕭景楷
　　2008　《臺中市志・經濟志》。臺灣臺中：臺中市政府。

總主持人黃秀政，主持人陳器文
　　2008　新修《臺中市志・藝文志》。臺灣臺中：臺中市政府。

總主持人黃秀政，主持人王振勳、趙國光
　　2008　新修《臺中市志・人物志》。臺灣臺中：臺中市政府。

總主持人黃秀政、編纂陳靜瑜
　　2008　《臺中市志・社會志》。臺灣臺中：臺中市政府。

總主持人黃秀政、編纂孟祥瀚
　　2008　《臺中市志・沿革志》。臺灣臺中：臺中市政府。

總編纂黃秀政
　　2017　《續修臺北市志・卷首》。臺灣臺北：臺北市立文獻館。

總編纂黃秀政，許俊雅撰
　　2017　《續修臺北市志・文化志文學篇》。臺灣臺北：臺北市立文

獻館。

總編纂張炎憲，邱坤良、施如芳、張秀玲、藍素婧、郝譽翔著
　　2002　《宜蘭縣史系列藝術類 1：宜蘭縣口傳文學》。臺灣宜蘭：
　　　　　宜蘭縣政府。

總編纂張炎憲，游謙、施芳瓏著
　　2003　《蘭縣史系列社會類：宜蘭縣民間信仰》。臺灣宜蘭：宜蘭
　　　　　縣政府。

總編纂張永堂，洪惟助編纂
　　2005　《續修新竹市志・藝文志》（下）。臺灣新竹：新竹市文化
　　　　　局。

總編纂張勝彥、編纂張永堂，撰述鄭梅淑、高志彬
　　2008　《續修臺北縣志・卷尾》。臺灣臺北：臺北縣政府。

總編纂張勝彥、撰述許俊雅
　　2008　《續修臺北縣志・藝文志文學篇（上）》。臺灣臺北：臺北
　　　　　縣政府。

總編纂張勝彥、撰述許俊雅、洪惟仁
　　2008　《續修臺北縣志・藝文志・文學篇（下）》。臺灣臺北：臺
　　　　　北縣政府。

總編纂張彥、編纂陳炎正
　　1989　《臺中縣志・藝文志文學篇》。臺灣臺中：臺中縣志編纂委
　　　　　員會。

總編纂張勝彥
　　2010　續修《臺中縣志・卷首》。臺灣臺中：臺中縣政府。

總編纂張勝彥，撰稿陳亮州
　　2010　續修《臺中縣志・文化志文學與文獻篇》。臺灣臺中：臺

中縣政府。

總纂賴澤涵、編纂謝艾潔

2010　《新修桃園縣志·藝文志》。臺灣桃園：桃園縣政府。

總纂曾迺碩

1991　重修《臺北市志·卷首》。臺灣臺北：臺北市文獻委員會。

總纂曾迺碩，編纂陳龍貴、邱秀堂

1991　重修《臺北市志·卷尾》。臺灣臺北：臺北市文獻委員會。

總纂陳秋坤

2014　《重修屏東縣志》。臺灣屏東：屏東縣政府。

總纂黃秀政、計畫主持人施懿琳，楊翠撰

2018　《新修彰化縣志·文化志文學篇》。臺灣彰化：彰化縣政府。

總纂黃秀政、計畫主持人施懿琳，蔡明諺、薛建蓉撰

2018　《新修彰化縣志·文化志行政篇》。臺灣彰化：彰化縣政府。

總纂黃耀能，編纂曾玉昆、葉振輝

1999　《續修高雄市志·文化志藝文篇》。臺灣高雄：高雄市文獻
　　　委員。

總纂黃耀能，編纂蔡忠益、曾玉昆

1997　《續修高雄市志·文化志文獻篇》。臺灣高雄：高雄市文獻
　　　委員會。

總纂黃耀能、陳哲三，撰稿人吳福助、林金田

2010　《南投縣志》。臺灣南投：南投縣政府文化局。

總纂修雷家驥，纂修江寶釵、分修張屏生、蕭藤村

2009　《嘉義縣志·文學志》。臺灣嘉義：嘉義縣政府。

總纂謝國興

1997　《續修臺南市志·卷首》。臺灣臺南：臺南市政府。

總纂張永楨，王惠姬、張加佳、陳亮州合著

　　2019　《續修南投縣志・文化志》。臺灣南投：南投縣政府文化局。

編纂黃興斌、謝龍騶

　　1993　《重修高雄市志・卷尾》。臺灣高雄：高雄市文獻委員會。

編纂王建竹、林猷穆

　　1970　《臺中市志・文教志藝文篇》。臺灣臺中：臺中市文獻委員會。

桃園縣政府

　　1976　《桃園縣志重修總綱目》。臺灣桃園：桃園縣政府。

臺灣銀行經濟研究室編輯

　　1960　《福建通志臺灣府》。臺灣臺北：臺灣銀行。

臺灣銀行經濟研究室編

　　1958　《蠡測彙鈔》。臺灣臺北：編者。

成文出版社印行

　　1983　《臺北縣志》（據林興仁主修、總纂盛清沂 1959－1960 年排印本《臺北縣志》影印）。臺灣臺北：成文出版社。

　　1983　《重修臺灣府志》。臺灣臺北：成文出版社。

二、專書與論文集

方　豪

　　1969　《方豪六十自訂稿》。臺北市：方豪發行。

羊子喬

　　1998　〈缺乏讀者的第一本書《臺南縣志稿文化志》〉，收於龔顯宗，《沈光文全集及其研究資料彙編》，頁 208。臺南市：臺南縣立文化中心。

朱士嘉

　1986 《中國地方誌綜錄》。臺北市：新文豐出版公司。

江寶釵

　2021 〈反思二十年來臺灣方志文學篇纂修的若干現象〉，收於許
　　　 雪姬主編，《臺灣地方志研究（1999－2020）》，頁 95-127。
　　　 臺北市：中央研究院臺灣史研究所。

何三本

　1994 講評〈後山巡禮──後山文化的回顧與前瞻〉，文訊雜誌
　　　 社主編，《鄉土與文學：臺灣地區區域文學會議實錄》，頁
　　　 81。臺北市：文訊雜誌社。

吳文星

　1992 《日據時期臺灣社會領導階層之研究》。臺北市：正中書局。

周英雄、劉紀蕙

　2000 《書寫台灣──文學史、後殖民與後現代》。臺北市：麥田
　　　 出版社。

林美容

　1998 〈確立地方誌的傳統：兼談臺灣史學的奠基〉，《方志學與
　　　 社區鄉土史學術研討會論文集》，頁 82。臺北市：臺灣學
　　　 生書局。

林玉茹

　1999 〈知識與社會：戰後臺灣方志的發展〉，收於許雪姬、林玉
　　　 茹主編，《五十年來臺灣方志成果評估與未來發展學術研
　　　 討會論文集》，頁 41。臺北市：中央研究院臺灣史研究所。

高志彬

　1983 〈增修臺灣府志編印說明〉，《增修臺灣府志》，頁 1。臺北

市：成文出版社。

康培德

2008 〈當代學科分類下六體篇的實踐場域？以續修花蓮縣志為
例〉，收於國史館臺灣文獻館編，《方志學理論與戰後方志
纂修實務國際學術研討會》，頁 123-127。南投縣：編印者。

侯中一編校

1977 《沈光文斯菴先生專集》。臺北市：寧波同鄉月刊社。

胡萬川總編輯

2002 《桃園縣民間文學集》。桃園市：桃園縣文化局。

洪麗完

2003 《熟番社會網絡與集體意識：臺灣中部平埔族群歷史變遷
（1700－1900）》。臺北市：聯經出版事業公司。

洪建榮

2020 《清代臺灣方志的知識學》。臺北市：五南圖書出版公司。

徐惠玲

2014 《《新修嘉義縣志》、《新修桃園縣志》之比較研究──以藝
文方志為例》。臺北市：花木蘭文化出版社。

2017 《由傳統到創新──論臺灣方志之編纂》。臺北市：文史哲
出版社。

連　橫

2008 《臺灣通史》。中國北京：九州出版社。

2009 《臺灣詩乘》。臺北市：龍文出版社。

許雪姬

1993 《北京的辮子──清代臺灣的官僚體系》。臺北市：自立晚
報。

2019　〈桃園研究的建立與實踐〉，收於李力庸主編，《經緯桃園：2018 桃園學》，頁 19-33。桃園市：桃園市政府文化局。

2021　《臺灣地方志研究（1999－2020）》。臺北市：中央研究院臺灣史研究所。

陳捷先

1996　《清代臺灣方志研究》。臺北市：臺灣學生書局。

陳昭瑛

1996　《臺灣詩選注》。臺北市：正中書局。

1998　《臺灣文學與本土運動》。臺北市：正中書局。

2008　《臺灣儒學：起源、發展與轉化》。臺北市：國立臺灣大學出版中心。

陳東榮、陳長房主編

1995　《典律與文學教學》。臺北市：書林出版公司。

陳萬益

1996　〈臺灣文學是什麼？〉，《臺灣文學中的社會──50 年來臺灣文學研討會論文集》，頁 17。臺北市：行政院文化建設委員會。

黃秀政、張勝彥、吳文星合著

2022　《臺灣史》。臺北市：五南圖書出版公司。

黃秀政

1992　《臺灣史研究》。臺北市：臺灣學生書局。

2007　《台灣史志新論》。臺北市：五南圖書出版公司。

2021　〈論近二十年臺灣地方志的纂修：以《臺灣全志》／六都市志／縣（市）志、村史為例〉，收於許雪姬主編，《臺灣地方志研究（1999－2020）》，頁 5-44。臺北市：中央研究

　　　　院臺灣史研究所。

黃耀能

　1999　〈纂修高雄市、南投縣志的架構以及所遭遇的困難〉，收於
　　　　許雪姬、林玉茹主編，《五十年來臺灣方志成果評估與未
　　　　來發展學術研討會論文集》，頁 403-406。臺北市：中央研
　　　　究院臺灣史研究所。

黃美娥

　2007　《古典臺灣：文學史・詩社・作家論》。臺北市：國立編譯
　　　　館。

曾國棟

　2003　《台灣的碑碣》。臺北市：遠足文化事業有限公司。

葉石濤

　1994　《展望臺灣文學》。臺北市：九歌出版社。

　1996　《台灣文學史綱》。高雄市：文學界雜誌社。

曾鼎甲

　2007　《論《臺灣省通志稿》之纂修》。臺北市：花木蘭文化出版
　　　　社。

張作梅等編著

　2011　《詩鐘集粹六種》。新北市：龍文出版社。

張耘書

　2021　《臺南歷史名人誌文學類：文學盛景・翰墨臻華》。臺南市：
　　　　臺南市政府文化局。

張素玢

　2017　〈由傳統到創新：《新修彰化縣志・人物志》的編纂理念
　　　　及其特色〉，《臺灣文獻》68：1（106 年 3 月），頁 5-37。

2021 〈傳統與創生：文化進程中的方志纂修〉，收於許雪姬主編，《臺灣地方志研究（1999－2020）》，頁 86。臺北市：中央研究院臺灣史研究所。

張天佑

1989 〈行政區域與官治〉，收於臺中市政府，《臺中市發展史——慶祝建府百週年紀念》，頁 96-105。臺中市：臺中市政府。

張世賢

1980 〈清代治臺政策的發展〉，收於黃富三、曹永和主編，《臺灣史論叢》，頁 223。臺北市：眾文圖書公司。

張錦忠

2007 〈「臺灣文學」一個「臺灣文學複系統方案」〉，收於黃錦樹、張錦忠編，《重寫‧臺灣‧文學史》，頁 61-63。臺北市：麥田出版。

解昆樺

2002 〈他者臆度與自我盲視——台灣區域文學史的價值與可能〉，收於楊宗翰主編《台灣文學史的省思》，頁 26。新北市：富春文化事業公司。

傅隸樸

1996 《周易理解》。臺北市：臺灣商務印書館。

藍麗春等編著

2010 《文化事業概論》。臺北市：新文京開發出版公司。

蘇明如

2014 《文化觀光》。臺北市：五南圖書出版公司。

喬衍琯講述、曾聖益記錄整理

2008　《中國歷代藝文志考評稿》。臺北市：文史哲出版社。

羅宗濤、張雙英

1999　《台灣當代文學研究之探討》。臺北市：萬卷樓圖書公司。

謝繼昌等作

2002　《高雄縣原住民社會與文化》。高雄市：高雄縣文化局。

劉益昌

1999　《存在的未知──臺中地區的考古遺址與史前文化》。臺中市：臺中縣立文化中心。

龔顯宗

2012　《沈光文全集及其研究資料增編：紀念沈光文誕辰 400 年》。臺南市：臺南市政府文化局。

龔鵬程

2008　《古典詩歌研究彙刊》。臺北市：花木蘭文化出版社。

三、期刊（學報）論文

王夢鷗

1963　〈傳記・小說・文學〉，《傳記文學》2：1（1963 年 1 月），頁 4-6。

毛一波

1984　〈第一部「臺灣府志」──蔣毓英纂修〉，《東方雜誌》18：4（1984 年 10 月），頁 43-44。

王世慶

1985　〈日據時期台灣官撰地方史志的探討〉，《漢學研究》3：2（1985 年 12 月），頁 317-319。

王靜儀

2007　〈《臺中縣志・自治篇》與《臺北縣志・自治志》之比較〉，《臺灣文獻》58：2（2007 年 6 月），頁 83。

王文翠

2011　〈發刊辭〉，《高雄文獻》1：1（2011 年 6 月），頁 3-4。

巴兆祥、王慧

2014　〈中國大陸二輪志書「藝文志」編纂探討〉，《臺灣文獻》65：1（2014 年 1 月），頁 75。

江寶釵

2001　〈區域文學史的另類書寫：從《嘉義市志文學篇》的編纂說起〉，《文學臺灣》40（2001 年 10 月），頁 46-52。

2015　〈生活在「地齋」──論陳夢林纂修《諸羅縣志》之特色暨其內蘊與價值〉，《東吳中文學報》29（2015 年 5 月），頁 147-168。

吳新榮

1958　〈臺南志稿修後記〉，《南瀛文獻》4：2（1958 年 6 月），頁 84。

李碧芬

2006　〈臺中邁向亞太新都心〉，《閃亮臺中》26（2006 年 6 月），頁 15。

邱各容

2007　〈從意識型態談日治時期臺灣兒童文學的書寫〉，《全國新書資訊月刊》4（2007 年 12 月）：25。

連景初

1969　〈含珠蘊玉的古都文物〉，《台南文化》9：1（1969 年 4 月），頁 39-41。

高志彬

1990 〈臺灣方志纂修概況與內容特質〉,《臺灣史田野研究通訊》15（1990 年 6 月），頁 38-40。

盛清沂

1974 〈朱景英與海東札記〉,《臺灣文獻》25：4（1974 年 12 月），頁 54-68。

郭佳玲

2018 〈論戰後臺灣鄉鎮志「文化篇」的編纂：以《埔鹽鄉文化生活史·文化篇》為例〉,《彰化文獻》22（2018 年 4 月），頁 85-87。

2021 〈從「藝文志」到「文化志」：論《臺灣全志·文化志》纂修的時代意義〉,《臺灣文獻》72：3（2021 年 9 月），頁 87。

郭 楓

2011 〈請給我們一部真實的台灣文學史〉《新地文學》18（2011 年 12 月），頁 4-5。

徐惠玲

2011 〈戰後臺灣方志纂修的總體考察與論析〉,《世新中文研究集刊》7（2011 年 7 月），頁 91-132。

2011 〈戰後臺灣縣（市）志的纂修研究──以《新修桃園縣志》為例〉,《臺北文獻》177（2011 年 9 月），頁 217-227。

2012 〈戰後嘉義縣志的纂修──以新修《嘉義縣志》為中心〉,《國立嘉義大學通識教育中心通識學報》9（2012 年 1 月），頁 125-158。

2014 〈評述《嘉義縣志》四部收錄藝文的方志〉,《嘉義大學通

識學報》11（2014 年 11 月），頁 135-152。

2017　〈首善之都——《續修臺北市志》的北市文學書寫〉，《臺北文獻》202（2017 年 12 月），頁 115-150。

2017　〈方志文學「露布」研究——兼論藍鼎元《東征集》〉，《中國語文》722（2017 年 8 月），頁 44-58。

2019　〈躍動之都：《續修臺北縣志》的北縣文學書〉，《臺北文獻》209（2019 年 9 月），頁 194。

2022　〈清高拱乾〈藝文志〉探析〉，《銘傳應用中文》2（2022 年 6 月），頁 113-136。

陳捷先

1985　〈論清代臺灣地區方志的義例〉，《漢學研究》3：2（1985 年 12 月），頁 231。

黃秀政

1977　〈清代臺灣內政化政策發軔——論藍鼎元的積極治臺主張〉《中興大學文史學報》7（1977 年 6 月），頁 211-230。

1977　〈論藍鼎元的積極治臺主張〉《臺灣文獻》28：2（1977 年 6 月），頁 109-120。

2021　〈北北基行政區劃演變（史前－2020）〉，《臺北文獻》218（2021 年 12 月），頁 52-53。

黃美玲

2012　〈論朱景英《海東札記》在臺灣清初遊記史之地位與價值〉，《聯大學報》9：1（2012 年 6 月），頁 99。

黃錦樹

2007　〈無國籍華文文學〉，收於黃錦樹、張錦忠編，《重寫・臺灣・文學史》，頁 124、154。臺北市：麥田出版。

許雪姬演講，楊朝傑彙整

2019　〈臺灣學‧地方學、桃園學〉，《桃園文獻》2（2019 年 9 月），頁 10。

許俊雅

2014　〈建構與新變／敞開與遮蔽──台灣區域文學史的意義與省思〉，《台灣文學研究學報》18（2014 年 4 月），頁 16。

曾鼎甲

2010　〈戰後臺灣方志纂修的傳統：兼論省通志的綱目編體〉，《臺灣文獻》61：1（2010 年 3 月），頁 80。

盛　成

1961　〈沈光文研究〉，《臺灣文獻》12：2（1961 年 6 月），頁 1-9。

張勝彥口述、詹素娟整理

1991　〈從《臺中縣志》的纂修談我的方志理念〉，《臺灣史田野研究通訊》20（1991 年 9 月），頁 23-24。

詹素娟

2003　〈贌社、地域與平埔社群的成立〉，《臺大文史哲學報》59（2003 年 11 月），頁 125。

楊護源

2007　〈清代《臺灣府志》的纂修與綱目義例之比較〉，《臺灣文獻》58：4（2007 年 12 月），頁 161。

蔡振興

1995　〈典律／權力／知識〉，收於陳東榮、陳長房主編，《典律與文學教學》，頁 55。臺北市：書林出版公司。

蔡志展

2000　〈清代前期臺灣行政系統之建置與變革（1684-1874）〉,《社會科教育研究》5（2000年5月），頁26。

簡榮聰

1995　〈臺灣省文獻委員會推動全面修志概述〉,《臺灣文獻》46：3（1995年9月），頁97。

韓石麟

1951　〈臺南市發展史略〉,《台南文化》1：1（1951年10月），頁8-10。

蕭明治

2007　〈論戰後臺灣方志的發展——以鄉鎮志為例〉,《臺灣文獻》58：2（2007年6月），頁111-132。

顧敏耀

2013　〈藍鼎元傳記資料考述——兼論其〈紀水沙連〉之內容與意涵〉,《成大中文學報》42（2013年9月），頁137-182。

魏秀梅

1989　〈清代任官之籍貫迴避制度〉,《中央研究院近代史研究所集刊》18（1989年12月），頁1-36。

臺南市文獻委員會

1953　〈臺南市志凡例綱目〉,《臺南文化》3：1（1953年6月），頁72-74。

臺南縣文獻委員會

1956　〈臺南市志稿編纂之計畫〉,《台南文化》5：2（1956年7月），頁167-172。

1958　〈臺南縣志稿勘誤表〉,《南瀛文獻》4：2（1958年6月），頁86-98。

四、報刊文章

《臺灣新報》，明治 30 年 11 月 12 日，第 354 號。

五、網路資料

顧敏耀，〈地方文學〉（文化部：臺灣大百科全書），
　　http://nrch.culture.tw/TWPEDIA.ASPX?id=46609，2021 年 5 月 29
　　日。
中華民國文化部成立沿革
　　https://www.moc.gov.tw/content_246.html，2021 年 11 月 21 日。
自由時報，〈《續修臺北市志》志書發表 見證臺北 30 年發展〉
　　http://news.ltn.com.tw/news/politics/breakingnews/2131743 ， 2022
　　年 3 月 3 日。
王御風，〈《高雄文獻》發刊詞〉
　　http://www.kaohsiunghistoriography.tw/index.php?PA=intro ， 2022
　　年 3 月 3 日。
中時新聞網，〈為臺南學奠基 大臺南文化叢書 9 年出版 60 套〉
　　https://www.chinatimes.com/realtimenews/20190918003123-260405
　　?chdtv，2022 年 3 月 10 日。
新竹市地方寶藏資料庫
　　https://hccg.culture.tw/home/zh-tw/people/192680，2022 年 3 月 18
　　日。
南瀛人文研究中心
　　https://www.nanyingresearch.org.tw/，2022 年 6 月 7 日。
〈新北市政府民政局人口統計〉

https://www.ca.ntpc.gov.tw/home.jsp?id=88f142fb0f4a0762 ， 2022
年 6 月 25 日。

臺南研究資料庫

https://trd.tnc.gov.tw/cgi-bin/gs32/gsweb.cgi/ccd=wLQJaH/record?r1
=2&h1=1，2022 年 7 月 8 日。

六、調查訪問

徐惠玲電子郵件訪問，〈江寶釵教授纂修採訪紀錄〉，2013 年 11 月
11 日（未刊稿）。

徐惠玲電話訪問，〈泰雅族文史工作者古文進採訪紀錄〉，2021 年 6
月 8 日上午（未刊稿）。

徐惠玲電話訪問，〈臺南市政府文化局文化研究科業務承辦方小姐
等人採訪紀錄〉，2021 年 7 月 5 日、7 月 23 日上午（未刊稿）。

國家圖書館出版品預行編目資料

戰後臺灣北部三都方志「文學篇」研究

徐惠玲著. – 初版. – 臺北市：臺灣學生，2022.08
面；公分

ISBN 978-957-15-1896-1 (平裝)

1. 方志 2. 比較研究 3. 臺灣

733.1   111014038

戰後臺灣北部三都方志「文學篇」研究

著 作 者	徐惠玲
出 版 者	臺灣學生書局有限公司
發 行 人	楊雲龍
發 行 所	臺灣學生書局有限公司
地 址	臺北市和平東路一段 75 巷 11 號
劃 撥 帳 號	00024668
電 話	(02)23928185
傳 眞	(02)23928105
E - m a i l	student.book@msa.hinet.net
網 址	www.studentbook.com.tw
登 記 證 字 號	行政院新聞局局版北市業字第玖捌壹號
定 價	新臺幣四○○元
出 版 日 期	二○二二年八月初版
I S B N	978-957-15-1896-1